KB273911

沙溪 金長生의 禮學思想

張 世 浩

景仁文化社

발간사

一超直入如來地!

'한번 뛰어 여래지에 들어간다는 것'으로 바로 究竟覺을 성취할 수 있다는 것이다. 禪門의 「證道歌」에 나오는 말이다. 일체의 분별과 망집을 벗어버리고 진정한 자신의 깨끗한 마음을 바로 보는 깨달음의 경지에 이르는 것을 말함이다.

『禮記』에서 말하는 躐等은 이와 같지 않다. 한 계단 한 계단 차근히 밟아 올라가야 한다. 한꺼번에 여러 계단을 뛰어 넘는 것은 용납하지 않는다. 한번 만에 뛰어 넘다보면 넘어질 수 있기 때문에도 아니다. 한 계단씩 오르다 보면 언젠가는 오르게 되는 것을 굳이 힘들게 한번 만에 뛰어넘을 필요가 없는 것이다. 어쩌면 한번 만에 뛰어 넘을 생각으로 기다리다간 영원토록 한 계단도 못 오를지 모른다.

우리의 삶이 벽돌을 쌓듯이 그렇게 하나씩 쌓여 가는 것인지도 모른다. 하루 하루의 공부가 삶을 형성하게 되는 것이다. 그날 그날의 일들이 자신의 삶을 유지하는 것이기에 단순한 연명이 아닌 反求諸己한 삶을 영위하여야 하는 것이다. 소위 사람이 사람이 되는 까닭도 인간으로서 지켜야할 도리를 실천할 때 가능하다는 것과 같은 말이다. 인간이 짐승이 아닌 까닭은 인간만이 할 수 있는 일이 있기 때문이다.

공자가 『春秋』를 지을때 복수의 관념을 도입하였다. 자기에게 주어진 일을 그냥 지나쳐 버릴 수가 없는 것이다. 모든 것을 잊어버리거나 무시하는 것은 사는 것이 아니다. 일방적으로 당하는 고통을 감내하기에는 너무 어려움이 많다. 오늘날 모든 병의 근원이 스트레스에서 기인한다는 말이 있을 정도고 보면 그냥 당하고 산다는 것은 바로 죽음에 이르는 지름길이다. 인간은 자신에게 주어진 고통을 해소하는 방법을 나름대로 터득하여야 한다. 그렇지 않으면 세월이 갈수록 병이 깊어지고 삶은 더욱 황폐해 질 것이다. 바로 이러한 것을 해결하기 위한 방도의 하나가 복수인 것이다.

누구나 존재의 까닭과 삶의 이유가 있는 것이다. 삶의 목적도 있다. 그러나 과연 그것이 무엇인지는 오랜 세월이 걸릴 수도 있고 단박에 깨칠 수도 있다. 분명한 것은 고통을 느끼면 그것을 해소하여야 한다는 것이다. 자신에게 주어진 것일 수도 있고 조상에게 주어진 것일 수도 있다. 『春秋公羊傳』卷6에 보면, 齊나라 襄公이 자신의 9대조 할아버지를 위하여 복수를 한 것에 대한 기록이 있다. 제양공은 비록 정치는 제대로 하지 못하였지만은 9대조 할아버지의 원수를 갚은 것에 대하여 공양이 칭찬한 것은 그것이 인간으로서 지켜야할 도리를 실천하였기 때문이다. 공자가 제시한 '春秋大義'의 관념의 하나인 복수를 한 것이다. 한 나라를 망하게 하였다는 것은 후대인들에게 엄청난 고통을 안겨다주는 결과가 된다. 그 고통으로부터 벗어나서 제대로 된 국가생활을 하는 것이 바로 正統을 유지하는 것이다. 당연히 복수를 해야 하는 것이다. 이와 같이 본다면 오늘날 일본이 독도에 대하여 한 마디 하는 것은 있을 수 없는 일이다. 일제가 강점기에 우리 민족에 가한 악독한 짓을 망각해서는 안 된다.

　개인에서부터 국가적 생활에 이르기까지 규모나 목적은 다르다 하여도 춘추대의의 정신이 적용되는 것은 마찬가지다. 바로 사람은 누구나 살면서 추구하는 것이 별 차이가 없다. 다만 해서는 안 되는 것은 분명하게 다 같이 있는 것이다.

　요즈음 나라를 위하는 체 말만 번지르르하게 늘어놓고는 사욕에 눈먼 많은 인간들이 도처에 흔한 것을 자주 본다. 공자가 제시한 春秋大義는 모른다손 치더라도 공익을 위하는 체는 하지 않아야 하지 않겠는가. 사욕을 위하여 매사에 몰두하는 것을 보면 수양을 한 사람들 눈에는 천하고 불쌍하기 짝이 없을 것이다. 욕망이 불타듯 미쳐 날뛰는 모습은 짐승이 설쳐대는 것과 다를 바가 없다. 조용히 자신의 모습을 되돌아볼 시간도 없다. 한번이라도 자신을 돌본 적도 없다. 돌아볼 이유가 있은 적이 없다. 소위 앞만 내다보고 살아왔다는 것이다. 잘못하면 언젠가는 자신은 물론이고 이웃을 망치고 나라를 망칠 수도 있다.

　물론 자신을 돌아보고 수양을 하였다고 자부하는 사람들에게도 이러한 병폐가 없는 것은 아니다. 흔히들 공부하는 사람들이 가질 수 있는 대표적인 것으로 「宗門十規論」의 주장을 들 수 있다. "自己心地未明 妄爲人師" 즉 자기의 심지도 밝히지 못하고 망령되이 다른 사람의 스승이 되어 다른 사람의 삶을 망치게 하는 것이다. 자신도 무슨 말인지 모르면서 다 아는양 다른 사람에게 말하여 진실을 왜곡하고 호도하고 악질적인 삶을 살아가는 것이다. 자신이 알고 있는 것이 해수욕장에 있는 모래 하나에도 못 미친다는 것을 알 리가 있나. 그냥 그렇게 하루하루 죄를 짓다가 씻지도 못하고 어디론가 떠나고 말 것을.

　또한 이어서 "黨護門風 不通議論"이라 하였는데 무리지어 자신의 문풍을 호위하느라 의논이 되지 않는 것을 뜻한다. 현대는 무슨 조직사회라 하여 조직 없이는 세상을 살아갈 수 없는양 떼지어 어울려 다니면서 다른 무리들의 주장은 듣지도 들으려고도 하지 않고 자기들의 주장만 고집하는 병폐이다. 종종 더불어 사는 세상이라 떼 지어 사는 것도 무리야 없지마는 자기들의 집단적인 이익을 위하여 한 목소리를 내고 나아가 고함을 질러 이겨야 살아남을 수 있는양 하는 짓이 얼마나 우스운가. 그렇게 하지 않으면 시간이 가지 않는다. 긴 세월을 보낼 소일거리가 없기에 소위 동지 운운하면서 하루를 소일하는 것이다.

그런 의미에서 본다면 글을 쓴다는 것은 혼자서 자기의 생각을 공개하는 것이니 무리지어 내는 소리도 아니요 누구에게 강요하는 것도 아니다. 다만 그것이 공개되어 바보취급을 당하는 것도 자기의 업이요 잘못된 설로 빚어진 망신도 자신이 뒤집어 써야 된다. 아예 무엇에도 구애받지 않으면 다행이지 않겠는가.

사계의 예학을 처음 접하게 된 것은 1978년이다. 『사계전서』 영인본이 그 해 발간이 되었다. 당시에 사계의 예학에 대한 연구가 거의 없었던 실정이라 사계의 예학사상을 연구하면서 직접 참조한 논문이 없었기 때문에 석박사학위논문을 쓰는 동안 나 나름대로 사계의 예학사상을 해석하였다. 심지어 예학이라는 학문적인 용어도 생소하던 시절이라 직접적으로 인용하고 참조할 논문이 없어서 공부하는데 나름대로 어려움이 있었던 때였다. 그것이 다행히도 나에게는 흔히들 말하는 논문표절이라는 것에서 자유로웠다. 사계의 예학사상을 연구하는 것이 힘이 드는 만큼이나 기쁨도 얻을 수 있었다.

이제 그 동안에 발표한 논문들을 모아서 책을 내게 되었다. 그 동안 책을 발간해줄 출판사를 만나지 못한 것도 있고 꼭 출판을 해야겠다는 생각도 별로 없었던 것 같다. 다만 학자로서 단독 저서가 없다는 것이 마음에 좀 걸리기도 하였지만 한편으로는 그렇지 않은 면도 있었다. 어떤 출판사는 퇴계나 율곡정도 되면 몰라도 사계는 그렇게 유명하지도 않은데 자선사업도 아닌데 누가 출판을 맡아 주겠느냐고도 하였다. 한 마디로 출판을 해봐야 책이 판매되지 않는다는 것이다.

여기 실린 글은 대부분 논문으로 발표된 것이다. 이제 와서 새삼스럽게 출판을 하느냐고 하겠지만, 그냥 묻혀져 있는 것이라 드러내 보이자는 의도에서 일을 시작하였다. 여기에 실린 글들은 가까이는 14, 5년 전이며 오래된 것은 26년 전에 발표된 글로 묶어져 있다. 제4장의 정통설도 1985년도에 발표된 논문이다.

그런데 박사학위를 취득하고는 사계에 대한 연구를 지속적으로 하고자 하는 의욕이 없어졌다. 대체로 오늘날 한국학의 풍토로 문중에서 지원을 하여 인물 중심으로 학술대회가 많이 개최되고 있다. 사계에 대한 학술대회도 자주 열린 것으로 알고 있는데 나는 여지껏 한번도 사계사상 학술대회에 발표한 적이 없고 토론도 한 적이 없다. 무슨 푸념같은 소리로 들릴지도 모르지만 주최측의 조직과 관련이 없으면 그렇게 되는 것이 관행이다. 정치조직은 권력을 쟁취하는 것이 목적이기에 구성원간의 유대가 절실히 요구되는 것은 당연하다. 그렇지만 학문이라는 것은 진리를 탐구하는 것이기에 계파를 초월하여 논의될 수 있다고 선현들이 말하였다. 그러나 현실은 그렇지 않지 않은가?

동양철학에 대하여 開眼시켜 주신 中天 金忠烈 교수님의 말씀이 생각난다. 대학 수업시간에 一曲之士에 대하여 우물안 개구리가 하늘을 보는 것에 대한 비유이다. 선비로서 진정 피하여야할 길인 것이다. 누에가 자신의 입에서 뽑은 실로 고치를 만들어 그 속에서 사라지는 번데기 같은 존재가 되는 것이 목표는 아닐 것이다.

선비는 私와 利가 아닌 公과 義를 추구하여 천하를 다스릴 수 있는 도량을 길러야 되거늘!

사계의 예학사상의 출판을 흔쾌히 허락해 주신 경인문화사 한정희 사장님께 감사 드린다. 사실 경인문화사가 아니면 여기 실린 글들이 언제 다시 햇빛을 볼 수 있을지는 장담할 수 없는 형편이다. 또한 원고를 꼼꼼히 읽어보시고 알뜰히 편집을 해주신 권성순님에게도 진심으로 감사의 말씀을 드린다. 이 책의 출판으로 그 동안 아쉬움이 많은 家兒들, 修瑛, 大基, 在瑩에게도 기쁨을 함께 하고 싶다.

철학공부를 하겠다고 했을 때 흔연히 인정해 주신 先考 竹軒 府君께 다시 한번 엎드려 절합니다. 연구실용으로 써 주신 敎學不倦을 쳐다볼 때마다 昊天罔極 어찌 잊겠습니까.

강호 제현의 질정이 있기를 —

丙戌年 初春
海雲臺 寓居에서
張世浩 識

<목 차>

緒 論

第1節 問題의 提起

性理學은 우리나라에 도입된 다른 어떤 儒學보다 활발하게 연구되고 논의되었다. 原始儒學이나 漢唐儒學이 삼국시대 때부터 받아들여진 이후 주로 왕권강화를 위한 체제정비 혹은 禮俗化의 목적으로 수용이 되었다손 치더라도 성리학에 비하면 그 세력이 미진하다고 밖에 볼 수 없다. 그것은 삼국시대 때부터 유학이 받아들여져서 나름대로 국가적 차원에서 적용되었던 것은 사실이다. 그러나 朝鮮朝처럼 국가통치이념으로서는 일찍이 받아들여진 적이 없기 때문에 조선조만큼 융성하지는 못하였다.

대체로 유학에서 가장 강한 장점으로 지니고 있는 것이 바로 윤리도덕의식이라 할 수 있다. 윤리·도덕의식이야말로 유학의 발원부터 지닌 것이니 만큼 어떤 의미에서 이것은 유학의 핵심이라 하여도 과언이 아니다. 이러한 윤리도덕의식은 유학의 발원 때부터 있었다 하여도 그것의 체계를 위한 이론화 작업을 처음으로 孔子가 시도하였다. 공자는 바로 인간사회의 도덕적 행위를 위한 이론적 근거를 제시한 최초의 인물이라 하여도 과언이 아니다. 그 점은 유학이 지니고 있는 인문주의의 특색에서 바로 나타난다고 할 수 있을 것이다.

사실 당시의 유학은 周代에서부터 시행되어 온 宗法社會體制가

春秋時代를 맞이하여 상당히 변질되었으며, 또한 종법사회를 유지하여 온 예가 제대로 적용되지 않을 뿐만 아니라, 예에 대한 인식 또한 크게 바뀌었던 것이다. 그것은 봉건체제의 기본적인 골간인 종법사회가 혼란하여짐으로써 부차적으로 일어나게 된 결과이다. 이러한 무렵 공자는 혼란한 사회의 질서를 바로잡기 위하여서는 무엇보다 예에 대한 새로운 인식이 필요하다고 보고 예에 대한 새로운 의미를 부과하려고 하는 것을 볼 수 있다.[1] 그것은 종법사회를 유지하여 온 예가 그 기능을 제대로 발휘하지 못하여, 예의 기능을 상실함과 동시에 예가 변질되는 것에 기인하는 것이다. 뿐만 아니라 시대가 바뀜에 따라 전래적인 예만 고집할 수는 없으며 변천하는 시대에 맞는 새로운 예가 필요하였던 것이다. 바로 예에 대한 새로운 인식은 예에 대한 새로운 의미를 부과하는 것과 같은 것으로 볼 수 있으며, 예에 대한 새로운 의미의 전개를 위하여 공자는 仁이라는 개념을 창안하게된 것이다.[2] 인을 통하여 예의 의미를 새롭게 정립할 뿐만 아니라 단순한 실천적인 예를 학문적인 틀로 형성하게 되는 계기가 된 것이다. 이전에 相禮者로서만 활동하던 儒者들이 공자를 위시로 하여 소위 오늘날 원시유학이라고 하는 하나의 학파를 형성하게되는 계기를 마련하게 된 것이다. 바로 실천을 위주로 하는 예에 이론화의 작업이 공자에게서부터 시작이 되었다고 볼 수 있는 것이다. 이후 유학에서 지속적으로 문제가 되어 온 孟子의 四端說도 따지고 보면 공자가 주장한 예의 이론화 작업으로 형성된 인의 실천을 위한 근거로서 파악하였다.

---

1) 蕭公權, 『中國政治思想史』 上册, 53쪽 : "當春秋之末葉 由封建天下轉入專制天下過渡時代之初期 周禮已廢而未泯 階級方壞而猶著 孔子身受舊社會之薰陶 又於舊制度中發現新意義 卽欲以其所發現者爲改善及復興舊秩序之具."

2) 杜維明, 『人性與自我修養』, 4쪽, 北京 : 中國平和出版社, 1988.

이와 같이 본다면 여기서 언급하고자 하는 禮學이라는 것도 원시유학에서부터 지니고 있는 성격의 이름임을 알 수 있다. 즉 예학이라는 말 자체가 조선조에 생긴 새로운 말로 보는 것보다는 유학의 발원부터 그러한 성격을 지니고 있었던 것으로 보아야 한다. 다만 조선조에 와서 조선전기 道學이나 성리학이 활발하게 전개된 관계로 조선조 유학을 전반적으로 구분하고자 하는 의미에서 예학이라는 것을 명명하였던 것이 아닌가 한다. 그것은 바로 유학의 윤리도덕의식이 시대를 통해 학문적으로 변천하는 과정에서 나타나는 용어에 불과한 것이 아닌가 한다.

대체로 공자 이후 원시유학은 漢唐시대를 거치면서 상당한 변모를 가져왔다. 예를 들면 바로 전국시대를 거쳐 漢 시대에 가면 유학은 道家를 위시한 陰陽家와 결부한 경향3)이 있었지만, 특히 과거시험을 위한 도구로서 이용한 경우도 생긴다. 물론 유학이 과거시험의 교과목으로 지목되면서 유학에 대한 관심도가 그만큼 높아졌다고는 하지만 사실 그것은 윤리적인 이론의 탐구라기보다는 단순한 암송을 전제로 하는 詞章學과 같은 측면에서 본다면 그만큼 이전의 유학과는 다른 면모를 보인다고 할 수 있다. 더군다나 唐代 말엽부터 宋代에 이르면서 소위 新儒學이라고 하는 성리학에 오면 이전의 유학과는 더욱 뚜렷이 달라짐을 볼 수 있다.

唐代 말엽의 신진사대부들을 중심으로 시작한 성리학의 발흥은 주로 불교배척에서부터 시작한다. 그것은 당시 지배계급의 통치이념으로서의 불교가 혼란한 사회를 더 이상 유지할 힘이 없는 것으로 보고 새로운 통치이념이 절실히 요청되었던 것이다. 그래서 韓愈를 위시한 성리학자들은 새로운 사회의 통치이념을 유학에서 찾으려고 하였으며, 그러한 작업의 일환으로 전통적인 유학의 경전

---

3) 范文瀾, 「中國經學史的演變」 『中國哲學』 第一輯, 三聯書店, 58∼59쪽.

인『大學』을 주목하기 시작하였다.4)『대학』은 바로 禮記의 편명에 불과하였으나 朱子에게 오면『대학』을 위시하여『中庸』·『論語』·『孟子』를 특별히 중요시하여 '四書'라 하여5) 성리학자들에게 우선적으로 연구하여야 할 대상의 경전으로 이전보다 강조되는 것을 볼 수 있다.

이와 같이 성리학자들이 사서를 중요시하게된 것도 새로운 통치이념으로서 불교에 대처될 수 있는 것을 유학의 경전에서 찾은 결과이다. 사서를 위시한 역경들을 살펴보면 불교에서 주장하는 것들과 비슷한 것들이 상당히 있을 뿐만 아니라 불교에 없는 것들까지 있다. 그리하여 불교를 배척6)함과 동시에 불교에서 사용하고 있는 용어나 개념들을 끌어다가 이전의 유학에서는 볼 수 없었던 유학의 형이상학화를 하기에 이른다. 불교에 대항하기 위하여 불교의 이론들을 대거 수용하여7) 불교를 배척함과 동시에 불교를 극

---

4) 馮友蘭,『中國哲學史』下册, 803쪽.

5) 林繼愈主編,『中國哲學發展史』(秦漢), 北京 : 人民出版社, 1985年, 219쪽.

6) 물론 성리학자들이 불교를 배척한다고 하더라도 우리나라에서의 불교의 역할이 부정적인 것만은 아니다. 불교가 우리나라에 수입된 이후에 불교의 역할이 큰 비중을 차지하고 있다는 것은 李能和의 다음과 같은 말에서 알 수 있다.
"조선 고대로부터 전래하는 多神의 사상은 불교의 下乘의 趣旨 가운데 攝取되었다", "고려와 이조의 兩代에도 국가나 인민이나 祈福禳災를 위해서는 반드시 道·佛·神(巫)의 作法을 병용한 예는 지극히 많다(李能和,「朝鮮佛敎史」『韓國佛敎叢書』第1卷, 寶蓮閣, 1972, 404~405쪽)." 이와 같은 말을 보더라도 불교가 韓國傳統思想史에서 차지하는 영역은 별도로 있는 것이다.

7) 宋儒들이 불교의 異論들을 수용한 것들이 많이 있는데 여기서 그 대표적인 몇 가지를 예로 들어보고자 한다. 송유들이 주장하는 성리설 즉 '理'로서 性을 설명하는 여러 가지 사상들은 불교 특히 선종 중에서도 무엇보다 화엄사상의 法界說에서 인용하고 있는 것을 알 수 있다. 이것은 형이상의 본체론과 형이하의 사물세계를 설명하여 주는 '理法界' 혹은 '事法界'의 설에 그 淵源을 두고 있는 것이다. 그리고

복하려고 하였던 것이다.8) 성리학이 불교에 대항하면서 불교의 이
론을 가져다가 유학을 형이상학의 차원으로 끌어올리면서, 동시에
불교를 극복하기 위한 방안으로 제시한 것이 바로 윤리도덕의 문
제이다. 그것은 유학이 원래 종법사회를 바탕으로 형성된 것이기
때문에 자연적으로 사회조직의 구성원 상호간에 있어서 윤리문제
가 중요시 될 수밖에 없었다. 이러한 유학의 윤리도덕의 이론이 불
교에는 매우 희박하다는 뜻에서 '滅倫害國'·'無父無君'이라는 용
어로 불교를 배척하였던 것이다.

　사실 송명시대에 주류를 이루었던 윤리의 형이상학적인 이론화
작업이 너무 이론적인 나머지 유학자체가 애당초 안고 있었던 윤
리도덕을 구체적으로 현실적인 면에서 쉽게 실천할 수 없는 분위
기가 되고 만다. 그것은 주자학에서 내세우는 선지후행설로 말미
암아 일반적인 서민들에게는 매우 고차원적인 이론이 되어 버렸기
때문이다. 뿐만 아니라 성리학이 불교에 대항하여 내세운 四書도
새로운 의미에서 해석한 나머지 이전보다는 훨씬 고차원의 이론적
경전이 되고 만 것이다. 그것은 일반적으로 유학의 경전으로 통용

　　周濂溪의 『太極圖說』과 邵康節의 易理象數의 哲學思想도 洞山과 曹
山師徒의 불교사상에서 영향을 받았다. 또한 張橫渠가 주장하는 "民吾
同胞　物吾與也"의 觀點과 "爲天地立心　爲生民立命　爲往聖繼絶學　爲
萬世開太平" 등의 관념들은 佛學에서의 중생평등을 내세우는 것과 유
사한 것이다. 또한 宋明 이래 理學家들이 강학한 '書院' 規約의 정신도
禪宗의 '叢林制度'와 '百丈淸規'의 영향을 받았다는 것이다. 南懷瑾,
『宋明理學與禪宗』(馮炳奎等著, 『宋明理學研究論集』, 臺北　黎明文化
事業公司), 1983, 278～290쪽　參照.

8) 무엇보다 불교에서의 출세간의 문제점을 '無父無君'으로 비난하였으
　며, 아울러 불교에서 내세우고 있는 우주론과 형이상의 본체론에 관한
　문제에서도 宋明理學者들은 『易經』과 孔孟의 學術思想範圍에 들어가
　있다고 주장한다. 南懷瑾, 馮炳奎等 著, 「宋明理學與禪宗」『宋明理學
　研究論集』, 臺北　黎明文化事業公司, 1983, 290쪽　參照.

되고 있는 十三經에서 유학자체가 지닌 예에 관계되는 서적들이 상대적으로 도외시되게 되었던 것이다. 특히 초기 성리학자들이 도통을 내세우면서 천리와 심성문제를 강조하다 보니 현실적인 실천문제는 그만큼 소외될 수밖에 없었던 것이다. 무엇보다 유학에 있어서 새로운 해석을 하다 보니 더욱 고차원의 세계를 언급할 수밖에 없으며 아울러 현실적인 문제는 그만큼 유보시켰던 것이 결국에는 성리학의 약점으로 지적될 수 있는 것이다. 이러한 송명시대의 성리학이 조선조 개국과 더불어 조선조의 통치이념으로 그대로 채택되는 것이다.

조선조 건국과 더불어 성리학을 국가의 통치이념으로 받아들여지게 되는 배경이 중국(宋)과 흡사하다. 조선조 개국에 앞장선 유학자들이 대부분 신진사대부들로서 불교를 배척하고 새로운 가치이념을 요구하였던 것이다. 그것은 고려조가 국교로 채택하여 통치이념으로 삼은 불교의 체제가 더 이상 사회를 유지할 힘을 상실하였다고 보았기 때문이다. 그래서 불교에 대처될 수 있는 것으로서 성리학을 받아들여졌을 뿐만 아니라 불교보다는 성리학이 낫다는 주장9)이 나오게 된 것이다. 그리하여 조선조 초기에 국가의 적극적인 개입으로 성리학 서적들이 많이 간행·보급된다. 특히 주자가례를 위시하여 성리학에서 소위 불교에서는 찾아볼 수 없는 서적 특히 예서들이 간행·보급되는 것을 알 수 있다. 즉 문공가례에 기초한 예교의 실행은 국가의 법제로서 중요시되었기 때문에 碩學鴻儒는 물론이요, 적어도 유학을 修하는 士는 문공가례의 이해와 그 실천에 열의를 쓰지 않는 자가 없었다. 따라서 학자 중에는 가례의 이해 혹은 고증에 관한 저작을 하는 者 또한 대단히 많게 되었다.10) 뿐만 아니라 조광조가 내세운 至治主義·德治主義

---

9) 대표적인 예로 鄭道傳의 경우를 들 수 있다.

의 표방 아래에서의 도학정신이 강하게 전개된다. 즉 대체로 수기·안인을 목표로 하고 있는 유학이 조선조 초기에서는 도학화의 과정을 거치면서 수기의 측면이 강조되는 것을 알 수 있다. 그것은 조광조 등에 의한 사림파에서 강하게 나타난다. 바로 춘추대의의 의리정신을 전제로 한 지치주의였던 것이다. 물론 의리의 실천궁행을 통해 도덕적인 면을 강조하였던 것은 사실이나, 예의식의 강화는 대체로 성리학이 활발히 연구된 퇴율 이후이다. 퇴율의 시대에 오면 더욱 성리학의 이론적 탐구가 심화된다. 특히 심성론을 바탕으로 한 사단칠정론의 전개야말로 조선조 성리학의 특성으로 내세울 만큼 성리학의 학문적 탐구가 활발하였던 것이다.

그러나 조선조 초기의 이러한 성리학의 이론적 탐구가 결국에는 현실과는 동떨어진 고차원의 이론적인 작업이 되다 보니 자연적으로 유학이 원래 지니고 있는 실천적인 문제가 소원해지는 경향을 띠게 된 것이다. 즉 심성의 문제를 강하게 논의한 반면에 실천과 관계되는 부분인 예의 문제에는 그만큼 역부족의 현상을 나타나게 된 것이다. 퇴계의 경우만 하더라도 예의 문제를 상당히 많이 취급한 것을 그의 저서를 보면 알 수 있다. 그러나 퇴계의 경우만 보더라도 그 자신이 만년에까지 심혈을 기울인 것은 어디까지나 사단칠정론과 같은 심성론적인 측면을 연구하였지 소위 예학이라고 하는 것은 집중적으로 탐구하지 못하였던 것이다.

이와 같이 본다면 예가 유학의 일부분이오 일방면인 이상, 조선에서도 어느 때에나 또는 누구에 의하여 서든지 반드시 예를 숭상하고, 또 그것이 발전될 것은 당연한 일이다. 그러나 지치주의의 실천유학이나 踐履를 힘쓰는 성리학이 흥왕하게 된 때에 그 뒤를 이어 예학이 제창되는 것은 그사이에 논리적 관련과 필연적 사세

---

10) 金斗憲, 『韓國家族制度研究』, 서울대학교 출판부, 1986, 408쪽.

가 없지 못할 것이다.[11] 즉 通經 明史나 문장을 힘쓰던 시대에 비하여 至治主義나 교화주의를 힘쓰던 실천유학시대나 爲己之學을 힘쓰고 실천을 독신하는 이학시대가 더한층 예를 힘쓰며 존중하고 예학을 숭상하게될 것은 결코 우연한 일이 아니다.[12] 정주학파가 주장한 이기이원론의 이분법이 비록 서양의 이원론처럼 서로 넘을 수 없는 절대적 한계를 그어 놓고 있는 것은 아닐지라도 사람들로 하여금 필연적으로 인성 속에서 인욕을 억누르고 천리를 되찾아야 한다는 수양 방법을 채택하게 하였다.[13] 그리하여 이기론이라 하더라도 그것은 궁극적으로 유학전래의 윤리도덕의 합리화를 지향한다. 물론 이기가 공리공소한 면을 지녔다고 할지는 모르나 그보다는 '극기복례'류의 修己正德인 윤리생활에 관한 관심이 많은 것을 부인할 수 없다. 그러한 점에서, 성리학은 도덕 또는 예 위주의 실제적 학문을 지향하는 식의 '예학의 성격'을 띄는 것이다. 특히 예학의 이론적인 근거를 마련할 때에 이기설은 주기 혹은 주리의 현상이 나오게 된다. 즉 그것을 보다 이상적인 방법으로 시도할 경우에는 주리설로 흐르게 되고, 보다 경험적인 태도를 취할 경우에는 주기설이 된다. 그래서 주기설과 주리설의 차이는 위와 같은 태도 내지 입장에서 구별되지만, 종국적인 예학적 인식에서는 서로 다를 바가 없다. 그리하여 이러한 예속화의 풍토를 바탕으로 하여 조선조 예학의 전문적인 연구가 형성되는 것이다.

그러나 오늘날 조선조의 예학에 대한 연구가 미진할 뿐만 아니라 조선조 예학이 지향하고 있는 것이 과연 무엇인지 그 핵심이 밝혀지지도 않았다. 그래서 본 서에서는 조선조 예학의 대표적 학자

---

11) 玄相允, 『朝鮮儒學史』, 171쪽.
12) 玄相允, 『朝鮮儒學史』, 172쪽.
13) 金忠烈, 『中國哲學散稿』, 249쪽.

라 할 수 있는 沙溪 金長生(1548~1631)을 통하여 사계 예설이 지향하고 있는 목표가 어떠한 것인지 알아보고자 한다. 그렇게 함으로써 사계 이전에 조선조 성리학계에서 크게 논의된 四端七情의 문제가 예학과 어떠한 관련이 있는 것인가도 밝혀질 것으로 본다. 즉 理氣說을 통한 사단칠정의 문제나 人心道心의 문제가 예학과 어떻게 연계되는 것인지 그것을 살펴보고자 하는 것이다. 바로 예학의 이론적 근거로써 이기설이 어떻게 적용되는 것인지를 살펴보고자 하는 것이다. 뿐만 아니라 사계 이후 논의된 예송도 사계의 예설을 통하여 그 논쟁의 핵심을 알아 볼 수 있을 것이라는 생각이다. 필자는 사계의 예설의 핵심인 正統觀을 통하여 예송에서 크게 논의된 왕통의 문제를 해결할 수 있을 것이라고 기대한다.

第2節　研究方法과　範圍

　사계 김장생은 조선조의 시대적 상황에서 예에 대하여 체계적인 이론을 정립하였다고 일반적으로 믿어지고 있다. 그것은 사계의 경우 東方禮家의 대성자라는 칭송[14]에 부합하리만큼 예학에 대하여 전력을 다하였기 때문이다. 뿐만 아니라 玄相允도 사계 김장생을 조선조 예학파의 대표적 학자에 속한다[15]고 한 것에서도 알 수 있다.

　사계는 성장하여서는 율곡에게 사사하였으나[16] 그때보다 더 어

---

14)『沙溪全書』, 光山金氏文元公念修齋 影印本, 서울, 1978年(以下『全書』로 略稱함), 808쪽 : "其所纂諸書毫分縷析 … 是東方禮家之大成耶."
15) 玄相允, 『朝鮮儒學史』, 174쪽.
16)『全書』, 777쪽 : "受業于栗谷李先生之門."

려서는 宋翼弼에게 예학을 배웠다.[17] 그렇게 배운 것을 토대로 그
는 예를 돈독하게 실천하였을 뿐만 아니라 학문적인 연구 업적도
방대하게 남겼다. 즉『經書辨疑』6권,『近思錄釋疑』4권,『喪禮備
要』4권,『家禮輯覽(圖說)』8권,『疑禮問答(拾遺)』9권 등이 있으
며 그 외에 書疏雜錄 약간 권과 당시 전례문제에 관한 답서와 고
증을 한『典禮問答』2권 등이『沙溪全書』속에 수록되어 있다.

　여기서 무엇보다 문제가 되는 것은 예학에 있어서 그 지향하는
목표가 무엇인지 구체적으로 밝혀져야 한다고 본다. 즉 조선시대
에 무엇보다 강조된 예 내지 예학에 관한 연구[18]가 일제식민지시
대를 거쳐 해방이후 거의 死學이라고 할 만큼 예학에 관한 연구가
없는 터였고 보면 더욱 예학에 있어서의 그 핵심이 무엇인지 다시
한번 정리할 필요가 있다고 생각된다. 그것은 조선조 구한말까지
는 유학자들이면 의례히 인식하고 있었던 것으로 생각이 되는데,

---

17)『全書』, 776쪽 : "少時往受學於宋龜峯也."
18) 近來에 學界에는 상당수의 論文이 發表되어 禮學의 研究가 활발한 실
　　정이다.
　　黃元九,「李朝禮學의 形成過程」『東方學志』6, 1963 ; 黃元九,「소위
　　己亥服制問題에 대하여」『延世論叢』2, 1963 ; 李乙浩,「禮槪念의
　　變遷過程」『大東文化研究』4, 1967 ; 柳正東,「禮論의 諸學派와 그
　　論爭」『韓國哲學研究』中卷, 1978 ; 張世浩,「金長生의 禮說에 대한
　　研究」, 高麗大 碩士學位論文, 1980 ; 黃元九,「朱子家禮의 形成過程」
　　『人文科學』5, 1981 ; 裵相賢,『朝鮮朝 畿湖學派의 禮學思想에 關한
　　研究』, 高麗大 博士學位論文, 1991 ; 高英津,『朝鮮 中期 禮說과 禮
　　書』, 서울대 博士學位論文, 1992 ; 張世浩,『沙溪 金長生 禮說의 研
　　究』, 高麗大 博士學位論文, 1993 ; 張世浩,「朝鮮朝 禮學에서의 統」
　　『東洋哲學』8, 韓國東洋哲學會, 1997 ; 張哲秀,「한국전통사회의 관혼
　　상제」, 한국정신문화연구원, 1984 ; 慶尙北道・嶺南大學校,『慶北禮
　　樂誌』, 1989.
　　沙溪에 관한 研究로는 沙溪愼獨齋兩先生紀念事業會에서 發刊한『沙
　　溪思想研究』, 1991가 있다.

오늘에 이르기까지의 백년이라는 시대적 단절을 통하여 그 정신의 맥을 다시 잇지 못하고 있는 시대적 상황이라 더욱 강한 의문이 제기된다. 서구의 산업문명에 밀려 전통사상으로서의 예사상이 그 위치를 찾지 못하고 있는 실정이다. 그렇기 때문에 사계 예설이 지향하는 목표의 핵심을 밝힘으로써 조선조 예학의 성격과 내용이 무엇인지 쉽게 접근할 수 있을 것이라는 생각이다.

또한 사계 예학에 있어서 예설이 지향하고 있는 목표에 관한 서술과 연계하여 그의 이론적인 근거가 밝혀져야 할 것이다. 예가 어디까지나 인간이 지켜야 할 객관적인 규범이라면 바로 객관적인 규범으로서의 타당한 이론이 제기될 수밖에 없다. 그것은 성리학에서 애당초 문제의식으로 대두된 윤리도덕에 관한 형이상학화와 관련이 있는 것이다. 즉 원래 원시유학에서부터 제창되어 온 수기·치인의 구체적인 항목으로 『대학』에서는 三綱領과 八條目을 들고 있다. 바로 수기·치인에 관한 윤리적인 측면을 형이상학화한 것이 송명이학 이후로 볼 수 있을 것이다. 그래서 본 서도 이와 같은 사고방식에 의거하여 서술하고자 한다. 바로 유학에서 말하는 치인의 부분을 齊家·治國·平天下로 보고서 이것을 예학의 견지에서 正家統·正王統(國統)·正道統으로 대입 내지 적용시켜 서술하고자 한다. 즉 사계의 예학사상에 나타나는 正統觀을 그대로 적용시켜 서술하고자 하는 것이다.

물론 치인에 앞서서 사계에 있어서도 수기론이 선행되어야 한다. 즉 수기는 예의 실천을 논하기 위한 전제조건이다. 그러므로 예의 실천을 위하여 먼저 인간의 도덕적 행위를 가능하게 하는 근거인 인간에게 내재한 본구의 理인 所當然의 理를 살펴보고자 한다. 소당연의 이를 통하여 사물과 함께 인간의 존재와 그 의의 그리고 인간의 도덕적 행위의 주체가 되는 것을 살펴볼 것이다.

또한 도덕적 행위를 위한 理의 인식이 전제되면 마땅히 인간의 수양이 뒤따를 수밖에 없다. 즉 도덕적 행위를 할 수 있는 근거로서 소당연의 이가 주어진 이상 그것을 통한 인간의 행위가 나타날 때 이렇게 하면 純善을 유지할 수 있는 것인지 그것이 문제가 되는 것이다. 이것은 바로 인간의 心의 활동으로 나타나는데, 바로 심의 활동이 어떻게 전개되는지를 性과 情의 관련 속에서 살펴보아야 한다. 그래서 四端・道心으로 표현되는 인간의 순선에 관한 문제는 서론에서 서술될 것이다.

이어서 소당연의 이에 관한 서술에 수반되는 문제가 그것의 인식문제라 할 수 있다. 즉 인간에게 주어진 本具理로서의 도덕적 행위의 근거인 소당연의 이를 전제로 하여, 우리 인간에게 주어진 도덕법칙에 대한 우리의 인식이 요구된다. 그것은 인간의 윤리도덕적인 행위의 근거가 되는 도덕법칙을 인식해야 하는 것이다. 소위 소이연으로 지목되는 존재법칙과 소당연으로서의 도덕법칙이 어떠한 관련이 있으며, 아울러 인간이 도덕적 행위를 하기 위하여 그 법칙을 알아야 하는데 그 법칙을 어떻게 인식할 수 있는지 그 방법이 문제가 되는 것이다. 이와 같은 문제는 소위 격물치지에 관한 문제로 나타나는데 第2章에서 서술된다.

또한 성리학 이전의 원시・본원유학에서부터 요구된 수기의 측면이 당연히 문제가 될 수밖에 없다. 도덕적인 규범을 인식하면 인간의 철저한 수양을 거쳐야 만이 전통적으로 유학에서 제기된 이상적 인간으로서의 군자를 지향할 수가 있는 것이다. 특히 사계의 수양에 관한 이론은 그의 예학사상을 바탕으로 하는 철저한 수기가 요구되는 것을 알 수 있다. 그것은 유학자체가 이전부터 지닌 부분으로서 사계의 경우 어디까지나 예를 바탕으로 하는 수양이 결국에는 예를 실천해야 된다는 목적에서 전제된 것이라 볼 수 있다. 이것은 철저한 수양이 수반되지 않는 행위는 그 행위의 일관성이 유지될 수 없을 뿐만 아니라, 나아가 철저한 내면적인 수양이 전제되지 않은 행위는 단순한 형식적인 일종의 표현에 지나지 않기 때문이다. 즉 인간의 내면적인 수양이 전제되지 않은 것은 일종의 가식에 불과한 것이다. 그렇기 때문에 사계는 『小學』에 나와 있는 律身 등을 위시하여 愼獨에 이르기까지 예의 실천을 전제로 한 수기를 주장하고 있는데, 그것들은 第3章에서 서술될 것이다.

第4章은 사계 예학사상이 추구하는 목표에 해당하는 것으로 정통을 서술하고자 한다. 사계의 예학사상의 특징은 인간의 실천을 전제로 한 내면적인 수양과 관련하여 근본적으로 인간의 본성을 모르고서는 불가능한 것이다. 인간의 본성에 대한 인식을 전제한 이 점은 예와 관련지어 생각하는 것은 유교 전통상 일반화된 현상이다. 예는 주희에 의하면 천리의 절문이요, 인사의 의칙이라는 것[19]인데, 바로 천리가 구체적·형식적으로 드러나는 원리로서 모든 인간 행위의 준칙이 되는 것과 같다. 천리를 우주생성의 이치로서의 모든 사물의 존재법칙에 해당하는 것이며 동시에 인간사의 규범적인 법칙으로 볼 수 있는 것이다.

이와 같이 본다면 사계의 예학은 理學에서 말하는 存天理를 통하여 천리의 절문을 밝힘과 동시에 사회적으로 실천화시키는데 그 목적이 있다고 볼 수 있다. 이것은 조선조 예학에 있어서 예가 절대시되는 경향과 더불어 예의 실천을 통한 천인합일의 경지를 도모할 수가 있기 때문이다. 즉 이가 인간에게 내재되어 있고(존천리), 또한 객관적인 규범으로서 행하여 질 때(천리의 절문) 그것의 일치가 실현될 수 있기 때문이다. 이와 같이 예는 단순히 외재

---

19) 『論語集註』卷一 「學而」 : "有子曰 禮之用 和爲貴 先王之道 斯爲美 小大由之"의 註에 "禮者天理之節文人事之儀則也".

적인 것 혹은 형식적인 것이 아니라 인간에게 내재하는 이를 바탕
으로 하고 있는 것이다. 마찬가지로 經禮三百·曲禮三千이라는
것도 사실은 인간이 마땅히 행하여야 할 행위의 규범이다. 물론 인
간사를 그렇게 三百三千[20]으로 규정할 수는 없지만 인간이 마땅히
본받고 행하여야 할 규범적인 준칙과 같은 것으로 생각할 수 있다.
이와 같은 것을 전제로 한 사계 예학의 특징은 한마디로 '正統'으
로 규정될 수 있다. 즉 바른 통서요, 통서를 바로잡는다는 의미인
것이다. 정통이 구체적으로 어떠한 것인가는 본문에서 상세히 서
술될 것이다.

第5章에서는 사계 예학의 골격을 이루고 있는 저서를 통하여 사
계 예학의 성격과 각 예서들 속에 사계가 주장하는 정통이 어떻게
구현되고 있는가를 살펴볼 것이다. 즉 사계 예학의 대표적인 저작
인 『喪禮備要』·『家禮輯覽』·『疑禮問解』·『典禮問答』을 통하
여 사계 예학의 전통이 어떻게 적용되고 있는지를 살펴볼 것이다.

마지막으로 第6章에서 서술되는 사계의 왕통확립에 관한 것은
사계 예학의 구체적인 응용으로 볼 수 있는 것이다. 여기에서는 인
조반정 이후 임진왜란을 거치면서 사회적 기강이 해이해지는 현상
이 나타난다. 그러한 여러 현상들 중 특히 왕권확립의 문제와 관련
하여 왕통의 문제가 그 중에서 가장 대표적인 것이라 할 수 있다.
왕통확립에 관계하는 것으로는 칭호문제·추숭문제·복제문제 등
이 거론될 것이다. 왕통의 확립에서 논의되는 것은 어디까지나 학
문적인 논쟁이지 정치적인 논쟁은 아닌 것이다.[21] 왜냐하면 예송

---

20) 三千三百이 구체적으로 무엇을 뜻하는 것인지는 第4章 '正統說'에서
　　살펴보고자 한다.
21) 姜萬吉 교수는 『分斷時代의 歷史認識』, 228쪽에서 다음과 같이 말한
　　다. "성리학의 지나친 관념론화와 그 결과로서의 예학의 발달은 소위
　　尊華攘夷 사상의 강화, 강상의 계층윤리의 극대화, 대의명분론 중심의

에 있어서 각 파의 분쟁은 권력분권화와 관련이 있다고 보아야 한다. 조선건국초기의 왕권강화를 위한 훈구파의 활동은 이후 새로운 정치적 질서를 모색하는 신진사대부들과 충돌하게 된다. 그러나 신진 사대부들의 주장은 기득권을 가진 훈구파의 세력에 밀려나고 만다. 이것이 사림에 의한 언로가 개방되면서 결국 예송의 싹이 텄다고 보아야 할 것이다. 예송의 각 파는 정치적 다원화의 면에서 정치가 활성화되었던 시기에 주로 활동한 것으로 보아야 한다. 즉 당쟁이 격렬했을 때에는 정치가 비교적 잘되었다는 것처럼

가치를 강조 등을 가져왔고. 그것이 사림파 세력이 중앙정계의 주도권을 쥐게 되는 16世紀 후반기 이후에는 그들의 지배논리와 연결되어 당쟁을 발생시키고 심화시키는 구실을 하는 한편, 사회체제를 경화시키고 반역사적 정치체제, 경제체제 및 사회체제를 억지로 유지하는 이론적 뒷받침이 되었던 것이다."라고 하였다.

반면에 黃元九 교수는 당쟁에 대한 평가를 다음과 같이 말한다. "언필칭 조선조의 역사를 파쟁의 역사, 당쟁의 연속으로 규정지으려는 경우가 많았다. 주자학이 조선조를 쇠퇴하게 만들었다고 보는 견해와 같은 것이기도 했다. 여기에서 조선시대사는 정체성을 벗어나지 못한 낙후된 역사이었다고 평하기도 했다. 그런데 이와 같은 그릇된 선입감이나, 이와 같은 왜곡된 조선시대사의 인식을 갖게 한 것이 어디에서 왔는가. 그것은 두 말할 것도 없이 일제의 식민지사관이었다는 것을 알아야 한다. 한국의 민족성을 분렬적인 것으로 전제한 후 그와 같은 분렬이 당쟁으로 발전했으니만치 하나로 뭉쳐서 단결될 수 없는 열등한 민족이라는 것이었다. … 여기에서 이 식민지사관에 의한 한국사 내지 조선조의 역사에서는 필요 이상으로 파쟁(사화)과 당쟁으로 메꾸어 놓았다. 이를 깨닫지 못한 그 사관의 추종자들은 말할 것도 없고, 이를 탈피하려고 애쓴다는 광복 후의 여러 역사서에서도 여전히 이런 경향을 되풀이하는 일이 많았다(국사편찬위원회, 「閔閥政治」 『한국사』 13권, 107~108쪽 참조)."

이상에서 본다면 강만길 교수의 주장은 예학이나 예송에 대한 부정적인 측면을 서술한 것이다. 반면에 황원구 교수의 주장은 예학의 입장이 그렇게 부정적인 것으로만 볼 수 없다는 생각이다. 그것은 예학을 바로 학문논쟁으로 보기 때문이다.

개방된 정치체제에서의 자유스런 학문에 대한 논쟁으로 보아야 할 것이다.[22] 물론 그 이전에는 생각하기 어려운 것을 과감하게 쟁론하게될 수밖에 없었던 시대적 상황으로 받아들여야 할 것 같다. 그 예로 사계가 주장하는 복제문제·칭호문제·추숭문제의 논의가 받아들여지지는 않았으나 어쩌면 예송의 싹이 라고 할 수도 있을 것이다. 당시 사계 나이 80세였으며, 그것도 西人들의 집권하에서 예학의 대표적 학자인 사계의 주장을 묵살시키는 것을 본다면 아직까지는 예학에 대한 철저한 논쟁이 발생하지 않은 시대적 분위기로 이해할 수 있을 것 같다. 이와 같이 본다면 예송이야말로 학문에 대한 자유스런 개방과 정치적 다원화로 말미암은 자유스런 논쟁으로 보아야 할 것이다. 순수학문적인 논쟁을 통하여 사계 자신의 예학을 피력하게 되는 것을 알 수 있다. 이것은 후기 예송과 관련하여 보아도 마찬가지일 것이다. 다만 典禮에 관한 각자의 처지가 엄연히 다르다 보니 그것을 선택 결정되는 과정에서 파벌이 조성되는 것 같으나 사실은 전례문제를 통한 각자의 학문관으로 보아야 할 것이다. 즉 정통과 관계되는 사계의 전례에 관한 주장은 어디까지나 학문적 탐구이자 논쟁이지 정치에 관여한 것은 아니다. 그것은 사계 자신의 순수한 학문적 열정으로 왕통을 바로잡고자 하는 의도에서 주장된 것이지, 당시의 해이해진 왕통을 그냥 무조건 수호하기 위하여 내세운 것이 아님을 알 수 있다.

이와 같은 당쟁 내지 예송에 관한 전제로부터 사계가 주장하는 전례에 관한 논의의 내용을 구체적으로 살펴봄으로써 사계 예학의 의의가 무엇인지 파악할 수 있는 것이다.

---

22) 국사편찬위원회, 『한국사』 13권, 108쪽.

第1章

理氣心性說

  본 장에서 서술되는 이기심성설은 사계의 예학의 이론적 기초에 해당된다. 사물의 존재는 물론 인간의 행위의 준칙이 되는 근거를 마련해 주는 것이다. 이기심성설에 관한 탐구는 사물과 인간의 존재근거와 그 의의 그리고 인간의 도덕적 행위의 주체가 되는 심성에 관한 이론이다. 이것은 성리학이 다른 유학과의 차이점에서 부각되는 일반적인 특성을 그대로 지니고 있는 것이다. 그래서 성리학에서 애당초 문제의식으로 대두된 윤리도덕에 관한 형이상학화와 관련지어 살펴보고자 한다.

第1節 理와 氣

  사계는 『經書辨疑』와 『近思錄釋疑』에서 대체로 理氣에 관한 자신의 주장을 전개하고 있는데 일반적으로 인지하고 있는 것들에 관해서는 구체적인 부연 설명은 하지 않고 있다. 대체로 논의의 문제가 되지 않는다고 인정되는 것에서는 언급을 하지 않는다. 그러면서도 사계는 이와 기에 대하여 이를 無形·無爲, 기를 有形·有爲라는 표현을 자주 사용하고 있는 것을 볼 수 있다. 이와 같은 표현은 어디까지나 이는 초감각적인 것이요, 기는 감각적인 것으로 이해한 사실을 의미한다. 여기서 이는 감각적으로는 인식이 안 되는 성질을 지니고 있으며 마찬가지로 기는 형상이 있는 것이니 만큼 현실적이며 감각적인 것임을 알 수 있다. 바로 사계의 다음과 같은 주장에서 확인할 수 있는데, 이것은 어디까지나 율곡의 理通氣局說을 계승하여 理一分殊[1]로 설명하고 있는 것이다.

　　대개를 논한다면 이는 무형이고 기는 유형이므로 이는 통하고 기
는 국한한다. 이통이란 천지만물이 동일한 이라는 것이며, 기국이란
천지만물이 각각 하나의 기라는 것이다. 소위 천지만물이 이일분수라
고 하는 것은 이는 본래 일이나 기의 부제로 말미암아 깃든 것에 따라
각각 하나의 이가 되는 것이니 이것이 분수가 되는 것이다. 이는 본래
하나가 아닌 것이 아니다.[2]

　　이렇게 이는 무위·무형하되 유위·유형의 主가 되는 것이다.[3]
즉 천지만물이 하나의 기로서 주어질 때 천지만물을 주관하는 것
이 바로 이인 것이다. 또한 천지만물에 두루 통한다는 의미인 것이
다. 뿐만 아니라 천지만물을 두루 관통하고 있다는 의미에서의 이
는 하나라고 하지만 개개의 사물마다 이가 깃든다는 의미에서 분
수라는 표현을 사용하고 있는 것이다. 그래서 사계는『대학』의 "지
극한 선에 머문다(止於至善)"에 대한 新安 吳氏의 소주를 본다면
그 오씨의 이일분수의 해석이 잘못되었다고 지적한다. 그 내용은
다음과 같다.

　　소주 신안 오씨가 말하기를, 사물에 흩어져 있는 것으로 말할 것 같
으면 事理라고 하는데, 이것은 이의 萬殊處이니 하나의 사물마다 각
각 하나의 태극을 구비하고 있는 것이다. 그리고 인심이 하늘로부터

---

1) 理一分殊라는 말은 程伊川이 張橫渠의 西銘에서 着想을 한 용어이다.
　　그래서 정이천은 "一物之理卽萬物之理"(『遺書』 卷2 上)라고 하였다.
　　또한 주자는 '理一分殊'를 佛敎의 '月印萬川'에다 비유하여 다음과 같
　　이 표현을 하고 있다. 즉 "本只是一太極 而萬物各有稟受 又自各全具
　　一太極爾 如月在天 只一而已 及散在江湖則隨處而見 不可謂月已分也
　　(『朱子語類』 卷94)."
2)『全書』「近思錄釋疑」, 287쪽 : "論其大槪 則理無形而氣有形 故理通而
　　氣局 理通者天地萬物同一理也 氣局者天地萬物各一氣也 所謂天地萬
　　物 理一分殊者 理本一矣 而由氣之不齊 故隨所寓而各爲一理 此所以
　　分殊也 非理本不一也."
3)『全書』「近思錄釋疑」, 287쪽 : "無形無爲而爲有形有爲之主者理也".

얻은 것으로 말한다면 천리라고 하는데 이것은 이의 一本處로서 만물이 하나의 태극으로 體統되는 것이다. 그러나 하나가 萬分을 관통하고 있는 까닭에 사리라고 말하며, 衆理가 만 가지 모여 하나가 되는 것을 천리라고 말하는 것이니 一理일 뿐이라고 하였다.
　　(주에) 율곡이 말하기를, 章句의 至善을 해석한 곳에서, 사리로서 말한 것은 천리가 사물에 있는 것이고, 인간과 사물을 對擧하여 말한다면 天理이다. 文字는 비록 다르나 뜻은 한가지이다. 오씨의 설은 一本과 萬殊를 나누었으니 그 설은 억척인 것이다.[4]

　사계는 이일과 만수가 다 같은 하나의 이인데도 불구하고 신안 오씨가 사리와 천리를 하나의 이라고 하면서 또한 구분지어 해석한 것이 잘못된 것이라고 하였다. 즉 사물에 있는 것도 천리이며 인심에 있는 것도 다 같이 천리인데, 굳이 사물에 있는 것은 사리이고 인간과 사물을 구별하여 인간에게 있는 것을 천리라고 말한 것이 잘못되었다는 것이다.

　이와 같은 이일분수설을 전제로 하여 사계는 이가 기를 주재하고 있다는 것이며, 동시에 구체적 현실적인 사물 속에 언제나 이가 내재되어 있다는 주장이다. 왜냐하면 이는 무위하고 기는 유위하기 때문에 기가 발하면 이는 乘하기 때문이다.[5] 그래서 그는 다음과 같이 말한다.

　　무형·무위하되 유위·유형의 주가 되는 것은 이이다. 유형·유위하되 무형·무위의 器가 되는 것은 기이다.[6]

---

4) 『全書』「經書辨疑」, 171쪽 : "小註新安吳氏曰自散在事物者而言　則曰事理　是理之萬殊處　一物各具一太極也　自人心得於天者而言　則曰天理　是理之一本處　萬物體統一太極也　然一貫萬分故　曰事理　衆理會萬爲一　則曰天理　一理而已." "栗谷曰　章句釋至善處　以事理言　是天理之在事者也　以人物(栗谷全書에는　物字가　欲字로　되어 있음)　對擧　則言天理　文字雖異　而義則一也　吳氏說乃分一本萬殊　其說鑿矣."
5) 『全書』「近思錄釋疑」, 287쪽 : "理無爲而氣有爲　故氣發而理乘."

理는 모든 사물에 원리·원칙으로서 내재할 뿐만 아니라 동시에 보편자로서 사물을 주재하고 있는 것이다. 즉 자연세계의 모든 현상은 바로 이와 같이 이일과 분수의 관계로 전개된다. 그러나 그것은 이기 스스로 운동을 하여 개별자의 분수의 性이 되는 것이 아니라, 어디까지나 기의 升降飛揚에 의하여 기가 正偏·通塞·淸濁·粹駁으로 변화되기 때문에 비록 이는 하나이지만, 이 기의 分이 만수가 되는 것이다. 그러나 만수가 된 분 속에는 언제나 이일이 있으므로 만수의 현상만 볼 것이 아니라, 이일인 본체를 아울러 보아야 한다는 것이다.7)

그런데 이와 같이 이를 무형·무위, 기를 유형·유위로 설명하는 사계의 주장은 '理氣不相離'의 기본적인 사고를 전제로 하고 있음을 알 수 있다. 왜냐하면 이가 무형·무위라고 하여 초현실적인 것은 아니기 때문이다. 이것은 다만 감각적으로는 인식되지 않는 것일 뿐이지, 현실과 동떨어져 존재하는 성질의 것은 아니다. 그것은 '이기불상리'라는 주장에서 말하는 것처럼, 이기가 언제나 분리된 것으로 존재하는 것은 아니라는 것에서 알 수 있다. 즉 사계는 이는 감각적으로는 인식되지 않는 초감각적인 것이며 기는 감각적이며 현실적인 존재라는 이기이원론의 기본적인 사고를 전제하고 있다. 그러면서도 '이기불상리'를 이와 기가 절대로 분리되지 않는다는 것을 전제로 한 이와 같은 표현은 이의 성질을 강조하고 있는 것으로 이해할 수 있는 것이다. 왜냐하면 이는 감각적으로는 인식이 안 된다 하더라도, 기가 있는 곳이면 당연히 이가 함께 언제나 같이 있다고 생각하기 때문이다.

---

6) 『全書』「近思錄釋疑」, 287쪽 : "無形無爲而爲有形有爲之主者理也 有形有爲而爲無形無爲之器者氣也."
7) 宋錫球, 『栗谷의 哲學思想研究』, 57쪽.

이와 같은 사계의 주장 즉 이기는 원래 '섞여서 하나로 녹아 어울리며 틈이 없다(混融無間)'고 하여 서로 떨어질 수 없다는 것은 다음과 같이 崔汝允의 질문에 답한 사계의 글에서 알 수 있다.

> 최여윤이 물었다. 陳北溪의 설을 율곡선생이 반박하여 "이와 기는 원래 서로 떨어지지 않으나 합하여 있는 것은 아니다."라고 하였는데, 제가 생각하건대 이와 기가 비록 서로 떨어지지 않으나 결코 하나의 사물이 아니니, 합이라 말한 것에는 잘못이 있다고 생각되지 않습니다. 내가 다음과 같이 대답하였다. 이와 기는 원래 서로 떨어지지 아니하며 본래 混融無間하다. 만약 진씨의 설과 같다면 인간과 사물이 생기기 전에는 이와 기가 원래 서로 합하지 아니하다가 처음 生할 때에 이르러 천지의 이를 얻고 또한 천지의 기를 얻어, 같이 서로 합해서 생한다는 것인데, 마치 음양남녀가 서로 합해서 사람과 사물을 생한다는 것과 같으니 이것이 옳겠는가? 율곡선생이 그르다고 한 뜻은 반드시 이것 때문이다.[8]

여기서 진씨의 설이라는 것은 『대학』「在明明德小註」에 관한 陳北溪의 말이다. 즉 인간은 태어나면서 천지의 이를 얻고 또한 천지의 기를 얻게 되니 이와 기가 합하여서 虛靈하게 된 것[9]이라고 말한 것에 대한 최여윤의 질문에 사계가 답을 한 것이다. 이와 같은 사계의 대답을 통하여 본다면, 이와 기가 애당초 분리된 상태로 존재하다가 만물이 생겨날 때 비로소 합하여지는 것이 아니라는 것이다. 왜냐하면 이와 기는 원래 분리된 상태로 존재하는 것이

---

8) 『全書』「經書辨疑」, 169쪽 : "崔汝允問陳北溪之說 栗谷先生駁之曰 理氣元不相離 非有合也 竊謂理氣雖不相離 決非一物 謂之合者 未見其有病也 愚答曰 理氣元不相離 本混融無間 若如陳氏之說 則人物未生時 理氣元不相合 至始生時 得天地之理 又得天地之氣 與之相合而生 如陰陽男女相合而生人物 其可乎 栗谷先生非之之意 必以此也."

9) 『全書』「經書辨疑」, 169쪽 : "在明明德小註 北溪陳氏曰人生得天地之理又得天地之氣 理與氣合所以虛靈."

아니기 때문이다. 만약 구체적인 사물이 현실적으로 존재하기 이전인 태초의 상태에서는 이와 기가 독립된 상태로 각각 존재하다가 만물을 생하면서 합하게 된다고 할 경우에 우리는 또한 합하게 되는 이유를 생각하지 않을 수 없다. 만약 이와 기가 합하게 된다면, 합하게 되는 것이 이기 자체의 힘에 의해서 가능한 것인지 아니면 또 다른 어떤 존재자에 의한 것인지 등을 생각해 보아야 하는 것이다.

다시 말하여 "인간은 태어나면서 천지의 이를 얻고 또한 천지의 기를 얻게 되니 이와 기가 합하여서 허령하게 된 것(人生得天地之理又得天地之氣 理與氣合所以虛靈)"에 있어서, 天地之理와 天地之氣를 나누어서 이와 기가 합하게 되는 것과 같이 설명하는 것은 잘못이라는 것이다. 이와 같은 사계의 생각은 다음의 글에서도 잘 나타난다.

> 인간과 사물이 생길 때 다 함께 천지의 이기를 얻는데 지금 단지 사람만 들어서 이기를 얻어 허령하다고 말한다면, 금수초목의 蔽塞은 유달리 이기를 얻지 못하여 그렇겠는가? 다함께 이기를 얻었는데도 이가 기에 가려지기 때문에 蔽하고 塞한 것이 된다. 진씨의 말은 잘못이 없을 수 없다.10)

인간과 금수나 초목이 다 이기를 얻어서 생겨난다. 그럼에도 인간만이 허령하고 금수 등은 그렇지 못한 까닭은 타고난 이가 기에 가리워지느냐 않느냐 때문이라는 것이다.

그러나 사계는 이와 기를 선후로는 말할 수는 없으나 논리적인 사고의 측면에서 본다면 이가 있은 뒤에 기가 존재한다는 것이다.

---

10)『全書』「經書辨疑」, 169쪽 : "人物之生 同得天地之理氣 而今單擧人曰 得理氣而虛靈云 則禽獸草木之蔽塞 獨不得理氣而然乎 同得理氣而理 爲氣掩 故蔽且塞矣 陳氏之語 無非存病."

즉 所以然·所當然으로서의 이가 기보다는 선행하여 존재하는 것
으로 말하는 것이다. 그것은 사계 자신이 기보다는 이를 더 중요시
할 뿐만 아니라 기보다는 이의 역할이 더 중요한 것으로 간주한다
면 당연한 것이다. 이것은 성리학 자체가 지니고 있는 문제로 생각
되지만 이와 기의 선후문제에서는 기의 존재에 앞서 이의 존재를
생각할 수 있는 것이다. 개체로서의 사물이 형성되기 이전의 논리
적인 측면에서 본다면 이가 기보다는 선재하는 것이다. 그렇다고
해서 이와 기가 분리되어 있지 않다는 것이 사계의 주장인 것이다.
즉 사계의 다음과 같은 주장이 바로 그것이다.

> 대개 그 本의 처음에 근원을 두어 말하자면 이가 있은 이후에 기가
> 있는 것이다. 그러나 이는 본래 기 가운데 있어 서로 분리되지 않는
> 다. 그러므로 그 유행하는 때에 기는 항상 用事하고, 이는 따라서 유
> 행한다.11)

즉 기가 구체적인 사물로 이루질 것 같으면 이는 언제나 기를 따
라서 유행하기 때문에 사물에 동시에 내재하게 되는 것이라는 말
이다. 그러면서도 이와 기는 각각의 성질상 엄연히 다르기 때문에
서로 합하려 하지도 않으며 분리되지도 않는다는 것이다. 바로 이
기불상리를 전제하고 있다고 해서 두 개의 성질이 하나로 되어 있
다는 것이 아님을 알 수 있다.

> 어떤 사람이 신에게 이기가 一物입니까? 二物입니까? 하고 물었다.
> 내가 다음과 같이 대답하였다. 이전의 여러 교훈을 고찰해 보면 이와
> 기는 一이면서 二이고 二이면서 一이다. 이와 기는 渾然無間하여 원
> 래 서로 떨어지지 않았으니, 두 개의 물건이라 지목할 수 없다. 그러

---

11)『全書』, 813쪽 : "大槪原其本初而言 則有理以後有氣 然理在其中 元不
　　相離 故其流行之時 氣常用事 而理則隨之而流行矣."

므로 정자가 말하기를 "器 또한 道이고 道 또한 器이다"라고 하였다.
그러나 비록 서로 떨어지지 아니하고 渾然한 가운데 있으나 실로 서
로 섞이지 아니하니 하나의 물건이라 지목할 수가 없다. 그러므로 주
자는 말하기를 "이는 스스로 이이고 기는 스스로 기이니 서로 섞이지
아니한다"라고 하였다. 두 가지 설명을 합해서 깊이 음미할 것 같으면
이와 기의 妙한 것을 거의 알 수 있을 것이다.[12)]

 이와 같은 사계의 주장은 율곡이 주장하는 이기는 一而二이고
二而一이라는 '理氣不相離 理氣不相雜'의 설을 그대로 수용하고
있음을 알 수 있다. 여기서 程顥가 말한 '器亦道 道亦器'는 이기불
상리를 전제로 말하는 것이고, 주자가 말한 '理自理 氣自氣'는 이
기불상잡의 관계를 사계가 말하는 것이다. 이와 같이 본다면 이기
는 서로 분리 독립하여 존재할 수 있는 구체적인 사물이 아니라
는 것을 알 수 있다. 그 점이 다시 사계의 다음과 같은 글에서 확
인된다.

 이기의 두 글자는 알기도 어려우며 말하기는 더욱 어렵다. 다만 이
가 기 가운데 있는 것은 알고 있으나, 이가 스스로 이이며 기가 스스
로 기인 것을 알지 못하면 이기가 하나의 사물이라고 하는 병통이 있
는 것이다. 다만 이가 스스로 하나의 물건이 되는 것만 알고, 기와 더
불어 본래 서로 분리되지 않는다는 것을 알지 못한다면 허공에 걸려
독립하는 잘못이 있는 것이다. 모름지기 하나이면서 둘이요, 둘이면서
하나인 것을 안 이후에 라야 병폐가 없게 된다.[13)]

---

12) 『全書』, 287쪽 : "有問於臣者曰理氣是一物是二物 臣答曰考諸前訓 則
   一而二 二而一者也 理氣渾然無間 元不相離 不可指爲二物 故程子曰
   器亦道 道亦器 雖不相離而渾然之中 實不相雜不可指爲一物 故朱子曰
   理自理氣自氣 不相挾雜 合二說而翫索 則理氣之妙 庶乎見之矣."
13) 『全書』, 813쪽 : "理氣二字 知之難而言之尤難 徒知理在氣中 而不知理
   自理氣自氣 則有理氣一物之病 徒知理之自爲一物 而不知與氣元不相
   離 則有懸空獨立之誤 須知一而二 二而一 然後可無弊也."

바로 이와 기는 엄연히 독립된 성질의 것으로, 이는 이대로 기는 기대로 스스로 각자의 역할이 구분되어 있다. 그러면서도 이와 기는 분리된 두 개의 사물이 아니라는 것이다. 바로 이기불상리의 기본적인 처지에서 본다면 당연한 주장이다. 또한 사물이 생기기 전에도 이기는 불상리이기 때문에 이기가 합한다고 하는 주장은 타당하지 못하다는 것이다. 뿐만 아니라 氣質도 理와 氣가 합하여 형성되는 것이 아니다.

　　또한 생각하건대 주자가 말하기를, "이와 기를 앞으로 推及하면 그 처음의 결합하는 것을 볼 수 없고, 뒤로 끌어들이면 그 마지막의 분리를 볼 수 없다"고 하였다. 만약 이와 기가 합하여 기질을 이룬다고 하면 결합할 때도 있고 떨어질 때도 있게 된다. 공부하는 자가 이와 기를 각각 하나의 사물로 생각하여 장차 이 物이 저 物에 결합한다고 해서 이와 기가 원래 서로 떨어지지 않음을 알지 못할까봐 걱정이다. 그렇다면 결합해서 一物이 될 때가 있으면 또한 떨어져서 二物이 될 때도 있게 된다. 北溪의 말이 "천지의 理를 얻고 또 천지의 氣를 얻어서 質을 이룬다"고 하였는데, 그렇다면 사람의 질을 이루기 전에는 이와 기가 서로 떨어지고 이미 질을 이룬 뒤에 다시 결합하여 일물이 된다는 것이니 주자의 말에 어긋남이 없겠는가? 율곡의 말은 본래 이와 기를 일물이라 한 것이 아니고, 또 이와 기를 이물이라 한 것도 아니다. 이와 기는 원래 서로 떨어지지 않기에 하나면서 둘이고, 둘이면서 하나라고 하는 것이니 바로 이것을 일컫는 것이다.14)

바로 사계의 주장은 이와 기가 '一而二 二而一'이라고 하지만

---

14) 『全書』「經書辨疑」, 170쪽 : "又按朱子曰 理氣推之於前 不見其始之合 引之於後 不見其終之離 若曰理氣合而成氣質 則有合時有離時 恐學者 以爲氣質各爲一物 將此物合彼物 而不知理氣之元不相離也 然則有合 而爲一物之時 亦有離而爲二物之時也　北溪之言曰得天地之理又得天地之氣而成質 然則人未成質之前 理氣相離 旣成質之後 復合爲一物也 無乃有乖於朱子之言乎 栗谷之言 本非以理氣爲一物 亦非以理氣爲二物 理氣元不相離 一而二 二而一者 正謂此也."

그것은 이와 기가 일물이라고 단정하는 것도 아니고, 그렇다고 이
물이라고도 단정하는 것도 아니다. 즉 "사람의 질을 이루기 전에는
이와 기가 서로 떨어지고 이미 질을 이룬 뒤에 다시 합하여 일물이
된다는 것이니 주자의 말에 어긋남이 없겠는가(人未成質之前 理氣
相離 既成質之後 復合爲一物也 無乃有乖於朱子之言乎)?"라고 한
것도 어디까지나 이기불상리라는 기본적인 견해에서 당연하다고
할 수 있다.

　이상에서 사계의 이기의 관계를 살펴보건데 그는 이기불상리라
는 기본적인 견해를 가지고 이와 기는 두 가지 사물도 아니며 그렇
다고 하나의 사물도 아니다. 그렇기 때문에 이기가 결합한다는 것
도 인정하지 않으면서 동시에 이기가 混融無間하기 때문에 사물이
생기기 이전에라도 이기가 분리되어 있다는 것도 인정하지 않는
다. 다만 논리상으로는 이가 기보다는 먼저 존재한다. 또한 이는
기를 주관하는 것으로 우위성을 확보하고 있는 것이다.

第2節 理의 體用

　사계는 이를 體用으로 나누어서 본다. 이의 체로서는 所以然을
지목하고, 이의 용으로서 當然·能然·自然·必然이 이에 해당한
다. 바로 이의 체용에 관한 설명은 『소학』에서의 '九容'을 설명하
는 부분에서 나타나는데 다음과 같다.

　　예전에 내가 율곡선생을 모실 때에 율곡선생이 송강과 더불어 구
　용에 대하여 논하였다. 송강은 '구용은 이이며 기가 아니다'라고 하였
　다. 율곡은 "구용이 발동하는 것은 기이며 (구용은) 이가 아니다"라고
　하였다. 논변이 꽤 오랫동안 해결이 나지 않았다.

　　뒷날에 내가 경전을 읽다가 혼자서 미루어 궁구하여 보니 이에는
체도 있고 용도 있었다. 주자가 소위 이에는 당연도 있고, 능연도 있
고, 자연도 있으며, 필연도 있다고 하였는데 이상의 네 가지는 이의
용이다. 또한 소이연도 있으니 이것은 이의 체이다. 여기서 구용을 이
라고 말한 것은 바로 當然·必然·自然으로 이의 용이다.15)

　사계는 송강이 말한 이는 이의 용으로서 말한 것으로 보아야 한
다는 것이다. 여기서 구용16)이라는 것은 평상시 도로에 걸을 때나,
종묘에 있을 때나, 조정에 있을 때의 행동거지에 대하여 설명한 것
이다. 또한『足容重手容恭』의 주에서 鄭經世와 張維의 설을 비교
설명하고 있는데 다음과 같다.

　　景任(정경세)이가 말하기를, "움직여 달리는 것과 잡아 붙드는 것은
기이다. 반드시 정중하고 공손하여야 하는 것은 이이다. 有物有則이
라는 것이 이것이다. 율곡의 설은 반드시 이와 같이 애매하지 않을 것
인데 기록한 것이 분명하지 않은 것이 아닌지 의심스럽다"고 하였다.
　　張持國은 말하기를, "당연히 정중하여야 하고 당연히 공손하여야
하는 것이 이이다. 그 정중함과 공손함은 기가 그 이를 얻은 것이다.
율곡의 설은 깊은 뜻이 있을 것이니 비난하지 못할 것 같다"고 하였
다.17)

---

15)『全書』「答金㷆問目」, 72쪽 : "昔年　僕侍栗谷　與松江論九容　松江曰
　　九容　理也非氣也　栗谷曰　九容發動　是氣非理也　論辨良久未決　後來吾
　　因讀經傳　參商推究　則理有體用　朱子所謂　理有當然有能然有自然有必
　　然　已上四者理之用　又有所以然　此理之體　此以九容爲理云者　卽當然
　　必然自然　理之用也."
16) 九容은『小學』「稽古」에 나오는 것으로 '足容重　手容恭　目容端　口容
　　止　聲容靜　頭容直　氣容肅　立容德　色容莊'을 말한다. 이는『禮記』「玉
　　藻」에 '足容重　手容恭　目容端　口容止　聲容靜　頭容直　氣容肅　立容德
　　色容莊　坐如尸　燕居告溫溫'에서 따온 말이다.
17)『全書』, 165쪽 : "景任曰　運奔執捉者氣也　必重必恭者理也　所謂有物有
　　則是也　栗谷之說　必不如此糊塗　無乃記得未分明耶　可疑　張持國曰當
　　重當恭理也　其重與恭乃氣之得其理者也　栗谷之說　自有深意　恐未可非

이상의 네 사람의 설에 대하여 사계는 다음과 같이 평하였다.

> 생각하건데, 율곡과 송강의 설은 각각 주장하는 것이 있으니 活看
> 하여야 한다. 鄭과 張이 논한 것은 비록 같지는 않으나 또한 각자 좋
> 다.18)

이와 같이 본다면 사계의 주장은 네 사람 모두 일리가 있는 것으로 보는 것을 알 수 있다. 그것은 이의 체와 용의 부분에서 어느 쪽을 보느냐에 따라서 다른 견해를 취할 수도 있다는 설명이 되는 것이다. 바로 송강이 주장한 구용이 이라고 하는 것은 이의 용에 해당하기 때문에 틀린 것이 아니며, 율곡이 언급한 구용의 발동은 기이며 이가 아니라고 한 것도 이기설의 기본적인 견해에서 본다면 발동하는 것은 어디까지나 기이지 이는 아닌 것이다. 그렇게 본다면 율곡의 주장도 일리가 있는 것이다. 또한 정경세가 주장한 "움직여 달리는 것과 잡아 붙드는 것은 기이다. 반드시 정중하고 공손하여야 하는 것은 이이다(運奔執捉者氣也　必重必恭者理也)"라는 것도 맞는 말이다. 왜냐하면 직접적인 행위를 하는 것은 어디까지나 기이지 이가 아니다. 그리고 "반드시 정중하고 공손하여야 하는 것(必重必恭)"은 이의 용을 말하는 것으로 받아들인다면 이상할 것이 없다. 이와 같이 본다면 장지국의 설도 자연히 일리가 있게 된다. 즉 "당연히 정중하여야 하고 당연히 공손하여야 하는 것이 이이다(當重當恭理也)"라고 하는 말도 정경세가 주장한 '필중필공'과 표현은 다르더라도 이의 용으로서 사계는 인정할 수 있다는 것이다.

　之也."
18)『全書』, 165쪽 : "按栗谷松江之說　各有所主　活看可也　鄭張所論　雖不
　　同亦自好."

뿐만 아니라 사계는 율곡이 예전에 말한 것이 이상과 같지 않지만은 율곡의 설은 잘못이 없다고 하여 다음과 같이 말한다.

> 율곡이 또한 일찍이 『중용』의 費를 이의 용이라 하고, 소이연에 이르러서는 이의 체요, 이의 隱이라고 하였다. 이것과는 같지 않다. 내 생각으로는 율곡이 미쳐 분석하지 못하고 말한 것 같다. 주자 또한 측은은 기이며, 측은하게 하는 까닭이 이라고 하였다. 구용을 발동하는 것으로 말한다면 역시 기라고 할 수 있다.[19]

이와 같이 본다면 사계의 사물의 존재법칙에 해당하는 소이연만 이의 체로서 인정함으로서 이의 체는 바로 만물의 생성원리로서만 관계되고 있는 것을 알 수 있다. 아울러 당연·필연·능연들은 사물들이 존재이후 가지게 되는 사물의 속성이나 능력, 기능 또는 인간이 수양을 통하여 추구하여야할 것들로 모두 이의 용으로 보고 있다. 즉 당연·필연·능연 들은 주로 사물의 속성에 해당되는 것으로 사물의 존재를 가능케 하는 직접적인 원인들은 아니다. 그것은 사물이 존재하게 되는 것은 어디까지나 소이연인 이의 체만이 직접 관계하는 것이다.

마찬가지의 논리로서 사물에 주어져 있는 '表裏精粗'에 관하여서도 논의가 될 수 있다. 『대학』「傳五章補亡」의 소주에 玉溪盧氏가 '表와 粗는 이의 용이고, 裏와 精은 이의 체이다'[20]라고 말하였는데, 거기에 대한 주는 다음과 같다.

---

19) 『全書』, 72쪽 : "栗谷亦嘗以中庸之費 爲理之用 至其所以然者 是理之體 理之隱 與此不同也 竊恐栗谷未及分析而言也 朱子又曰 惻隱氣也 所以惻隱理也 九容以發動言之 則亦可謂之氣也."
20) 『全書』, 175쪽 : "小註玉溪盧氏 曰表也粗也 理之用也 裏也精也 理之體也."

　　율곡이 반박하여 말하기를, '금수와 糞壤의 이에 있어서는 表도 粗
이며 裏도 粗이다. 일반 사물은 表裏精粗를 체용으로 나누어 둘로 하
여서는 안 된다'고 하였다. 어떤 사람이 묻기를, '율곡의 말은 그러한
데, 그러나 선현이 理에는 정조가 없다고 말한 것과는 같지 않은 것
같으니 왜 그렇습니까?' 내가 대답하기를, '이에는 정조기 없다'고 말
하는 것은 본래 정과 조 할 것 없이 모두 이를 가지고 있는 것을 일컫
는다. 율곡의 뜻은 이가 이미 정에 있으면 표리도 모두 정이고, 조에
있으면 표리가 모두 조라고 할 뿐이라는 것이다. 각각 타당한 것이 있
는 말이다.21)

　　사계는 表裏精粗에는 모두 이가 있다는 것이며, 이 자체에 표리
정조가 있는 것은 아니다. 즉 사물을 구성하고 있는 성질 속에 이
가 들어가 있는 것이지 이의 성질로 표리정조를 나눌 수 있는 것은
아니다. 그렇기 때문에 이에는 정조가 없다는 것이다. 바로 玉溪盧
氏가 언급한 表와 粗는 이의 용으로, 裏와 精은 이의 체라고 분류
할 수 있는 성질이 아니라는 것이다. 사계는 표리정조를 가지고 이
를 체용으로 분류할 수는 없다는 것이다. 뿐만 아니라 사계는 선현
들이 이에는 정조가 없다고 한 것과 율곡이 말하는 것과는 관점의
차이는 있을지언정 타당한 말이라는 것이다. 그렇기 때문에 옥계
노씨가 주장한 표리정조를 이의 체용으로 나누는 것은 당연히 잘
못이라는 것이 사계의 주장이다.

　　또한 사계는『중용』第12章에 나오는 '군자의 도는 費하나 은미
하다(君子之道 費而隱)'에 있어서 이의 체용문제에 대한 자기의 주
장을 피력하고 있다. 즉 비와 은을 이의 용과 체로 분류할 수는 있

---

21)『全書』, 175쪽 : "栗谷駁之曰 在禽獸糞壤之理 則表亦粗 裏亦粗 凡物
　　不可以表裏精粗分體用二之也 或問栗谷之言 然矣 然似與先賢理無精
　　粗之說不同 如何 愚答曰 理無精粗云者 本謂無精無粗 皆有理也 若栗
　　谷之意 則以爲理旣在精則表裏皆精 在粗則表裏皆粗云爾 言各有所當
　　也."

으나 기와 이로 분류할 수는 없다는 것이 사계의 생각이다. 군자의 도는 너무나 크지만 또한 은미하여 쉽게 드러나지 않는 것으로서 어디까지나 이이며 기는 아니라는 것이다. 다음의 글을 통하여 알아볼 수 있다.

> 어떤 사람이 묻기를, '이에는 體가 있고 用이 있는데 어떻게 분변하여야 합니까?'라고 하였다. 내가 대답하기를, '『중용』에서 군자의 도는 費하나 은미하다고 하였다. 주자가 그것을 해석하여 비는 용의 넓음이고, 은은 체가 은미한 것이라고 하였다. 이가 사물에 흩어져 있는 것이 소당연이니 아버지에 있어선 慈이고, 子에 있어서는 孝이고, 임금에게 있어서는 義이고, 신하에 있어서는 忠이 되는 부류이다. 소위 費이며 用이다. 그 소이연이라는 것은 지극히 은미하게 존재하는 것이니 그 체이다. 이는 사물에 있는 것으로 말하는 것이며 도는 유행하는 것으로 말하는 것이니 그 실은 하나일 뿐이다'라고 하였다.[22]

주자는 "비는 도의 용이요, 은은 도의 체이다(費道之用也 隱道之體也)"라고 하면서 용이라는 것은 이가 일용에 드러나는 것이어서 나타나지 않을 수가 없는 것이고, 체라는 것은 이가 그 일용사물의 내면에 은밀하게 있어서 형이상자의 일이라 진실로 보고 들어서 미칠 수 있는 것이 아니라는 것이다.[23] 즉 형이하자는 너무 넓어서 형이상자가 그 가운데에서 실행하는 것으로 사물마다 갖추지 않은 것이 없고, 處하는 곳마다 있지 않은 곳이 없다.[24] 그렇기

---

22) 『全書』「近思錄釋疑」, 287쪽 : "又問理有體有用 當何分辨 臣答曰 中庸曰君子之道費而隱 朱子釋之曰 費用之廣也 隱體之微也 理之散在事物其所當然者 在父爲慈 在子爲孝 在君爲義 在臣爲忠之類 所謂費也用也 其所以然者則至隱存焉 是其體也 理以在物而言 道以流行而言 其實一而已矣."

23) 『朱子語類』卷63 : "費道之用也 隱道之體也 用則理之見於日用 無不可見也 體則理之隱於其內 形而上者之事 固有非視聽之所及者."

24) 『朱子語類』卷63 : "形而下者甚廣 其形而上者實行乎其間 而無物不具 無處不有 故曰費 費言其用之廣也."

때문에 費라고 하는 것이니 그 이의 용이 넓음을 말한다. 그렇기 때문에 "비는 용의 넓음이고, 은은 체의 은미함이다(費用之廣也 隱體之微也)"라고 할 수 있다.

이상으로 본다면 사계는 이를 제용으로 분류하는 깃을 주자가 도를 체용으로 분류하는 것과 같은 방식의 사고를 하는 것을 알 수 있다. 그러면서 그는 도와 이는 실제로는 하나라고 하여, 사물에 있어서는 이라고 하며 유행하는 것으로서는 도라는 것이다.

여기서 무엇보다 중요한 것은 사계가 父慈子孝·君義臣忠과 같은 것을 이가 사물에 내재한 소당연으로 보고 있는 것이다. 앞서 언급하였듯이 사물의 존재를 직접적으로 가능케 한다는 의미에서는 이의 체가 소이연을 뜻하지만, 구체적인 사물의 특성이나 규범 법칙으로는 어디까지나 소당연이 理의 용으로서 강조된다. 그런 만큼 소이연이라는 것은 모든 사물의 존재에 적용되는 것이지만 소당연은 사실상 인간에게만 적용되는 것으로 볼 수 있는 것이다.

뿐만 아니라 사계는 군자의 도인 비를 이기와 관련지어 다음과 같이 설명하고 있다.

> 내 말한 것이지 생각으로는 기질지성은 理氣를 겸하여 말한 것이다. 군자의 道의 費는 기 가운데 구비되어 있는 이만을 꼬집어 내어 말한 것이지 기질지성이 이기를 겸하고 있다는 것과는 다르다.25)

사계는 군자의 道인 費는 어디까지나 理의 용으로서 사물 속에 내재하는 것으로서의 理이지 기질지성이 이기를 겸하고 있다는 것과는 다르다. 즉 사물들이 현상적으로 어떻게 구성되었는가에 관심이 있는 것이 아니라 사물 속에 있는 理의 용인 소당연에 대

---

25) 『全書』, 200쪽 : "按氣質之性兼理氣而言之 君子之道之費 於氣之中 只拈出其所具之理言之異於氣質之性兼理氣也."

한 언급이다. 왜냐하면 형이상하자는 사물의 측면에서 말한 것이며, 費而隱이라는 것은 도의 측면에서 말한 것이기 때문이다.[26) 즉 인간이 실천해야 할 도덕적인 측면에서의 군자의 도를 언급한 것이다.

이상으로 사계의 이의 체용에 관한 설명을 통하여 본다면, 사계에게 있어서 도와 이는 결국 같은 것이며 동시에 이의 체용으로 소이연과 소당연으로 나누고 있는 것을 알 수 있다. 이것은 그가 인간에게 내재한 이의 용으로서의 소당연의 가치를 주장한 것으로 보아야 한다. 바로 소당연이야말로 인간이 예를 실천할 수 있는 근거로서 인간에게 주어진 본성으로 사계는 간주하고 있다. 또한 인간에게 부여된 소당연이야말로 인간이 체득하여야 할 과제가 되는 것이다. 바로 부자자효·군의신충처럼 인간에게 내재한 이이면서 동시에 예와 같은 행위로 실천하여야 할 이를 깨달아 수양을 통한 예로써 실천하는 일이 윤리적인 과제로 남는 것이다.

第3節　心性情

사계는 心과 性情의 관계를 '마음은 성정을 통섭한다(心統性情)'이라는 기본적인 사고를 바탕으로 하고 있다. 즉 심통성정[27)에 대한 생각은 율곡의 것을 그대로 답습하고 있다고 본다. 그리하여 다음과 같이 구별한다.

---

26)『朱子語類』卷63 : "形而上下者　就物上說　費而隱者　就道上說."
27) 心統性情의 설은 張載로부터 시작하여 주자가 그것을 이어받아 그의 人性論의 기초적인 명제로 받아들였다(沈善洪・王風賢 共著,『中國倫理學說史』下卷, 186쪽). 사계도 심통성정에 대하여서는 주자의 기초적인 명제를 그대로 수용하고 있는 것이다.

    心은 그릇과 같고, 性은 그릇 가운데의 물과 같으며, 情은 물이 쏟아져 나오는 것과 같다. 이 물을 모았다가 때로 쏟아져 나오게 하는 것이 그릇이다. 이 性을 감싸고 이러한 情을 發하는 것은 심이다. 이것이 心性情의 구별이다.[28]

여기서 성[29]이라고 하는 것은 사물과 접촉하기 이전의 이를 말하는데, 그 근본은 眞이며 靜이라 한다.

    그 근본은 진실하고 고요하다. 未發이라는 것은 사물과 접촉하기 이전의 때를 가리킨다.[30]

또한 사계는 本과 眞에 대하여 퇴계의 설을 인용한다. 즉 본이라는 것은 본체이며, 진이라는 것은 인위적인 것이 섞이지 않은 것[31]이라는 것이다. 성은 심의 체[32]로서 심의 寂然不動[33]한 것을 말한

---

28) 『全書』, 814쪽 : "心如器性如器中水 情如水之瀉出者 貯此水而有時瀉出者器也 函此性而發此情者心也 此心性情之別也."

29) 沈善洪 王風賢 共著, 『中國倫理學說史』 下卷, 186~188쪽에 성에 대한 설명을 살펴보면 대략 다음과 같다. 즉 朱熹 이전에 성에 대한 해설로서 주로 세 가지가 있었다. 즉 '性卽理', '天命之謂性', '生之謂性'이 바로 그것이다. 주희가 이들 세 가지의 관계를 설명하고 그것들을 하나로 통일시켰다. 첫째 '性卽理'의 명제는 二程으로부터 유래한 것으로 주희가 성설의 기초로 여겼다. 이것은 본체론에 해당하는 것이며 동시에 인간행위의 준칙이라 할 수 있는 천리와 관계되는 소위 소당연에 해당하는 것을 설명한 것이다. 둘째로 '天命之謂性'은 사물에 稟賦된 理를 말하는 것인데, 구체적인 인간과 사물을 구별하여 주는 것으로 예를 들면 人性과 物性, 人性 중의 智愚 그리고 賢不肖 등을 구별하여 주는 기초적인 근거인 것이다. 셋째로 '生之謂性'은 인간과 사물이 생성된 이후에 구비한 성으로 소위 天命之性과 氣質之性의 구별과 같은 것들이 여기에서 나온다.

30) 『全書』, 68쪽 : "其本也眞而靜 其未發者 指其未與物接之時也."

31) 『全書』, 68쪽 : "退溪曰 本本體也 眞不雜人僞."

32) 『全書』, 285쪽 : "(栗谷曰) 夫心之體是性."

33) 『全書』, 172쪽 : "心之寂然不動者謂之性."

다. 이러한 성을 바탕으로 해서 정은 동하게 된다. 성과 정의 관계
는 성이 발하여 정이 되는 것으로 소위 기발로 표현한다.

> 既發이라는 것은 성이 발하여 정이 되는 것이다.[34]

정은 그릇에서 물이 쏟아져 나오는 것처럼 소위 심의 용[35]으로
서 심의 感而遂通한 것[36]을 말한 것으로 다음과 같이 사계는 율곡
의 말을 인용한다.

> 정은 저도 모르는 사이에 저절로 발출하는 것으로 시키지 않아도
> 저절로 나타난다. 오직 평일에 함양하는 공이 지극하여지면 그 발출
> 하는 것은 저절로 邪枉함이 없다.[37]

정은 특별한 교육을 받아서 발출하는 것이 아니라 인간의 마음
속에서 자연적으로 발출하는 것이다. 자연적으로 발출되는 것이니
만큼 선과 악이 모두 정에 있게 되는 것은 당연한 것이다.

사계는 “성이 발하여 정이되고 마음이 발하여 의가 된다(性發爲
情 心發爲意)”라는 것을 바탕으로 정과 의를 구별하고 있다. 사계
는 주자가 말한 것을 바탕으로 해석하고 있는데 우선 주자의 말을
보면 다음과 같다.

> 성은 발출하는 것이고 의는 그것을 주장하는 것이다. 마치 사물을
> 사랑하는 것은 정이고 사물에 대한 사랑을 버리는 것은 意다. 또한 말
> 하기를, 정은 動處이고 의는 主向이 있다. 마치 좋아하고 싫어하는 것

---

34) 『全書』, 68쪽 : “其旣發　則性發而爲情也.”
35) 『全書』, 285쪽 : “心之用是情.”
36) 『全書』, 172쪽 : “心之感而遂通者謂之情.”
37) 『全書』, 812쪽 : “情是不知不覺 自發出來 不敎由自家 惟平日涵養之功
　　至 則其發出者 自無邪枉矣.”

은 정이며, 좋은 색을 좋아하고 나쁜 냄새를 싫어하는 것은 意이다.[38]

이와 같이 본다면 정은 마음의 움직임에 따라 자연적으로 발출하는 것인데 반하여 의는 마음이 일정한 곳을 향하여 意圖하는 것과 같다. 즉 정이 이미 발한 뒤에 經營 謀畵하는 것이 의이다. 이에 이른 뒤에라야 비로소 자기로부터 말미암게 되는 것이다.[39]

여기서 사계의 정과 의의 구별을 보면 다음과 같다.

기뻐하여야 할 것을 기뻐하고, 성낼 것을 성내고, 슬퍼하여야 할 것을 슬퍼하고, 두려워하여야 할 것을 두려워하고, 사랑하여야 할 것을 사랑하고, 싫어하여야 할 것을 싫어하고, 마땅히 하고자 하는 것을 하고자 하는 것이 모두 정의 선한 것이다. 여기에서 좋다고 여겨 較計商量하여 행하는 것은 의인 것이다. 기뻐하지 않아야 할 것을 기뻐하고, 성내지 않아야 할 것을 성내고, 슬퍼하지 않아야 할 것을 슬퍼하고, 두려워하지 않아야 할 것을 두려워하고, 사랑하지 않아야 할 것을 사랑하고, 싫어하지 않아야 할 것을 싫어하고, 하고자 하여서는 안 되는 것을 하고자 하는 것은 정의 악한 것이다. 여기에서 싫다고 여겨서 較計商量하여 행하지 아니하는 것이 의인 것이다. 대체로 일은 비록 만가지이나 선악 두 가지에 불과하다. 의는 비록 천 가지로 변하나 好惡두 가지를 벗어나지 않을 뿐이다.[40]

또한 말하기를

---

38) 『全書』, 73쪽 : "朱子曰 情是發出恁地 意是主張要恁地 如愛那物是情 所以去愛那物是意 又曰情是動處 意則有主向 如好惡是情 好好色惡惡 臭便是意."

39) 『全書』, 814쪽 : "情旣發之後 經營謀畵者意也 至此然後始由自家."

40) 『全書』, 74쪽 : "當喜而喜 當怒而怒 當哀而哀 當懼而懼 當愛而愛 當惡而惡 當欲而欲 是皆情之善者 於是乎以爲善而較計商量而行之者 是意也 不當喜而喜 不當怒而怒 不當哀而哀 不當懼而懼 不當愛而愛 不當惡而惡 不當欲而欲 是皆情之惡者 於是乎以爲惡而較計商量而不行之者 是意也 大抵 事雖萬端 而不過善惡兩者 意雖千變 而不出好惡 二者而已."

禮運에 말하기를, 무엇을 인정이라고 하는가? 喜怒哀懼愛惡欲 일곱 가지로서 공부하지 않아도 할 수 있는 것이다. 음식남녀의 일은 인간의 큰 욕망이며, 死亡貧苦는 인간이 크게 싫어하는 것이다. 그러므로 하고자 하는 것과 싫어하는 것은 마음의 큰 단서이다.[41]

바로 정은 선악으로 나누어지며, 의는 좋아하고 미워하는 감정으로 나누어진다. 그러면서도 의는 정에 연유하는 것이다.[42]

이상의 性情心意의 관계에 대하여 사계는 다음과 같이 말한다.

성이 발하여 정이 된다고 해서 마음이 없는 것도 아니다. 그리고 심이 발하여 의가 된다고 해서 성이 없는 것도 아니다. 다만 심은 盡性할 수 있으나 성은 檢心할 수가 없다. 또한 의는 정을 옮길 수 있으나 정은 의를 옮길 수 없는 것이다. 정을 주로 하여 말한다면 성에 속하는 것이고 의를 주로 하여 말한다면 심에 속한다. 그렇기 때문에 실제적으로는 성은 심의 미발인 것이고 情意는 심의 기발인 것이다. 그렇다고 하여 정의가 두 가지인 것은 아니다. 대체로 심의 체가 성이고 심의 용이 정이라는 것이지 성정이외에 다시 다른 심이 있는 것이 아니다. 그렇기 때문에 심과 성에 二用이 있는 것도 아니고 정과 의가 두 가지인 것도 아니다.[43]

이와 같이 본다면 사계는 주자와 율곡의 것을 그대로 이었다고 볼 수 있다. 그래서 성과 정을 심의 체용으로 보면서도 정과 의를 두 가지로 보지 않고 있다. 이러한 해석이 사단칠정의 문제와 인심도심의 문제에 그대로 드러나는 것을 볼 수 있다.

---

41) 『全書』, 74쪽 : "禮運曰 何謂人情 喜怒哀懼愛惡欲七者 不學而能 飲食 男女 人之大欲存焉 死亡貧苦 人之大惡存焉 故欲惡者 心之大端也."
42) 『全書』, 74쪽 : "蓋意緣情者也."
43) 『全書』, 171쪽 : "性發爲情 非無心也 心發爲意 非無性也 只是心能盡 性 性不能檢心 意能運情 情不能運意 故主情而言則屬于性 主意而言 則屬于心 其實則性是心之未發者也 情意是心之已發者也 情意二岐之 說 不可以不辨 夫心之體是性 心之用是情 性情之外 更無他心 ---心性 果有二用 而情意果有二岐乎."

第4節 四端七情

사단칠정논쟁이 퇴율 시기에 본격화한 뒤로 그것을 다루는 학자들 사이에는 대체로 어느 한 학파에 치우친 경향이 생겼다. 사계는 율곡의 嫡傳인만큼 율곡의 설을 견지할 뿐만 아니라, 퇴계의 설을 꼬집어 비판하고 있는 것이다. 그것은 단순한 비판이라기보다는 각 학파의 성격상 이론의 차이로 말미암아 불가피하게 나타나는 것으로 보아야 한다. 그래서 사계는 『近思錄釋疑』에서 '四端'이라는 항목을 따로 두어 사단에 관한 자기의 이론을 전개하고 있다.

사계는 사단과 칠정을 두 가지로 보지 않고, 사단을 칠정 가운데 선한 정으로 생각한다. 왜냐하면 본래 맹자가 사단을 이야기한 것은, 당시의 사람들이 성이 악하다는 것만 알고 성이 선하다는 것을 알지 못하기 때문에, 맹자가 칠정 가운데 정의 선한 것을 척출하여 사단으로 지목하여 당시 사람들을 깨우치려 한 것[44]이라고 생각하기 때문이다. 다음과 같은 사계의 말에서 그 점을 알 수 있다.

> 무릇 五性의 밖에 다른 성이 없으며, 칠정 밖에 다른 정이 없다. 맹자가 칠정 가운데 선한 정을 이끌어 낸 것을 사단이라 지목하였으니 칠정 밖에 따로 사단이 있는 것이 아니다.[45]

그리하여 사계는 사단칠정논쟁의 발단인 퇴계의 '互發'설에 관하여 퇴계의 입장을 다음과 같은 말로서 비판하고 있는 것이다.

---

44) 『全書』「答金繖書」, 66쪽 : “孟子時 人只知性之爲惡 而不知性之善 故孟子剔出七情中 情之善者 目之以四端以曉時人.”
45) 『全書』「近思錄釋疑」, 287쪽 : “夫五性之外無他性 七情之外無他情 孟子於七情中 剔出善情 目爲四端 非七情之外別有四端也.”

　　퇴계선생의 사단칠정 호발설은 그 근원이 陽村 權近의『入學圖說』
에서 나온 것이다. 그 圖 가운데 사단은 '人'의 좌변에 기록하였으며
칠정은 '人'의 우변에 적었다. 鄭秋巒이 陽村의 설에 근거하여 圖를
지었으며, 퇴계 또한 추만의 설을 따라 도를 지었는데 이것이 호발의
설이 일어나게 된 까닭이다.[46)

　　이와 같이 본다면 퇴계의 호발설은 어디까지나 양촌의 입학도설
에서 연유한 것임을 알 수가 있다. 그러면서 사계는 또한 다음과
같이 말한다.

　　　퇴계가 말하기를 "사단은 이가 발하여 기가 따르는 것이고, 칠정은
　　기가 발하여 이가 타는 것이다."라고 하였는데 이것은 양촌이 좌우에
　　적은 뜻으로, 어떤 이는「語類」가운데의 주자설을 인용하여 비교하
　　여 보면 같다고 하지만 이것은 그렇지 않다.[47)

　　라고 하여 주자의 설과 퇴계의 설과는 차이가 있는 것으로 간주한
다. 즉 주자가 말한 "사단은 이의 발이고 칠정은 기의 발이다(四端
是理之發 七情是氣之發)"[48)이라고 말한 것에서, 사단과 칠정을 독
립된 두 개의 정으로 보느냐 그렇지 않으면 하나의 정으로 보느냐
하는 문제가 제기된다. 만약 사단과 칠정을 두 개의 정으로 볼 것
같으면 다음과 같은 질문이 나올 수가 있다. 사계가 요약한 것을
보면 다음과 같다.

　　　李德弘이 질문하기를, "어떤 사람은 사단을 정이라 하고, 어떤 사

---

46)『全書』, 287쪽 : "退溪先生四端七情互發之說 其原出於權陽村入學圖
　　說 其圖中四端書於人之左邊 七情書於人之右邊 鄭秋巒因陽村而作圖
　　退溪又因秋巒而作圖 此互發之說 所由起也."
47)『全書』, 287쪽 : "退溪曰四端理發而氣隨之 七情氣發而理乘之 是陽村
　　書左右之意 而或者引語類中朱子說 比而同之 此則不然."
48)『朱子語類』卷53.

람은 칠정을 정이라 하는데, 이미 칠정을 정이라 한다면 사단이라는 것은 과연 무엇을 일컫는 것입니까? 사람의 정에 두 가지가 있습니까?"하고 물었다. 퇴계가 대답하여 말하기를, "정의 발이 어떤 것은 기를 주로 하고, 어떤 것은 이를 주로 한다. 기의 발은 칠정이고 이의 발은 사단이다. 어찌 두 가지가 있어서 그러하겠는가?"라고 하였다.[49]

  사계에 의하면 퇴계가 사단과 칠정을 두 개의 정으로 볼 수 있도록 표현한 것에 대하여 결국은 두 개의 정이 아니라고 하였다는 것이다. 그렇지만 사계의 처지에서는 정이 원래 두 가지가 아니기 때문에 인정할 수 없게 되는 것이다. 이것은 앞에서 언급한 사계의 이기의 문제를 통하여 본다면 충분히 이해할 수 있는 것이다.

  대개를 논한다면 이는 무형이고 기는 유형이므로 이는 통하고 기는 局한다. 理通이란 천지만물이 동일한 이라는 것이며, 氣局이란 천지만물이 각각 一氣라는 것이다. 소위 천지만물이 理一分殊라고 하는 것은 이는 본래 一이나 기의 부제로 말미암아 깃든 것에 따라 각각 一理가 되는 것이니 이것이 분수가 되는 것이다. 이는 본래 하나가 아닌 것이 아니다. 이는 무위하고 기가 유위하기 때문에 기가 발하면 이가 乘한다.[50]

  바로 이는 무형·무위하고 기는 유형·유위하기 때문에, 사단도 결국은 기가 발하고 이가 타는 것이다. 발하는 것은 어디까지나 기이지, 이가 아닌 것이다. 이렇게 본다면 퇴계의 "사단은 이가 발하고 기가 따르는 것이다(四端理發而氣隨之)"는 자연히 부정되게 마

---

49) 『全書』, 281쪽 : "李德弘問或以四端爲情 或以七情爲情 旣以七情爲情 則所謂四端者 果何謂歟 人之情有二致歟 退溪答曰 情之發 或主於氣 或主於理 氣之發七情是也 理之發四端是也 安有二致而然耶."

50) 『全書』「近思錄釋疑」, 287쪽 : "論大槪 則理無形而氣有形 故理通而氣局 理通者天地萬物同一理也 氣局者天地萬物各一氣也 所謂天地萬物理一分殊者 理本一矣 而由氣之不齊 故隨所寓而各爲一理 此所以分殊也 非理本不一也 理無爲而氣有爲 故氣發而理乘."

련이다. 왜냐하면 퇴계는 성에 本然之性과 氣質之性이 있는 것과 마찬가지로 정에도 사단과 칠정이 있는 것으로 해석하면서 이의 발을 말하였기 때문이다.51) 결국 이와 같은 퇴계의 이론은 이기론에서 '이발'의 문제를 합리화시키기 위한 방편으로 생각될 수 있는데, 사계가 그의 『近思錄釋疑』에 요약한 퇴계의 주장이 다음의 글에 나타난다.

> (이덕홍이가) 묻기를 "이는 본래 무형인데, 만약 기가 없다면 어찌 따로 이가 발하겠습니까?" 하였다. (퇴계가) 대답하여 말하기를, "그렇다. 천하에는 이가 없는 기도 없고, 기가 없는 이도 없다. 사단은 이가 발하여 기가 따르는 것이요, 칠정은 기가 발하여 이가 타는 것이다. 이는 기가 따르는 것이 없으면 나와서 이루어지지 않는다. 기는 이가 타는 것이 없으면 利欲에 빠져서 금수가 된다. 이것은 바꿀 수 없는 定理이다. 만약 渾淪하여 말한다면 未發之中이 대본이 되고, 칠정은 大用이 되니, 程子의 好學論과 中庸首章과 같은 것이다. 맹자의 이 장은 따로 이를 주로 하여 말한 것이다"라고 하였다.52)

바로 이와 같은 표현은 퇴계가 기 없는 이나 이 없는 기를 인정하지 않으면서 동시에 사단에 있어서의 이발이기수지를 결국은 "이를 주로 하여 말하는 것(主理而言)"의 측면에서 인정하는 것임을 알 수 있다. 이와 같이 이발이라 하지만 실제적으로는 이발은 있을 수가 없는데 다만 주리의 측면에서 보면 그렇게 볼 수 있다는

---

51) 『全書』「近思錄釋疑」, 282쪽 : "四端情也 七情情也 均是情也 何以有 四七之異名耶 愚嘗妄以爲情之有四端七情之分 猶性之有本性氣裏之 異 然則其於性也旣可以理氣分言之 至於情獨不可以理氣分言之乎."

52) 『全書』, 281쪽 : "曰理本無形 若無是氣則奚有獨發之理乎 答曰然 天下 無無理之氣 亦無無氣之理 四端理發而氣隨之 七情氣發而理乘之 理而 無氣之隨 則做出來不成 氣而無理之乘 則陷利欲而爲禽獸 此不易之定 理 若渾淪言之則以未發之中爲大本 以七情爲大用 如程子好學論中庸 首章是也 孟子此章則獨主理而言."

것이다. 그러한 예를 사계가『근사록석의』에서 요약한 퇴계의 다음과 같은 글에서 엿볼 수가 있다.

惻隱 羞惡 辭讓 是非의 정은 어디로부터 발하는가? 仁義禮智의 성으로부터 발한다. 喜怒哀懼愛惡欲은 어디로부터 발하는가? 이것들은 외물이 사람의 형기에 접촉되어 마음이 가운데서 움직인 다음, 境으로 말미암아 나오게 되는 것이다. 사단의 발에 대하여서는 맹자가 이미 그것을 마음(心)이라는 표현으로 설명하였는데, 마음이란 본래 이와 기가 합하여진 것이다. 그러나 가리켜 말하는 것(所指而言者)이 주로 이의 편에 있는 것은 무슨 까닭이겠는가? 인의예지라는 성이 순수하게 그 가운데 있는 것이다. 그래서 네 가지가 단서인 것이다. 칠정의 발은 주자도 "본래 당연한 법칙이 있는 것"이라 하였으니, 거기에도 이가 없는 것은 아니다. 그런데도 그 가리키는 것이 기의 편에 있는 것은 무슨 까닭이겠는가? 외물의 접촉에 쉽사리 먼저 감동하는 것으로는 형기보다 더한 것이 없는데, 칠정이란 바로 그 형기의 苗脈이기 때문에 그렇다. 어떻게 心 중에 순수한 이로 있던 것이 발하자마자 기와 섞이고 바깥 사물에 감동하겠는가? 그렇다면 그것은 형기인데, 어떻게 그 형기의 발을 또 이의 본체라 하겠는가? 사단은 모두 선한 것이다. 그러므로 (맹자는) "이 네 가지 마음이 없으면 사람이 아니다"고 하였던 것이다. 그러나 (맹자는) "정이란 선으로 될 수 있는 것이다"고 하였다. 칠정은 선악이 정하여지지 않은 것이다. 그러므로 (칠정이) 한 가지라도 있는데 잘 살피지 못하면 마음은 그 바른 것을 얻지 못하게 된다. 반드시 발한 것이 절도에 맞은 다음에라야 和라 하게 되는 것이다. 이러한 것을 미루어 본다면, (사단칠정)이 두 가지는 비록 다 이기를 벗어나는 것이 아니라 하겠지만, 그 所從來에 따라 각각 그 主되는 것(所主)과 중요한 것(所重)을 가리켜 말한다면, 어떤 것이 이이고 어떤 것이 기라는 말은 왜 못할 것이 있겠는가? 그런데 근래 『주자어류』에서 맹자의 사단을 논한 것을 보니 바로 이 문제를 논한 것이었다. 거기에 말한 것이 바로 "사단은 이의 발이고, 칠정은 기의 발이다."는 것이었다. 주자의 이 설명을 본 뒤에야 비로소 나는 나의 의견이 크게 그릇된 것이 아님을 믿게 되었다.[53]

---

53)『全書』, 283쪽 : "惻隱羞惡辭讓是非 何從而發乎 發於仁義禮智之性焉
爾 喜怒哀懼愛惡欲 何從而發乎 外物觸其形而動於中 緣境而出焉爾
四端之發 孟子旣謂之心 則心固理氣之合也 然而所指而言者 則主於理

　　그러나 사계의 비판은 퇴계가 주리의 측면에서 사단을 말하였다고 하지만 사실은 주자의 설과는 전혀 다르다고 하여 또한 다음과 같이 말한다.

　　　　주자의 설은 대체로 인심은 형기를 주로 하여 발하고, 도심은 의리를 주로 하여 발한다고 하였으니, 어세의 차이가 있는데 어찌 퇴계의 설과 한 가지 뜻으로 볼 수 있겠는가? 무릇 五性의 밖에 다른 성이 없으며, 칠정 밖에 다른 정이 없다.54)

　　결국 사계의 이와 같은 주장은 주자가 '이를 주로 하여 말한 것은 인심과 도심의 문제에서 道心을 두고 말한 것인데, 퇴계는 이것을 사단과 칠정의 문제에 있어서 사단에다 이를 主로 하여 말하였으니 잘못이라는 것이다. 결국 퇴계의 이러한 주장은 퇴계 스스로 사단과 도심을 다 같이 이발로 주장하는 결과를 낳고 말았다. 그렇지만 사계는 사단도 역시 기발로 보아야 한다는 것이다. 왜냐하면 발하게 하는 까닭은 이라 하더라도 발하는 그 자체는 어디까지나 기이기 때문이다.

何也 仁義禮智之性 粹然在中而四者其端緒也 七情之發 朱子謂本有當
然之則 則非無理也 然而所指而言者 則在乎氣 何也 外物之來易感而
先動者 莫如形氣 而七者其苗脈也 安有在中爲純理而才發爲雜氣 外感
則形氣而其發爲理之本體耶 四端皆善也 故曰無四者之心非人也 而曰
乃若其情則可以謂善矣 七情善惡未定也 故一有之而不能察 則心部得
其正 心發而中節然後乃謂之和 由是觀之 二者雖曰皆不外乎理氣 而因
其所從來各指其所主與所重而言之 則謂之某爲理某爲氣 何不可之有
乎 近看語類論孟子四端處 正論此事 有曰四端是理之發 七情是氣之發
得是說然後 方信愚見不至於大謬."

54)『全書』, 287쪽 : "朱子說蓋謂人心主形氣而發 道心主義理而發云爾
　　語勢差異 何可與退溪說作一意看也 夫五性之外 無他性 七情之外
　　無他情."

발하는 것은 기요 발하는 까닭이 이이다. 기가 아니면 발하지 못하고 이가 아니면 발할 까닭이 없다. 대개 이기는 혼융하며 원래 서로 분리되지 않는다.[55]

그리하여 사계는 이기호발설에 관하여 다음과 같이 비판한다.

생각하건대, 주자가 말하기를 "이와 기를 전에로 추급하면 그 始의 合을 볼 수 없고, 後에로 끌어들이면 그 終의 離를 볼 수 없다"고 하였다. 만약 이와 기가 합하여 기질을 이룬다고 하면 합할 때도 있고 떨어질 때도 있게 된다. 공부하는 자가 이와 기를 각각 일물로 생각하여 장차 이 物이 저 物에 합한다고 해서 이와 기가 원래 서로 떨어지지 않음을 알지 못할까 봐 걱정이다. 그렇다면 합해서 一物이 될 때가 있으면 또한 떨어져서 二物이 될 때도 있게 된다. 北溪의 말이 "천지의 이를 얻고 또 천지의 기를 얻어서 질을 이룬다"고 하였는데, 그렇다면 사람의 질을 이루기 전에는 이와 기가 서로 떨어지고 이미 질을 이룬 뒤에 다시 합하여 일물이 된다는 것이니 주자의 말에 어긋남이 없겠는가? 율곡의 말은 본래 이와 기를 일물이라 한 것이 아니고, 또 이와 기를 이물이라 한 것도 아니다. 이와 기는 원래 서로 떨어지지 않기에 하나면서 둘이고, 둘이면서 하나라고 하는 것이니 바로 이것을 일컫는 것이다. 景任이가 어찌 율곡의 말을 의심하여 못 믿느냐? 만약 경임의 말과 같이 이와 기를 이물로 나누어 각각 스스로 발하여 動한다면 이것은 퇴계의 이기호발의 말인 것이다.[56]

---

55) 『全書』, 287쪽 : "發之者氣也 所以發者理也 非氣則不能發 非理則無所發 蓋理氣混融 元不相離."

56) 『全書』「經書辨疑」, 170쪽 : "按朱子曰 理氣推之於前 不見其始之合 引之於後 不見其終之離 若曰理氣合而成氣質 則有合時有離時 恐學者 以爲氣質各爲一物 將此物合彼物 而不知理氣之元不相離也 北溪之言 曰得天地之理又得天地之氣而成質 然則人未成質之前 理氣相離旣成質之後 復合爲一物也 無乃有乖於朱子之言乎 栗谷之言 本非以理氣爲一物 亦非以理氣爲二物 理氣元不相離 一而二 二而一者 正謂此也 景任何疑於栗谷之言 而不信之乎 若如景任之言 以理氣分爲二物 而各者發動 則是退溪理氣互發之言矣."

뿐만 아니라

　　사단 칠정이 과연 두 가지 정이며 이기가 과연 호발하겠는가? 무릇
사단칠정을 두 가지 정이라 하는 것은 이기에 투철하지 못하기 때문
이다. 율곡이 말하기를 "무릇 정의 발에 발하는 것은 기이고 발하게
하는 까닭은 이이다. 기가 아니면 능히 발하지 못하고 이가 아니면 발
할 바가 없다"고 하였다. 대개 이기는 혼융하여 원래 서로 떨어지지
아니하니, 만일 분리하고 결합하는 것이 있으면 동정에 단서가 있게
되고, 음양에 始가 있게 된다. 이는 태극이고 기는 음양이다. 이제 말
하기를 태극과 음양이 互動한다고 한다면 말이 되지 않는다. 그렇다
면 이기호발설이 어찌 잘못이 아니겠는가?57)

　　퇴계의 이기호발설에서 문제가 되고 있는 이발의 문제에 퇴계
나름대로의 의도하는 바가 있다손 치더라도 원래 이는 무작위한
것이기 때문에 발할 수는 없는 것이다. 이러한 문제는 무엇보다 사
단과 칠정을 두 가지 情인양 분류한 것에서부터 문제가 된다. 그러
나 전술한 바와 같이 사계가 이기에 관하여 주장한 것을 살펴본다
면, 구체적인 사물이 현실적으로 존재하는 것은 모두 다 이와 기에
의해 이루어졌음을 알 수 있다. 그러면서도 이와 기는 각각의 성질
상 엄연히 다르기 때문에 서로 합하려 하지도 않으며, 분리되지도
않는다는 것이다. 그래서 어디까지나 발하는 것은 기의 역할로 보
아야 하며, 기가 발할 때 이가 타는(乘) 것이다. 즉 사계는 "기가 발
하고 이가 타는 것(氣發而理乘之)"만 인정하고 "이가 발하고 기가
따르는 것(理發而氣隨之)"은 인정하지 않는다. 바로 사계는 퇴계가

---

57) 『全書』, 288쪽 : "四端七情鍋是二情 而理氣果可互發乎 夫以四端七情
　　爲二情者 於理氣有所未透 故也 栗谷曰凡情之發也 發之者氣也 所以
　　發者理也 非氣則不能發 非理則無所發 蓋理氣混融 元不相離 若有離
　　合 則動靜有端 陰陽有始也 理者太極也 氣者陰陽也 今曰太極與陰陽
　　互動則不成說話 太極陰陽不能互動則謂理氣互發 豈不謬哉."

주장하는 "사단은 이발이기수지이고 칠정은 기발이이승지"라고
한 것에서 사단과 칠정을 다 기발이라고 인정하는 것이다. 이것은
율곡의 "칠정이 사단을 포섭한다(七包四)"는 것을 그대로 답습하
고 있음을 알 수 있다.

이와 같이 본다면 '사단'의 설명에 문제가 있음을 알 수 있다. 사
실 사단은 인의예지라는 본성을 드러내는 심의 용인 것이다. 그렇
다면 사단칠정은 심성과 이기와 관련하여 생각하여야 한다. 그래
서 성에 있어서도 두 개의 성이 있는 것이 아니며, 즉 기질지성과
본연지성이 두 개가 아닌 것이다. 그렇다면 성이 발하게 되는 것도
어디까지나 기질지성이며 본연지성은 발할 수가 없는 것이다. 이
것은 그의 性情論의 기본적인 구조로서 율곡에게서 이어받은 "기
질의 성이 본연의 성을 포섭한다(氣質之性包本然之性)"의 성론을
그대로 계승하고 있는 것이다.

특히 사계에게서 문제가 되고 있는 것은 사단은 오로지 이를 말
한 것이며 칠정은 이기를 합한 것으로 두 가지 정이 있는 것이 아
니라 할 때, 인간의 내면에 순수한 선한 측면인 이로서의 사단이
존재한다는 것이다. 이것은 전술한 바와 같이 소당연의 이와 같은
것이다. 즉 인간의 도덕적인 행위를 가능케 하는 순수한 선한 면으
로서의 주체적인 기능과 같다고 볼 수 있다. 바로 인간이 인간일
수 있는 까닭과도 일맥상통하는 말이다. 아울러 소당연의 이는 인
간의 행위규범의 절대적인 근거가 되는 것이다.

그러나 사계에게 있어서 사단은 그대로 발할 수는 없으며 오직
정으로서 드러난다는 것이다. 벌써 정으로서 드러난다면 기가 포
함되어 있기 마련이다. 왜냐하면 전술한 것에서 심의 체용에서 용
으로서의 정은 이미 정 자체가 이기의 합으로 구성되어 있기 때문
이다. 그렇기 때문에 정으로 드러나는 이상 그것은 선악으로 나누

어지기 마련이다. 바로 여기서 순수한 선으로서의 사단이 드러나
는 것은 문제가 되지 않는다. 그렇다면 악의 발생에 대하여 윤리적
인 측면에서 관심이 가지 않을 수가 없다. 즉 악의 발생이 문제가
되는 것이다. 소위 우리가 도덕교육이라는 것도 악의 발생에 대한
유래와 그 발생에 대한 근원적인 퇴치가 목적으로 주어진다면 악
의 유래에 대하여 당연히 살펴보아야 하는 것이다. 그러나 사계는
선악의 단서가 정이 아닌 것이 없으며, 악한 것은 본래 악한 것이
아니라 다만 형기에 가려지고 과불급이 있어 악으로 된다[58]고 하
였다. 그리하여 사계는 악의 발생에 대하여 다음과 같이 말한다.

> 기뻐하지 않아야 할 것을 기뻐하고, 성내지 않아야 할 것을 성내고,
> 슬퍼하지 않아야 할 것을 슬퍼하고, 두려워하지 않아야 할 것을 두려
> 워하고, 사랑하지 않아야 할 것을 사랑하고, 미워하지 않아야 할 것을
> 미워하고, 하고자 해서는 안 될 것을 하고자 하는 것은 모두 정의 악
> 한 것이다.[59]

그런데 정의 현상에 선과 악이 있게 되는 것은 모두 성과의 관계
속에서 나타나는 것이다. 사계는 율곡의 말을 인용하여 다음과 같
이 말한다.

> 기질의 성은 진실로 선악이 같지 않음이 있으나, 다만 여기서 말하
> 는 성은 오로지 발하지 않는 것을 가리켜 말한 것이다. 사람이 비록
> 지극히 악하다고 하지만, 발하지 않을 때에는 진실로 선하지 않음이
> 없다. 발하면 모름지기 선악이 있으니 그 악한 것은 氣稟과 物慾의 拘
> 束과 蔽塞으로 말미암은 것이지 성의 본체는 아니다.[60]

---

58) 『全書』「近思錄釋疑」, 287쪽 : "善惡之端　夫孰非情乎　其惡者本非惡
　　只是掩於形氣　有過不及而爲惡."
59) 『全書』「答或人問目」, 74쪽 : "不當喜而喜　不當怒而怒　不當哀而哀　不
　　當懼而懼　不當愛而愛　不當惡而惡　不當欲而欲　是皆情之惡者."

이것으로 미루어 본다면 사계는 인간의 본성 자체가 선하지 않음이 없다고 하여 성선설의 주장을 유지하고 있는 것을 알 수 있다. 그러나 일단 정으로 드러나게 되면 선악으로 갈라지게 되는데 그것은 인간이 육체를 가진 이상 육제로 말미암는 욕망이 없을 수가 없게 된다. 바로 기질지성에 선악이 있다고 하지만 그래도 발하지 않았을 때에는 선이 아닐 수가 없다. 그렇지만 일단 기질지성이 발하게 되면 선과 악이 나누어지게 되는 것이다. 그것은 육체를 가진 인간이기에 그 자신의 기품과 물욕으로 말미암아 악이 발생할 수 있는 것이다. 그렇기 때문에 사계는 기질지성이 발하였을 때 선악이 있게 되는 것이라고 하였다. 마찬가지로 그 악한 것도 성의 본체가 아니게 된다.

사계는 악은 형기에 가려지고 과불급이 있기 때문에 생긴다는 것이다. 즉 선한 인간의 본성이 형기에 가려지고 과불급이 있어서 생기는 것이다. 이것은 사계 자신이 인간의 본성을 본래적으로 선한 것으로 간주하고 있는 것인데 그것이 칠정으로 드러날 때 중절하지 못하고 과불급이 생기기 때문에 악의 현상이 일어나게 된다고 본 것이다. 소위 인간의 마음에 내재되어 있는 소당연의 이를 제대로 발휘할 수 없는 경우가 바로 형기에 가려지고 과불급이 생기는 현상으로 보아야 한다.

따라서 사계에 있어서 사단은 성의 본연지성을 일컫는 것이고 칠정은 성의 이기를 합한 것[61]으로 보는데, 이와 같은 주장을 볼 것 같으면 결국 발하는 성은 기질지성 하나만 인정하는 것같이 보

---

60) 『全書』「近思錄釋疑」, 286쪽 : "'栗谷曰' 氣質之性 固有善惡之不同矣
但此所謂性專指未發而言 人雖至惡者 未發之時 固無不善 纔發便有善
惡 其惡者由於氣稟物欲之拘蔽 而非其性之本體也."
61) 『全書』「近思錄釋疑」, 285쪽 : "四端猶性之言 本然之性也 七情猶性之
合理氣而言也."

인다. 왜냐하면 그가 말하는 본연지성이란 사단으로서, 선한 면을 강조한 것이지 따로 두 개의 성으로서 있는 것이 아니기 때문이다. 다만 성 자체가 선한 것과 그것이 정으로 나타날 때 나누어지는 것은 별개의 문제이기 때문이다. 바로 "기질의 성이 본연의 성을 포함한다(氣質之性包本然之性)"의 논리에서 본다면 당연한 귀결인 것이다.

이상으로 사계는 성선관의 측면에 서 있는 것만은 분명한 것이다. 즉 두 개의 성을 인정하지 않으면서 선한 본성으로서의 본연지성을 인정하고 있는 것은 무엇보다 인간의 본성은 선한 것이나, 그것이 겉으로 드러날 때 선악 양면으로 갈라지게 되는 것이니 인간으로서 지켜야 할 도리만 제대로 수행할 것 같으면 선한 인간의 모습을 그대로 유지할 수 있게 되는 것을 강조하고 있을 뿐이다. 즉 사계에 있어서 악의 문제는 그 악의 발생을 제어하는 것이 중요한 만큼 인간의 수양이 자연적으로 요구되는 것이다. 이러한 면은 그의 수기론에서 보면 愼獨을 위시하여 철저한 수기를 강조하고 있는 것을 보면 알 수 있다. 그것은 예학자인 그의 처지에서 보면 당연하다고 할 수 있다. 이러한 면은 피상적으로는 율곡의 설을 따르고 있는 것 같으나, 실제적으로 그 바탕에는 사계의 독자성이 놓여 있음을 알게 된다. 사단칠정이 두 가지 정이 아님을 말하는 것은 율곡의 이론을 이었지만, 한편으로 사단을 이 또는 본연지성과 관련지어 구별하고 있는 것은 율곡과는 다른 사계 자신의 이론으로 보아야 한다.

第5節 人心道心

사단칠정과 관련하여 인심도심의 문제를 생각해 볼 수 있다. 사
계에 의하면 사단칠정을 인심도심과 관련지어서 말하는데 다음과
같다.

> 사단은 도심을 주로 하여 말한 것이고, 칠정은 도심과 인심을 겸하
> 여 말한 것[62]이다

사계의 이러한 생각은 그의 이기설의 구조에 비추어 보면 당연
한 귀결인 것이다. 왜냐하면 사단과 칠정이 모두 심의 용[63]이라는
생각의 연장에서, 인심과 도심도 심의 작용에 의해서 나타나는 것
으로 본다면 당연하기 때문이다. 즉 이것은 마음에 두 가지가 있는
것이 아니라 어느 것을 주로 하여 발하느냐에 따라서 그 이름이 달
라지는 것에 불과하다. 그리하여 사계는 율곡의 말을 인용하고 있
는데 다음과 같다.

> 심은 하나이다. 어찌 둘이 있겠는가? 다만 주로 하여 발하는 것에
> 이름이 있을 뿐이다. 그러므로 주자가 말하기를, 危라는 것은 人欲의
> 싹이며 微라는 것은 천리의 오묘함이니 심은 하나이다. 正과 不正에
> 따라서 그 이름이 달라지는 것이다. 道를 하나의 마음으로 하고, 人을
> 하나의 마음으로 하는 것은 아니다. 이 말로 볼 것 같으면 심은 두 가
> 지가 아닌 것을 알 수 있다.[64]

---

62) 『全書』「答金鑖書」, 66쪽 : "四端主道心而言 七情兼道心人心而言."
63) 『全書』, 66쪽 : "四端七情皆是心之用."
64) 『全書』「近思錄釋疑」, 286쪽 : "心一也 豈有二乎 特以所主而發者有名
    耳 故朱子曰 危者人欲之萌也 微者天理之奧也 心則一也 以正不正而
    異其名耳 非以道爲一心 人爲一心也 觀此言則心之非二 可知矣."

　　원래 '인심도심'이라는 용어는『尚書』의 "인심은 위태롭고 도심은 隱微하다. 오직 精一[65]하여 그 中을 잡으라"[66]는 것에서 나온 것은 주지의 사실이다. 그리하여 도심은 도리를 지각하는 것이고 인심은 聲色臭味를 지각하는 것[67]으로 보았다. 도심과 인심의 구별은 도리와 성색 중 어느 것을 위주로 하여 발하느냐에 따라서 이름이 생긴 것이다. 따라서 인심이 人欲이고 도심이 天理가 되는 것[68]은 아니다. 만약 도심은 천리이며 인심은 인욕이라고 말할 것 같으면 도리어 두 개의 마음이 있게 된다. 사람은 단지 하나의 마음밖에 없는 것이다.[69] 이는 어디까지나 하나의 마음을 두 가지인 양 표현하게 되는 것은 그 발출에 따른 것이다. 그래서 사계는 인심도심의 발출에 대하여 다음과 같이 말한다.

　　　간혹 형기로 말미암아 발하는 때가 있고, 혹은 性命에 따라 발하는 때가 있다.[70]
　　　칠정이 형기에서 발하는 것이 바로 인심이며 의리에서 발하는 것이 도심이라는 것이다.[71]

　　이것은 바로 주자가 언급한 인심과 도심의 차이는 形氣之私에서 생기고 性命之正에 근원을 두고 있다[72]는 말과 같다. 결국 이러

---

65)『朱子語類』卷78에서 朱子는 다음과 같이 해석하였다 : "惟精惟一 是兩截工夫 精是辨別得這箇物事 一是辨別了 又須固守他."
66)『尚書』「大禹謨」: "人心惟危 道心惟微 惟精惟一 允執厥中."
67)『朱子語類』卷78 : "道心是知覺得道理底 人心是知覺得聲色臭味底."
68)『朱子語類』卷78 : "程子曰 人心人欲也 道心天理也."
69)『朱子語類』卷78 : "若說道心天理 人心人欲 是有兩箇心 人只有一箇心."
70)『全書』「上龜峯宋先生書」, 34쪽 : "或有因形氣而發之時 或有因性命而發之時."
71)『全書』「近思錄釋疑」, 288쪽 : "七情 指其發於形氣者 則謂之人心 指其發於義理者 則謂之道心."
72)『中庸章句序』: "有人心道心之異者 則以其或生於形氣之私 或原於性

한 생각에서 사계는 형기에서 발하는 것에 관심이 있는 것이 아니라 성명이나 의리에서 발하는 도심에 더욱 관심이 많게 된다.

우리가 성리학 즉 성명의리지학이 바로 성명과 의리에 관한 학문이니 만큼 그런 의미에서 본다면 도심이야말로 성리학의 용어 그 자체가 의미하는 것을 함의하고 있는 것으로 생각할 수 있다. 바로 도심을 유지하고 계발하는 것이 성리학의 진정한 학문적 성격이 아닌가 한다.

그리하여 사계는 도심은 은미하기 때문에 그것을 수양을 통하여 확충시켜 가야 하는 것으로 본다. 그래서 사계는 다음과 같이 말한다.

> 도심은 오직 은미하다. 주자가 말하기를, 미묘하여 보기 어렵다고 하였다. 율곡선생이 말씀하시기를, 오직 이는 소리도 없고 냄새도 없다고 할 수 있다. 그러므로 微라고 말한다. 비유하건대 먼 山은 본래 은미하여 보기 어렵다. 눈이 어두운 사람이 볼 것 같으면 은미한 것이 더욱 은미하게 된다. 눈이 밝은 사람이 볼 것 같으면 은미한 것은 드러나게 되는 것과 같다고 하였다. 내 생각으로는 그렇지 않다. 도심이 발출하는 것은 마치 불이 처음 타는 것과 같고 샘이 처음 솟아나는 것과 같다. 그래서 발출하는 것이 작기 때문에 은미하여 보기 어려운 것이다. 그것을 다스리는 것을 알지 못한다면 은미한 것은 더욱 은미하게 되는 것이다. 인심으로 하여금 도심의 명을 듣게 한다면 은미한 것은 드러나게 마련이다. 그것을 소위 擴而充之라 하는 것이다.73)

사계가 주장하는 도심이라는 것은 어디까지나 수양을 통해 그것

命之正.”

73) 『全書』「上龜峯宋先生書」, 34쪽 : “道心惟微 朱子曰微妙而難見 栗谷先生云 惟理無聲臭可言 微而難見 故曰微 譬如此遠山 本微而難見 目暗人見之 則微而惟微 明者見之則微者著 愚見 則道心之發 如火始然 如泉始達 所發者小 故而難見 不知所以治之 則微者愈微 使人心常聽命於道心 則微者著 所謂擴而充之也.”

을 찾아 계발하는 것이지 감각적으로 주어지는 것은 아니다. 율곡이 산에다 비유한 것처럼 사람의 능력에 따라 감각적으로 주어지는 것은 아니다. 도심은 인간의 감각적인 차이에서 은미하게 주어지는 것이 아니라 그 자체의 발출이 은미하기 때문에 보기 어려운 것이다. 즉 불이 붙고 샘이 솟는 것처럼 그 시작하는 기미를 쉽게 알기 어려운 것이기 때문에 수양을 통하여 그 기미를 체득하여야 하는 것이다. 주자가 말한 "微妙而難見"이라는 말에 대한 율곡의 해석에 쉽게 수긍하기 어려운 것이 있음을 알 수 있다. 일상적으로 인간은 수양을 하지 않을 경우에 '인심'에 의하여 살아간다고 볼 수 있다. 즉 성명의리의 탐구에 의한 수양이 전제되지 않을 경우에는 자연적으로 '인심'이 주로 나타나게 될 수밖에 없을 것이다. 그런 의미에서 사계는 율곡의 해석에 강한 부정과 함께 도심의 명을 듣는 인심을 내세운다고 생각된다. 여기서 도심의 명을 듣는 인심을 내세운다고 해서 인심이 도심이 되는 것은 아니다. 즉 인심이 도심의 명을 듣게 됨으로써 악을 선으로 유도하기 위한 방편으로 보아야 한다. 왜냐하면 인심은 그것이 드러나게 될 때 선악으로 갈라지기 때문에 그때 악을 선으로 유도하기 위하여 도심의 명을 들어야 하는 것이다. 사계는 인간의 수양에 의하여 그것이 가능한 것으로 보고 있기 때문이다.

뿐만 아니라 앞서 언급한 것처럼 형기에서 발하게 되면 자연히 선과 악으로 나뉘어지게 된다. 다시 말하면 인심의 경우는 자연적으로 선과 악이 나누어지게 되는 것이다. 그러나 도심의 경우에는 원래 발출하게 되는 바탕이 선이기 때문에 절대적으로 선이 되는 것이다. 그것은 칠정에 있어서는 사단으로서 발하게 되는 근거가 의리이기 때문에 순선으로서의 절대적인 선이 되는 것이다. 즉 본연지성으로서의 사단은 그의 이기설과 관련하여 생각해 본다면 소당연의 이에 해당된다고 볼 수 있으며, 동시에 거기에서 유래되는 도심은 당연히 절대적인 선이 되는 것이다.

또한 이러한 그의 인심도심설은 퇴계의 인심도심설을 그대로 부정하고 있다. 즉 퇴계의 주장은 "인심은 칠정이며 도심은 사단이다"[74]라는 것인데, 사계의 사단과 칠정을 설명하는 것에서 본다면 당연히 퇴계의 설이 거부되고 있는 것을 알 수 있다. 왜냐하면 사계에 있어서 情은 하나 뿐이며 따라서 사단은 칠정에 포함되는 것이기 때문이다. 즉 겉으로 드러나는 것은 인간에게 있어서 칠정이라 하지만 그것의 발출내원에 따라서 도심과 인심으로 구분되어지는 것이다. 그렇기 때문에 퇴계가 주장한 인심은 칠정이고 사단은 도심이라는 것이 사계에게서는 자연히 부정되게 마련이다. 왜냐하면 인심과 도심은 모두 심의 용으로서 사단칠정과 함께 二心도 아니며 二情도 아니기 때문이다. 뿐만 아니라 칠정 중에 인심과 도심이 있게 되는 것이다. 왜냐하면 인심과 도심이 모두 이기로 구성되어 있어서 기의 발용에 따라 나타나는 것이어서 모두 정의 현상으로 볼 수 있기 때문이다.

또한 사계는 율곡이 말한 "인심에서 발하여 도심이 되며 도심에서 발하여 인심이 될 수 있다"는 것에 대하여서도 회의를 가졌다. 왜냐하면 인심도심 두 가지가 인간의 마음속에 섞여 있다는 것은 그것이 각각 발하는 바탕이 마음에 연유하기 때문에 섞여 있다고 하는 것이다. 그러나 그것의 발출하는 내원이 엄연히 다르기 때문에 율곡이 주장하는 人心道心終始說은 받아들이기 어렵다는 것이 사계의 생각이다. 바로 사계의 다음과 같은 말에서 알 수 있다.

두 가지가 마음 가운데에 섞여 있다. 내 생각으로는 그 두 가지가

---

74) 『全書』「近思錄釋疑」, 281쪽 : "人心七情是也 道心四端是也."

혹 형기에 따라서 발하는 때가 있고 혹은 성명에 따라서 발하는 때가 있기 때문이다. 두 가지가 섞여 있다는 것은 발하는 것이 모두 마음 가운데에서 나오기 때문에 섞여 있다고 하는 것이다.75)

율곡의 인심도심종시설은 인심이나 도심은 정만이 아니라, 商量計較를 가지고 있기 때문에 비록 처음에는 성명의 정에서 나와 도심이 되었다 하더라도 이 도심을 확충하지 않고 내버려두면 私가 개재하여 인심으로 끝을 맺게 되고 또 비록 처음에 인심으로 형기의 가리운 바가 있더라도 우리의 상량계교로 그 사사로움을 따르지 않고 바른 이치에 나가면 이것은 도심으로 끝을 맺게 된다는 것이다.76) 이와 같은 율곡의 해석은 인심도심을 다 같이 심의 용이라는 측면에서 그렇게 표현을 할 수도 있으나 사계의 주장은 인심도심의 발출내원이 다른 이상에는 그렇게 될 수 없다는 것이다. 그리하여 다음과 같이 말한다.

　율곡선생이 말하기를, 인심도심은 모두 (심의) 용을 가리켜 말한 것이라고 하였다. 만약 앞의 설명과 같으면 미발의 경계를 범하게 되는 것이다. 그리고 두 가지가 발하는 것은 모두 한 가지 일에 있으니, 어떠한 것은 인심에서 발하여 도심이 되는 것도 있고 어떠한 것은 도심에서 발하여 인심이 되는 것이 있다고 운운하였는데, 인심에서 발하여 도심이 된다면 옳다. 그러나 도심에서 발하여 인심이 된다는 것은 온당하지 못한 것 같다. 만약 도심이 도리어 인심이 된다면 바로 人慾이 되는 것이다. 어떠한지는 모르겠다.77)

---

75)『全書』, 34쪽 : "二者雜於方寸之中　愚意或有因形氣而發之時　或有因性命而發之時　二者所發　皆出於方寸之中　故謂之雜."
76) 宋錫球,『栗谷의 哲學思想研究』, 131쪽.
77)『全書』, 34쪽 : "栗谷先生曰　人心道心　皆指用而言之　若如前說　犯未發之境　二者所發　皆在於一事　有發於人心而爲道心者　有發於道心而爲人心者云云　發於人心而爲道心則可　發於道心而爲人心則似未穩　若以道心　而轉爲人心　則卽爲人慾也　未知如何."

 그의 견해로서는 인심에서 발하여 도심이 되는 것은 옳으나 도심에서 발하여 인심이 된다는 것은 옳지 못하다는 것이다. 여기서 인심에서 발하여 도심이 되는 경우를 생각하여 볼 경우에 인심에서 발히여도 발하여 중절만할 것 같으면 선이 되는 깃이다. 그린 의미에서 인심이 도심이 되는 경우를 상정하여 옳다고 한 것으로 보인다. 왜냐하면 선악의 분별이 생기는 것이 인심이니 만큼 인심을 선에로 유도하는 것이 인간의 노력 여하에 달려 있다고 본다면 당연한 것이다. 반면에 사계는 도심이 전변하여 인심이 되는 것은 받아들이지 않고 있다. 왜냐하면 도심은 그 자체가 소당연의 이인 성명의리에 근원을 두고 있기 때문에 그것은 언제나 선이 될 수밖에 없는 것이다. 인간의 형기에서 발하였다면 선과 악의 양쪽으로 갈라지겠지만 도심은 원래 선에서 발출하는 것이기 때문에 악이 있을 수가 없는 것이다. 바로 도심과 인심이 발하게 되는 바탕이 다르기 때문이다. 만약 율곡의 경우에는 심의 가변성으로 말미암아 발출의 바탕이 중요한 것이 아니라 형식적으로 드러났을 경우의 정·부정에 의하여 인심과 도심으로 구분하는 것으로 보여 진다. 또한 율곡이 말하는 인심과 도심의 설명에서 형식적으로 드러났을 때 그것을 제어할 수 있다고 본다면 언제 그것이 가능한지도 의문이다. 사실상 도심은 순선이며 인심은 善不善한 것인데 도심이 인심이 된다면 바로 선불선의 가능성으로 나아가는 것 자체가 논리적으로 모순이 라는 것이다. 왜냐하면 사계의 생각으로는 도심이 인심으로 된다는 표현은 바로 악으로 간주하는 것과 같은 것이다. 그렇기 때문에 도심이 전변하여 인심이 된다는 것은 고려할 수 없는 일이다. 뿐만 아니라 전술한 바와 같이 주자가 말하기를 인심이 위태롭다는 것은 인심이 인욕의 싹이 될 소지가 있는 것이지 인욕 그 자체는 아닌 것이다. 인심이 악으로 흐를 가능성이 있기 때문에 인욕의 싹이 될 것으로 본 것이지 인심이 인욕은 아닌 것이다. 이렇게 본다면 사계가 말하는 도심이 전변하여 인심이 된다는 것은 차라리 人慾이 될지언정 인심은 아니라는 것이다. 그것은 인심이라는 것이 선악 양면을 지닐 수 있기에 그렇게 표현한 것이고 동시에 도심이 인욕이 된다는 것은 바로 도심이 악으로 변한다는 표현으로 받아들여야 할 것이다. 원래 도심이 그렇게 될 수도 없지마는 인성 자체가 파멸될 경우 인간이 지니고 있는 본래적인 선이 완전히 악으로 변할 수 있다는 것이며 그렇게 될 수 있다는 것도 사계는 은연중에 생각한 것이다.

이와 같은 사계의 주장을 살펴본다면 결국 인심은 수양에 의하여 도심으로 될 수도 있고 아울러 인간의 부단한 노력이 수반될 수밖에 없는 것을 강조한다고 볼 수 있다. 반면에 도심이 인심이 되지 않는다고 보는 것은 인간성 자체가 완전히 파괴되어 인간으로서 지켜야 할 도리를 도저히 지켜 나가지 못할 경우에는 선으로는 나아갈 수 없는 그 자체가 무조건 악으로 될 수밖에 없는 경우를 전제로 한 말로 받아들여야 할 것이다. 나아가서 사계의 道心에 대한 생각은 그의 이기설과 사단칠정설에서 본 것처럼 인간에게 내재한 소당연으로서의 이를 강조하면서 동시에 인간으로서 지켜야 할 도덕규범이 성명의리에서 발한 도심이라는 것을 강조한 것으로 볼 수 있다. 즉 인간의 순수한 선한 마음인 도심이야말로 수양을 통하여 확충시켜 가야 하는 것이다.

이상으로 사계의 도심에 관한 주장을 살펴보건대, 인간의 내면적인 본연지성이 겉으로 드러날 때 그 선을 그대로 유지하고자 하는 것이 그대로 적용이 된다. 즉 심의 용으로서 도심이 될 경우에는 그것은 선이니까 바람직한 것이지만, 인심이 될 경우에는 악한 면을 소멸하고 선한 것으로 유도해야 되는 것이 전제되어 있다. 즉

미발상태에서의 인간의 本性을 수양을 통해 닦아야 할 뿐만 아니
라 특히 그것이 표출될 때 선으로 유도하기 위해서는 부단한 인간
의 수양이 요구되는 것이다. 뿐만 아니라 사단과 관련하여 사계는
노심을 절대시하는 경향을 지니고 있는 것이다. 이러한 점도 율곡
의 인심도심에 관한 설명과는 구별되는 사계의 견해로 간주하여야
한다.

第2章

格物致知說

성리학에서는 이전의 유학경전을 새로이 해석함으로써 유학에 있어서 새로운 학문의 틀이 구성된 것이다. 그러한 새로운 해석 가운데 하나가 이번 장에서 다루고자하는 格物致知說인 것이다. 즉 도덕법칙에 대한 인식을 주로 취급하게된 것이다. 그것은 인간의 윤리도덕적인 행위의 근거가 되는 도덕법칙을 소위 소이연의 이로 나타나는 존재법칙과 어떠한 관련이 있으며, 아울러 인간이 도덕적 행위를 하기 위하여 그 법칙을 알아야 하는데 그 법칙을 어떻게 인식할 수 있는지 그 방법이 바로 격물치지설이라 할 수 있을 것이다. 이러한 것은 바로 도덕법칙이 어디에 존재하며 어떻게 우리 인간에게 주어지게 되는 것인가를 알기 위한 방법론인 것이다.

사계의 격물치지설을 살펴보기 이전에 사계의 격물치지설의 이해를 위하여 사계 이전의 학자들의 격물치지설을 간략하나마 살펴보고자 한다. 이와 같이 이전의 제유의 격물치지설을 살펴보게 되는 것은 어디까지나 사계의 격물치지설이 나타나게 된 배경을 살펴보고자 하는 것이지 제유의 설을 깊이 있게 살펴보고자 하는 것은 아니다. 그렇기 때문에 제유의 설은 일반적으로 인정되고 있는 주장을 서술하게 될 것이다. 어떤 의미에서는 이 격물치지설이야말로 각 사상가들의 사상의 가장 근저가 되는 것이기에 상당히 중요한 부분이라 할 수 있다.

第1節 程伊川

정이천(1033~1107)은 무엇보다 이전부터 전해져 내려오던 『대학』을 중요시하게 여겨 『대학』을 자기의 생각대로 해석하였다. 사실 정이천이 대학을 주목하기 이전까지는 대학을 특별히 중요시되지 않았을 뿐만 아니라 독립된 경전도 아니었다. 바로 정이천이 『禮記』 속에 있는 대학을 중요시한 이후부터 성리학에서 대학이 기본 경전으로 다루어지게 된 것이다. 그 중에서도 특히 문제가 된 것이 격물치지설인 것이다. 물론 이전에 韓愈가 대학을 강조하였지마는 후기 성리학에서 문제시된 격물치지설을 정이천이 먼저 제기하였다는 측면에서 정이천 이후『대학』이 중요시되었다고 할 수 있다.

정이천은 격물치지에 대한 해석을 다음과 같이 말한다.

또한 묻기를, 어떠한 것이 격물입니까? 라고 하였다. 선생이 대답하기를, 격은 이르는 것이니 사물의 이치를 끝까지 궁구하여 이르는 것이라고 하였다.[1]

또한 정이천은 격물치지를 궁리와 연계하여 해석하여 말하기를 다음과 같이 말한다.

『대학』에서 말하기를, 物에는 本末이 있으며, 事에는 終始가 있다. 선후를 알면 도에 가깝다라고 하였다. 사람들이 학문을 하는 것도 본말종시를 아는 것보다 더 큰 것이 없다. 치지가 격물에 있다는 것은 소위 本이요 始이다. 천하국가를 다스린다는 것은 소위 末이고 終이다. 천하국가를 다스리려면 반드시 자신에게 근본을 두어야 한다. 그 몸을 바르게 하지 않고 천하국가를 다스릴 수 있는 자는 없다. 格은 窮과 같고 物은 理와 같으니, 그 理를 궁구할 뿐이라고 말하는 것과 같은 것이다. 그 理를 궁구한 연후에라야 충분히 이를 수 있으며 궁구하지 않을 것 같으면 이를 수가 없다.[2]

---

1)『二程遺書』二十二上,「伊川先生語八上」, 民國六十五年, 台湾 中華書局 : "又問如何是格物 先生曰格至也言窮至物理也."
2)『二程遺書』二十五,「伊川先生語十一」: "大學曰物有本末 事有終始 知所先後則近道矣 人之學莫大於知本末終始 致知在格物則所謂本也始

여기서 "격은 궁과 같고 물은 이와 같으니, 그 이를 궁구할 뿐이라고 말하는 것과 같은 것이다. 그 이를 궁구한 연후에라야 충분히 이를 수 있으며 궁구하지 않을 것 같으면 이를 수가 없다(格猶窮也 物猶理也　猶曰窮其理而已也　窮其理然後足以致知　不窮則不能致也)"라고 궁리와 격물을 서로 대응하여 설명한 것은 바로 정이천의 독특한 입장이다.3) 이와 같은 설명방식의 표현으로 또한 다음과 같은 말이 있다.

> 치지는 격물에 있다. 格은 이르는 것이다. 궁리하여 물에 이르면 사물의 이치가 다 밝혀진다.4)
> 格은 이르는 것이다. 물은 사물이다. 사물마다 모두 이치가 있으니 그 이치에 이르는 것이니 바로 격물이다.5)

여기서 궁리라는 것은 소위 격물인데 사물의 이치를 궁구하는 것을 말한다. 그리고 궁구하는 과정과 결과는 모두 '知'인 것이다. 여기서 격물과 치지는 궁리와 함께 하나의 관념으로 통하게 되는데 이러한 면을 이후 주자가 계승하는 것이다.6)

바로 궁리의 결과로서 얻어지는 지는 과연 어떠한 지인가? 정이천은 지에 대하여 두 가지로 구분을 하고 있다. 그것은 '聞見之知'와 '德性之知'인 것이다. 문견지지는 바로 경험지식이라 할 수 있는데 견문에 의거하고 외물과의 접촉에서 생기는 지인 것이다. 또

也　治天下國家則所謂末也終也　治天下國家必本諸身　其身不正而能治天下國家者無之　格猶窮也物有理也　猶曰窮其理而已也　窮其理然後足以致知　不窮則不能致知."
3) 勞思光, 『中國哲學史』上三, 245쪽.
4) 『二程遺書』二上, 「二先生語二上」: "致知在格物　格至也　窮理而至於物則物理盡."
5) 『二程外書』(二) : "格至也　物事也　事皆有理至其理　乃格物也."
6) 勞思光, 『中國哲學史』上三, 246쪽　參照.

한 문견지지는 인간의 내면적인 자각에서 나오는 지식이 아니기 때문에 德을 이루는 것과는 전혀 관계가 없는 것이다. 반면에 덕성지지는 인간이 덕을 이루는 것과 본질적인 관계가 있어서 바로 내면적인 자각에 의해서 얻어지는 지식인 것이다. 그렇기 때문에 덕성지지는 견문지지를 전혀 필요로 하지 않는다. 소위 정이천이 언급한 '涵養敬心'이라는 것이 바로 덕성지지를 획득하기 위한 것이다. 더군다나 치지라는 것도 이 덕성지지에 이르는 것을 말한다. 아울러 이러한 덕성지지에 이르는 방법으로 정이천은 '反躬'이라는 것으로도 가능하다는 것이다. 즉 敬心의 함양을 자기자신의 반성(反之于己 즉 반궁)에 의해서 가능하다는 것이다.[7]

이와 같이 본다면, 정이천이 말하는 격물치지라는 것은 인간의 내면적인 자각에 의한 수양을 통하여 원래 인간에게 주어진 천리로서의 덕성지지를 획득하는데 있다고 할 수 있을 것이다. 즉 격물치지를 하게 되면 바로 천리를 체인하게 되는 것이다.[8]

第2節 朱 子

주자는 『大學章句』를 다시 改訂하였는데, 그것은 대학에서 말하는 소위 '삼강' 혹은 삼강령과 '팔목' 혹은 팔조목 중 '誠意' 이하의 여러 절목은 傳이 있는데 유독 '격물치지'에 관한 전이 없었다. 그래서 그는 궐문이 있는 것으로 생각하여 '補傳' 한 단락을 짓게 된 것이다. 그 내용은 다음과 같다.[9]

---

7) 牟宗三, 『心體與性體』 卷2, 393~394쪽 參照.
8) 方克立, 『中國哲學史上的知行觀』, 北京 : 人民出版社, 1982年, 146쪽.
9) 方克立, 『中國哲學史上的知行觀』, 北京 : 人民出版社, 1982年, 157~

　　이른바 치지는 격물에 있다(致知在格物)라는 것은 나의 앎을 이루기 위해서는 사물에 나아가서 그 이치를 궁구해야 한다는 것을 말한다. 대개 사람의 마음은 영특하기 때문에 인식능력(知)을 소유하지 않은 사람이 없으며, 천하의 사물은 理를 가지고 있지 않음이 없다. 오직 이를 제대로 궁구하지 못하기 때문에 그 지가 다하지 못함이 있는 것이다. 이 때문에 『대학』의 처음 가르침은 반드시 학자로 하여금 천하의 만물에 나아가서 이미 알고 있는 이치에 따라 더욱 궁구하게 하여 그 지극한 곳에 이르기를 구하지 않음이 없다. 힘쓰는 것이 오래되어서 하루아침에 활연관통하게 되면 모든 사물의 表裏精粗가 이르지 않음이 없게 된다. 그리고 내 마음의 全體와 大用이 밝지 않음이 없다. 이것을 일컬어 物格이라 하고 이것을 앎이 이르렀다고 하는 것이다.10)

　　여기서 '人心之靈 莫不有知'는 인식능력으로서의 '心之用'과 인간의 마음에 고유한 '知'로서의 '心之體'를 본구하고 있는 것을 가리킨 것이다. 그리고 '天下之物 莫不有理'는 주체와 待對하는 객체가 모두 천리를 가지고 있는 것을 가리킨 것이다.11) 바로 인간의 마음에 모든 것을 알 수 있는 것을 본구적으로 가지고 있음을 뜻한다. 동시에 천하만물과 같이 인간도 천리를 본구하고 있는 것이기에 그러한 천리는 인식능력으로 파악이 가능한 것이다.

　　그러면 무엇보다 주자가 격물설에서 자신이 이해하고 있는 것을 살펴볼 필요가 있을 것이다. 주자가 먼저 '물'자에 대한 해석을 어떻게 하고 있는지 살펴보면 다음과 같다.

158쪽.

10) 『大學章句』「格物補傳」: "所謂致知在格物者 言欲致吾之知 在即物而窮其理也 蓋人心之靈 莫不有知 而天下之物 莫不有理 惟于理有未窮 故其知有不盡也 是以大學始敎 必使學者即凡天下之物 莫不因其已知之理而益窮之 以求至乎其極 至于用力之久 而一旦豁然貫通焉 則衆物之表裏精粗無不到 而吾心之全體大用無不明矣 此謂物格 此謂知之至也."

11) 候外廬 外 主編, 『宋明理學史』上卷, 401~402쪽.

> 물은 사와 같다.[12)
> 물은 사물을 말한다.[13)
> 천하의 사를 모두 일컬어 물이라 한다.[14)
> 눈앞에 여러 가지로 취급하는 것들은 모두 물이다.[15)

이와 같이 사물이라고 하는 것은 일체 자연현상과 사회현상을 포괄하고 있을 뿐만 아니라 인간의 마음 가운데 있는 '인의예지' 등의 도덕관념까지 포괄하고 있는 것이다. 또한 주자는 사물도 격할 수 있는 것으로 생각하고 있는데, 그것은 사물에도 이가 있기 때문에 인간이 격할 수 있다고 생각한 것이다.[16) 이러한 면은 정이천이 사물에도 이가 있는 것으로 생각을 하면서도 격물이라는 것이 치지에 있다고 생각하여 사실상 내면적인 수양에 의한 덕성 지지의 계발을 중시한 점에 있다고 볼 때 정이천과 다른 주자의 생각이라 할 수 있는 것이다. 즉 다음과 같은 주자의 말에서 알 수 있다.

> 비록 초목이라 하더라도 역시 이치가 존재하는 것이다.[17)
> 비록 사물이 있기 전에도 이미 사물의 이치는 있는 것이다.[18)
> 이러한 사물이 있기 전에도 먼저 이러한 이치가 있는 것이다. 군신이 있기 전에 이미 먼저 군신의 이치가 있으며, 부자가 있기 전에 이미 먼저 부자의 이치가 있는 것과 같은 것이다.[19)

---

12)『大學章句』: "物猶事也."
13)『語類』卷15 : "物謂事物也."
14)『語類』卷15 : "天下之事皆謂之物."
15)『語類』卷15 : "眼前凡所應接底都是物."
16) 方克立,『中國哲學史上的知行觀』, 159쪽.
17)『語類』卷18 : "雖草木亦有理存焉."
18)『文集』卷46「答劉叔文」: "雖未有物 而已有物之理."
19)『語類』卷95 : "未有這事 先有這理 如未有君臣已先有君臣之理 未有
　　父子已先有父子之理."

　주희가 소위 '물'이라는 것은 바로 '事'로서, 이치에 의거하여 존재하는 것을 일컫는 것이며, 객관적 실재성은 없는 것이다. 그렇기 때문에 주자가 소위 격물이라고 하는 것은 사물자체에 대한 연구를 배가시키는 것이 아니라 형이하의 사물에 대한 접촉을 통해서 그것들이 체현하고 있는 형이상의 이치를 궁구하고자 하는 것이다.[20] 즉 사물과 무관하게 이치를 구하려고 하는 것이 아닌 것이다. 뿐만 아니라 사물의 이치를 궁구하면서 알아낸 이치에 의거하여 지극한 곳에까지 궁구하게 되는데 그러한 것이 바로 활연관통의 경지가 되는 것이다. 바로 이러한 측면이 주자가 말하는 소위 理一分殊와 상통하는 것이다.

　그러면 이제 '格'에 대한 朱子의 해석이 어떠한지는 다음과 같은 말에서 알 수 있다.

　　　격물에서, 格이란 다하는 것이다. 모름지기 사물의 이치를 모두 궁구하는 것이다.[21]

　또한 주자는 격을 盡으로 해석하는 것말고도 '至'로도 해석하는데 다음과 같다.

　　　격은 이르는 것이다. 물은 사와 같다. 사물의 理를 궁구하여 이르는 것이 그 극처에 이르지 않음이 없고자 하는 것이다.[22]

　이와 같이 본다면 주자가 말하는 격물이란 分殊로서의 이치를 궁구하여 그 지극한 곳에 이르고자 하는 것이니, 그것은 바로 理一

---

20) 方克立, 『中國哲學史上的知行觀』, 159쪽.
21) 『語類』 卷15 : "格物者　格盡也　須是窮盡事物之理."
22) 『大學章句』 經1章 : "格至也　物猶事也　窮至事物之理　欲其極處無不到也."

로서의 이치를 체인하여 활연관통의 경지에 이르고자 하는 것임을 알 수 있다. 그렇다면 이러한 격물은 결국 본구적인 이치를 갖고 있는 마음을 밝히고자 하는 것[23]임을 알 수 있다. 또한 격물은 치지에 딜싱하기 위한 공부이고, 치지의 완성은 바로 이 마음의 大用을 밝히는 것이라고 볼 수 있는 것이다.[24]

이렇게 격물의 궁극목적은 객관적인 물질세계의 자연물을 인식하는 것이 아니라 '천리'를 궁리하는 것이다. 즉 천리의 체현으로서의 인륜을 우리는 도덕적인 수양을 통하여 실현시켜야 하는데 이것을 바로 격물의 주요한 내용이 되는 것이다.[25]

그러면 주자가 말하는 치지란 무엇을 뜻하고 있는지 다음과 같은 그의 말에서 살펴보자

> 致는 지극한 곳에까지(끝까지) 미루는 것이다. 知는 인식하는 것이다. 나의 지식을 지극한 곳에까지(끝까지) 미루어 그 아는 것이 다하지 않음이 없도록 하는 것이다.[26]
> 치지는 眞知를 구하기 위한 것이다. 진지는 속속들이 꿰뚫어 보는 것이다.[27]

바로 치지는 나의 마음의 고유한 지식을 지극한 곳에까지(끝까지) 미루어 완전한 지식(全知)에 도달하고자 하는 것이다.[28] 치지는 마음 가운데 이미 알고 있는 이치로 하여금 미루어 확대하고 전개

---

23) 『語類』 卷118 : "格物所以明此心."
24) 勞思光, 『中國哲學史』 上三, 301쪽.
25) 張立文, 『朱熹思想硏究』, 北京 : 中國社會科學出版社, 1981年, 399쪽.
26) 『大學章句』 經1章 : "致推極也 知猶識也 推極吾知之識 欲其所知無不盡也."
27) 黎靖德 編, 『語類』 卷15 第1册, 中華書局, 1981年, 281쪽 : "致知所以求 爲眞知 眞知是要徹骨都見得透."
28) 張立文, 『朱熹思想硏究』, 400쪽.

하여 우리의 인식이 알지 못하는 지극한 한계가 없는데 까지 이르도록 하는 것이다.[29]

이와 같이 보건대 주자가 말하는 치지와 격물은 두 가지의 일이 아니라 하나의 일이며, 한 사물의 두 방면을 말한 것이지 나눌 수 있는 것이 아니다. 다음과 같은 주자의 말을 보면 알 수 있다.

> 격물이라는 것은 사물마다 그 이치를 궁구하는 것이고, 치지라는 것은 사물마다 그 이치를 아는 것이다. 알지 못하는 바가 없다는 것은 不善한 것은 해서는 안 된다는 것을 아는 것이다.[30]

이상으로 주자는 격물치지를 인간의 수양공부로 보았던 것이며, 그러한 격물치지의 목적은 어디까지나 활연관통의 경지에 도달하는 것이니 바로 성현의 영역에 진입하는 것이라 할 수 있는 것이다.

第3節　退　溪

퇴계는 무엇보다 자신의 理到說을 奇高峯의 의견을 받아들여 인정하게 되는데, 그것을 인정하게 되는 배경이 바로 '格物物格'에 관한 설명에서였다. 격물물격에 관한 퇴계 자신의 생각을 고백한 글이 다음의 글에서 나타난다.

---

29) 吳乃恭, 『儒家思想硏究』, 287쪽 : "東北師範大學 出版社, 長春市, 中國, 1988年."

30) 『語類』卷15 : "格物者 窮事事物物之理 致知者 知事事物物之理 無所不知 知其不善之必不可爲."

격물물격의 풀이와 註가운데 '極處'字 아래에 다는 吐에 대한 諸公의 설이 다르고 같음이 있어서 분분히 논쟁해 온지도 오래이다. 일찍이 선유들이 이에 언급한 설들을 널리 상고하여 베껴 모으고 參酌 考訂하여 일설을 草했으나 미흡한 곳이 있어서 상자 속에 감추어 두었었는데 이제 貴函을 받고 다시 수정을 더하여 그 설을 끝내려고 합니다. 다만 그 중에 인용된 元判書太初公이 옛적에 나에게 말하기를 "李晦齋復古先生이 朴瓢道人 光佑와 이를 논하였는데 朴公이 金大司成老泉의 설을 주장하여 爭辯이 심하였으나 晦齋는 옳게 여기지 않았다"라고 말한 일이 있는데 元公의 말이 자세하지 않는 것이 아니나 세월이 오래서 내가 기억이 똑똑치 못하니 틀리는 것이 있지 않을까 염려됩니다.[31]

이와 같은 퇴계의 말을 미루어 볼 것 같으면 이미 이전부터 격물물격에 대한 해석에 있어서 논쟁이 있었던 것을 알 수 있다. 그러면 퇴계는 격물물격에 대하여 어떻게 해석을 하고 있는지 구체적인 그의 말을 살펴보기로 한다.

격물[物을 格함이] 註에 "그 극처에 이르지 않음이 없게 하고자 한다"고 하였고, 물격[물에 격한] 주에 "물리의 극처에 이르지 않은 것이 없다"고 하였으니 格字는 끝까지 캐어 이른다는 뜻이 있습니다. 격물에서는 窮字에 중점을 두었으므로 "물을 격함이"라고 토를 달았고, 물격에서는 "이른다"는 至字에 중점을 두었으므로 "물에 격한"이라고 토를 달았습니다. 일설에 "물리의 극처가"라고 풀이하는데 그것도 통합니다.[32]

---

31) 『退溪全書』(二), 卷26, 33쪽, 「答鄭子中」 別紙 : "格物物格釋辭及兩註中 極處吐諸公說 異同紛?久矣 嘗廣考先儒說及此者 抄合參訂草爲一說 猶有未洽 然處藏之??中 今因來示欲 更加點化以畢其說 但其中所引元判書太初公 昔爲余言 李晦齋復古先生與朴瓢道人光佑論 此朴公主金大司成老泉之說 爭辨甚力 晦齋不以爲然云云 元公非不詳言 滉年久記得不分明 恐或謬誤."

32) 『退溪全書』(二) 卷26, 37쪽, 格物物格俗說辯疑 「答鄭子中」 : "格物. '物乙格乎麻是'註 欲其極處 '厓' 無不到也 格物. '物厓格爲隱' 註 物理之極處 '厓是' 無不到也 格字有窮而知之義 格物重在窮字 故云物

또한

　지금 사람들이 '에(厓是)'라는 말에 대하여 의심하는 것은 두 가지 이유가 있습니다. 하나는 이치가 원래 '내 마음에' 있고, 피차에 있는 것이 아닌데 만일 '에'라고 토를 달면 이것은 이치와 내가 둘이 되어 피차로 나누어지는 것이니, 그 때문에 불가하다는 것이요, 하나는 공효를 말하는 주에 "만일 '에'라고 토를 단다면 이것은 공부하여 노력하는 것에 속하므로 불가하다"는 것입니다. 그러나 내가 일찍이 선유들의 여러 설을 상고해 보니 정자는 "格은 이르는 것이며 끝까지 캐어서 그 極에 이르는 것이라" 하였으며, 주자는 "物에 있는 이치를 이미 그 극처에 까지 찾아가서 남김이 없다" 하였고, 또 "모름지기 사물의 이치를 궁극하여 끝이 다한 데에 이르는 것이라"고 하였습니다. 延平은 "무릇 한가지 일을 당하면 마땅히 그 일에 나아가 반복해서 推尋하여 그 이치를 연구해야 한다"고 하였고, 西山은 "천하사물의 이치를 깊이 연구하여 極한 곳에 이르는 것이라" 하였으니, 이것은 모두 이치가 사물에 있기 때문에 사물에 나아가서 그 이치를 깊이 연구하여 極한 곳에 이르는 것을 말하는 것입니다. 왜 그런가 하면, 이치로 말하면 원래 物과 我의 간격과 內外精粗의 분별이 없지만, 사물로 말한다면 무릇 천하사물이 실로 모두 내 바깥에 있는 것이니 어찌 이치가 한 가지라 할 것이며, 그만 천하의 사물을 모두 내 안에 있다 하겠습니까. 羅整菴의 일설이 있는데 취할 만합니다. "근래 격물에 대한 설은 주로 物字를 가져다 안으로 끌어들이려 하는 것이다. 그러나 필경은 끌어들일 수 없는 것이니, 나와 物은 구분이 되어 있는 까닭이다."고 하였다. 다만 그 모든 事事物物의 이치는 곧 내 마음에 갖추어 있는 이치이니 물이 바깥에 있다고 해서 이 이치는 바깥이라 할 수 없으며, 또한 이것이 안에 있다고 해서 물도 안이라 할 수는 없는 것이기 때문에 선유들이 이치 사물에 있다고 하였지만 이것(理)을 버리고 저것(物)을 말함이 아니며, 비록 사에 卽하여, 물에 卽하여 라고 말하지만 자기를 버리고 저쪽에 나아가는 것이 아니며 비록 "그 極에 나아간다" "極處에 이른다", "끝 다한 데까지 이른다" 하지만 역시 마음이 몸뚱이를 떠나서 여기로부터 저기로 달아남을 말하는 것이 아닙니다. 그렇다면 '에'토로 읽는 것이 이치와 더불어 둘이 되는 혐의가 있

'乙' 格 '乎麻是' 物格　重在至字　故云物 '厓' 格 '爲隱' 一說　物理之極處 '是' 亦通."

는 것도 아닌데 무슨 의심할 것이 있겠습니까? 혹은 말하기를 "격물
의 공부에 있어서는 이렇게 읽어도 되겠지만, 물격의 공효에 이르러
서는 물리의 극처에 이미 다 이르렀을 때에는 衆理가 자연히 하나로
모인 후의 일인데 만일 '에'라고 토를 단다면 말이 주객이 생겨서 마
치 한 가지씩 따라서 공부하는 일을 아직도 하고 있는 것 같고 또 힘
을 쓰는 뜻이 있는 것 같으니 불가하다. 그러므로 모름지기 '극처가'
라고 토를 달아야 融會의 妙함을 보고 힘을 들이는 일이 없게 될 것
이다."하였는데, 이 역시 그렇지 않습니다. 중리가 融會함은 곧 知가
이르는 일이고, 격물하는 노력에서 말할 수 없습니다. 더구나 말의 主
賓關係가 있는 것은 역시 이치의 勢가 자연한 것이니, 어찌 피할 수
있겠습니까? 옛날 江德功이 치지를 궁리로 해석하자 주자가 반박하기
를 "知는 내 마음의 知요, 이치는 사물의 이치라 이것으로 저것을 아
는 데에는 자연 주객의 분별이 있으니, 이 '知'자를 가지고 저 '理'자
를 풀이해서는 부당하다고 하였습니다. 이제 이 설에서 논한 것은 치
지의 공부이나 실은 衆理가 융회하는 妙理이니, 物과 我의 구분이 없
을 것 같으나, 오히려 피차를 주객으로 갈라서 말하였거늘 하물며 이
물리의 설은 다만 이것이 사물의 이치의 극처에 이르지 않음이 없다
는 것을 말할 뿐이요, 저러한 융회의 묘리에는 말이 미치지 않는 것입
니다. 대개 그 장소(處)를 지목하여 거기에 이미 이른 것을 말한 것인
즉 주객의 구별이 있는 것이 주자설에 비하여 어찌 더욱 분명하지 않
겠습니까? "이르는 것이 주가 되고, 극처가 객이 되는 것입니다" 이렇
다면 '에'로 토를 다는 것이 어째서 불가하며, 공효에 대하여 이 말을
쓴다한들 어찌 힘쓰는 혐의가 있겠습니까? 비유해 말하자면 어떤 사
람이 여기로부터 郡邑을 거쳐 서울에 이르는 것은 격물치지의 공부와
같은 것이요 이미 군읍을 거쳐서 이미 서울까지 이른 것은 격물치지
의 공효와 같은 것입니다. 어찌 바야흐로 가고 바야흐로 이르는 데 있
어서는 '郡邑에 '厓是' 歷行하여 '爲也' 서울에 '厓是' 來至타하여 '他
爲也'라고 말하여 공부의 설명으로 삼을 수 있으면서, 이미 거치고
(歷) 이미 이른(至)데 있어서는 반드시 토를 바꿔서 "郡邑이 '是' 이미
거쳐져서 '爲也' 서울이 '是' 이미 이르러야 '羅沙'"라고 해야 공효를
말할 수 있다고 합니까? 만약 이 설대로 한다면 이미 거친 것은 사람
이 아니라 군읍이요 이미 이른 것은 사람이 아니라 서울이 됩니다. 이
것으로 미루어 물격을 해석하면 格한 것이 내가 아니라 物이 되는 것
이며 이것으로 미루어 '極處'를 새겨 보면 이른(到)것이 내가 아니라
극처가 되는 것이니 이것은 말이 되지 않으며 이치에 닿지 않는 고집
불통의 설이니 쫓을 수 없습니다.

補亡章에 와서는 이것이 表裏精粗를 합하여 "그 이르지 않음이 없다"고 말하였으니, 渾淪하여 '處'를 말할 것이 없고 또 앞서의 극처를 가리켜 말한 것과는 뜻이 약간 다릅니다. 그러므로 '에'토를 쓰지 않고 '이'토만을 쓴 것이니 그 어의를 읽어보면 바야흐로 원만히 될 수 있는 것입니다. 이 뜻은 駱峯 申先生만이 알았는데 그 설은 별지에 있습니다.

위의 것은 모두 예로부터 전해 오는 여러 설 중에서 논한 것입니다. 일찍이 내 생각으로 물격에 대한 해석을 물(마다) 격(한 후에)라고 해 보았습니다. 이렇게 한다면 그 속에 "이르지 않음이 없다(無不到)"는 뜻이 포함되고 서로 다툴 일도 없는 것입니다.[33]

---

33) 『退溪全書』卷26, 補亡章衆物之表裏精粗'是'無不到 : "今人 以'厓是' 辭爲疑者有二焉 一謂理本在吾心 非有彼此 若云'厓是' 則是理與我爲 二而分彼此 故不可也 一謂功效 註若云'厓是' 則是涉工夫著力 故不可 也 然愚嘗歷考先儒諸說矣 程子曰 格至也 窮之而至其極 朱子曰 理之 在物者 旣有以詣其極而無餘 又曰 須窮極事物之理到盡處 延平曰 凡 遇一事 且當就此事 反覆推尋 以究其理 西山曰 於天下事物之理 窮究 到極處 此皆謂理在事物 故就事物而窮究其理 到極處也 何者 以理言 之 固無物我之間 內外精粗之分 若以事物言之 凡天下事物實皆在吾之 外 何可以理一之故 遂謂天下事物皆吾之內耶'羅整菴有一說可取 曰 近時格物之說 要將物字牽 向裏來 然畢竟牽 不得 分定故也' 惟其事事 物物之理 卽吾心所具之理 不以物外而外 亦不以此內而內 故先儒雖謂 之理在事物 非遺此而言彼也 雖謂之卽事卽物 非舍已而就彼也 雖曰詣 其極 曰到極處 曰到盡處 亦非謂心離軀殼而自此走彼之謂也 然則讀以 '厓是'辭 非有與理爲二之嫌 有何所疑乎 或曰 在格物工夫 如此讀可矣 至於物格功效 則物理之極處 悉皆已至 乃是衆理融會之後 若云'厓是' 則語有主賓 似若方做逐件工夫 又似有著力意思 爲不可 故須曰極處 '是' 乃見其融會之妙 無容力之效矣 曰 是亦不然 衆理融會 乃是知至 之事 不當言於物格之效 況語有主賓 亦理勢自然 何可避也 昔江德功 欲訓致知以窮理 朱子非之曰 知者 吾心之知 理者事物之理 以此知彼 自有主賓之辨 不當以此'知也'字訓彼'理也'字也 今詳此說 所論乃致知 工夫實是衆理融會之妙 似若無物我之分 猶可以彼此主賓言之 況此物 格之說 只是說那事物之理之極處'厓' 無不到云耳 未說到這邊融會之 妙來 夫指其處而言其已至 則其有主賓之辨 比之朱子之說 豈不更分明 乎「至者爲主 極處爲賓 如此則讀之以'厓是'辭 何不可之有哉 雖於功效 仍用此辭 豈遽有著力之嫌乎 比如有人自此歷行郡邑至京師 猶格物致

이와 같이 본다면 결국 문제가 되는 것은 '토'를 어떻게 다느냐에 따라서 해석이 달라지게 되는 것을 알 수 있다. '厓'토의 경우와 '是'토의 경우가 뜻풀이에 있어 어떠한 차이가 생기는가? '厓'토의 경우에는 '이른다'는 동사 '到'의 主格이 '나' 또는 '내 마음'이 되고 '是'토의 경우에는 '到'의 주격이 '其極處', '物理는 極處', '衆物之表裏精粗'가 된다. 나 또는 내 마음은 能知者인 주체요 물리는 所知者인 객체다. 그러므로 "格物＝物을 格한다" 할 때는 격하는 주체가 나 또는 내 마음이요 물은 격의 대상임으로 그 주석인 '窮至事物之理 欲其極處 無不到'란 말의 '극처' 밑에 '厓'토를 달아서 읽는 것이 합리적이다. 왜냐하면 물을 格한다는 말은 내 마음이 사물의 이치의 극처에 까지 이르는 것을 의미하기 때문이다. 그러므로 이 '欲其極處厓無不到'나 '欲其極處是無不到'의 경우에는 '厓'토가 별로 문제되지 않는다.

그러나 '物理之極處厓無不到 物理之極處是無不到'와 '表裏精粗厓無不到 表裏精粗是無不到'에 있어서의 격물을 해석하는 경우에 있어서는 '厓'토가 문제될 수 있다. 왜냐하면 '격물'이란 말은 격물이란 말처럼 '공부'를 뜻하는 말이 아니다. 공부한 결과로 이루어진 공효를 뜻하는 말이기 때문이다. 격물의 공부를 다 하고 나

知之工夫也 已歷郡邑 已至京師 猶物格知至之功效 豈可謂於方行方至 可以言郡邑「厓是歷行'爲也'來至'他爲也' 以爲工夫之說 於已歷已至 必變辭曰郡邑'是'已歷'爲也'京師'是'已至'羅沙' 乃可謂功效耶 若如此 說 則已歷者非人 乃郡邑也 已至者非人 乃京師也 推之以釋物格 則格 者非我 乃物也 釋極處則到者非我 乃極處也 此不成言語 不成義理 膠 謬不通之說 不可從也 … 至於補亡章 則乃合表裏精粗而言其無不到 則渾淪無處之可言 又與向之指極處而言者 意思微有不同 故不用'厓' 辭 只用'是'辭讀 其語意方渾成而圓活 斯義也惟駱峯申先生得之 其說 見別紙右皆就舊傳諸說而論之 嘗欲以愚意爲物格之釋曰 物'麻多'格 '爲隱後厓' 如此則中含無不到之意 而無兩爭之端."

면 사물의 이치가 다 알려지는 경지에 도달한다. 이것이 공효다. 그러므로 공효의 의미를 나타내려면 '物에 格한 다음(物格以後)'이라고 하는 것보다는 '物이 格한 다음'이라고 하는 것이 훨씬 자연스럽고 말이 순조롭다. 그래서 註釋文인 '物理之極處無不到'와 '衆物은 표리정조 무부도'란 말의 '무부도' 앞에는 '厓'토 대신에 '是'토를 쓰는 것이 옳다고 주장하는 사람이 많았던 모양이다.

　그러나 퇴계는 '是'토보다 '厓'토가 옳다고 주장하다가 나중에 다시 '是'토를 승인하였다. 그가 '厓'토가 옳고 '是'吐가 그르다고 하는 이유는 이러하다. '나'나 '내 마음'은 능동적인 연구의 주체이지만 '理'는 연구의 대상인 객체요 또 그것은 '無情意·無計度·無造作'하는 靜的인 것이요, 무위의 것이니 '到'란 동사의 주격으로 되어 자동적으로 到할 수 없다고 퇴계는 승인하고 있었던 것이다. 이런 입장에서 그는『答鄭子中別紙』에서 당시 '是'토를 주장하고 '厓'토를 의심하는 사람들에 대한 辯疑書를 썼던 것이다. 그러나 그는 기고봉으로부터 누차의 편지를 받고 理의 '自到'가 가능하다고 생각하여 드디어 '이도'설을 승인하게 되었다. 이도설을 승인하면 '是'토로써 '厓'토를 바꾸지 않을 수 없게 된다. 이것이 그가 臨死直前에 이르러 奇高峯에게 편지를 내어 종래의 격물물격설을 수정하게 된 이유이다.[34]

　이상의 고찰로 보면 퇴계는 사물의 이치에 대한 인식이란 인간의 마음이 사물에 대한 이치를 주객 혹은 物我二分의 상태에서 궁구함으로써 이루어진다고 생각하였음에 의심의 여지가 없다. 나의 마음이 사물의 이치를 궁구하여 알 수 있는 이것이 바로 허령한 心의 능력 즉 심의 용이 아닐 수 없다. 수정설을 낼 때까지만 하더라

---

34) 李相殷,「退溪學報」『退溪의「格物物格說辯疑」譯解』第3輯, 退溪學研究院, 1974年, 49~50쪽.

도 퇴계는 당시 일부 학자들 사이에 떠돌고 있던 이른바 이도설을
믿지 않았다. 이치를 궁구하는 것은 어디까지나 나이고 마음이라
생각하였던 만큼, 그는 '이도설'을 수긍할 수 없었다. 그러나 퇴계
는 마침내 자신의 이러한 견해를 뒤바꾼다. '理의 체용'을 상정하
였던 퇴계인지라 이 점에 대한 이해에 그 체용설을 적용시켜 마침
내 '이도설'을 인정하게 된다. 이 문제에 대한 기고봉과의 논변 끝
에 그는 이렇게 적고 있다.

> 이전에 내가 잘못된 설을 바꿀 줄 몰랐던 까닭은 다만 주자가 말한
> '理의 무정의·무계탁·무조작'설을 지킬 줄 알아, 내가 물리의 극처
> 에 궁리하여 이를 수 있는 것이지 이치가 어찌 극처에 스스로 이를 수
> 있겠는가 생각하였다. 그리하여 격물의 격이나 무부도의 到를 모두
> 내가 格하고 내가 到하는 것으로 보았다. —그러나 주자는 말하길
> "理에는 반드시 用이 있으니, 어찌 또 심의 용을 말할 것이 있는가?
> 심의 체는 이를 갖추고 있고, 이는 모든 것을 다 갖추고 있어 한 물도
> 이가 있지 않은 것이 없다. 그 用은 실로 인심을 벗어나지 않으니, 대
> 체로 이가 비록 물에 있지만 용은 실로 심에 있는 것이다"라고 하였
> 다.—
> 그러므로 격물이라 하면 내가 물리의 극처에 궁구하여 이르는 것
> 을 말하지만, 물격이라 하게 되면 어찌 물리의 극처가 나의 궁구함에
> 따라 이르지 않음이 없음을 말하는 것이 아니겠는가? 이로써 情意 造
> 作이 없다는 이것은 理의 '本然의 體'이고, 그 궁구에 따라 발현되어
> 이르지 않음이 없다는 이것은 理의 지극히 '神妙한 用'임을 알 수 있
> 다.35)

---

35) 『退溪全書』(一), 464~465쪽, 答奇明彦 : "前此滉所以堅執誤說者 只知
　　守朱子理無情意無計度無造作之說 以爲我可以窮到物理之極處 理豈
　　能自至於極處 故硬把物格之格 無不到之到 皆作已格已到看—朱子曰
　　理必有用 何必又說是心之用乎 心之體 具乎是理 理則無所不該 而無
　　一物之不在 然其用 實不外乎人心—格物也 則固是言我窮至物理之極
　　處 及其言物格也 則豈不可謂物理之極處 隨吾所窮而無不到乎 是知
　　無情意造作者 此理本然之體也 其隨寓發見 而無不到者 此理至神之
　　用也."

퇴계는 이의 용이라는 점에 입각하여 이도설을 수긍한다. 그러
나 사계는 이가 실제로 극처에 이르는 것이 아니라고 비판하고
있다.

第4節　沙　溪

사계는 율곡의 격물치지설을 인용하여 다음과 같이 말한다.

> 오직 율곡의 설은 通透灑落하여 대체로 말하여, 물격이란 물리가
> 모두 밝혀져 餘蘊이 없는 것이어서 물리가 극처에 이른 것이라는 것
> 이다. 이것은 물을 주로 하여 말한 것이다. 知至라는 것은 물의 이치
> 가 모두 밝혀져 남음이 없는 후에라야 나의 지가 따라서 극처에 이르
> 는 것이니 知를 주로 하여 말한 것이다. 이것은 한결같이 주자설에 근
> 본을 둔 것이다.[36]

그러면서 사계는 퇴계의 理自到說을 비판하여 말하기를 다음과
같다.

> 퇴계가 기고봉에게 준 글에 말하기를, 물격과 물리의 極에 이르지
> 않음이 없다는 설은 말씀을 듣고 잘 알았습니다. 앞서 내가 잘못된 설
> 을 고집한 까닭은, 단지 주자의 "이치는 정의도 없고 계탁도 없고 조
> 작도 없다"는 설만을 알고 지켰을 뿐이다. 그래서 내가 물리의 극처
> 에 窮到할 수 있는 것이지 이치가 어떻게 스스로 극처에 이르겠는가
> 라고 생각했기 때문입니다. 그래서 물격의 格과 무부도의 到를 굳이
> '이미 格한' '이미 到한'으로 보았던 것입니다. 지난번에 서울에 있을
> 때 비록 이도설에 대한 깨우침을 받았으면서도 또 일찍이 반복해서

---

36) 『全書』, 811쪽 : "惟栗谷之說　通透灑落　蓋曰　物格者　物理盡明而無有
　　餘蘊　是物理至於極處也　是主物言也　知至者　物之理盡明而無餘　然後
　　吾之知亦隨而至於極處矣　是主知而言也　此乃一本於朱子說也."

따져 생각해 보았으면서도 아직 의혹을 풀지 못했는데, 근래에 金而
精이 귀형이 조사해낸 주선생의 '理到'에 언급한 말 三, 四條를 전해
주는 것을 보고 그런 후에야 비로소 내 견해의 잘못된 것을 걱정하게
되었습니다. 이에 속속들이 옛 견해를 모두 씻어버리고 虛心으로 자
세히 생각하여 먼저 理가 능히 自到하는 까닭이 어떤 것인가를 찾아
보았습니다. 대개 補亡章或問에 보이는 (朱)선생의 설이 이 뜻을 闡發
함이 日星과 같이 밝은데 다만 내가 그 말을 항상 음미하면서도 여기
에까지 회통하지 못하였던 것입니다. 그 설은 이렇게 말하고 있습니
다. "사람이 학문을 하는 까닭은 心과 理일 따름이다. 심은 비록 한 몸
의 주가 되지만 그 體의 허령함은 족히 천하의 이치를 管攝할 수 있
고 이치는 비록 만물에 흩어져 있지만 그 用의 微妙함은 실로 한 사
람의 마음에 지나지 않으니 처음부터 內外精粗로써 논할 수 없다."
그 小註에 "어떤 사람이 용의 미묘함은 심의 용이 아닌가" 하고 물었
을 때, 주자는 말하기를, "理는 반드시 용이 있는데 하필 또 심의 용이
라고 할 것이 무엇인가? 心의 體는 이 理를 구비하여 있고 이치는 갖
추지 않은 곳이 없어서 어느 한가지 物에도 있지 않는 것이 없다. 그
러나 그 용은 실로 사람의 마음에 벗어나지 않는다. 대개 理는 비록
물에 있지만 용은 실로 마음에 있다"고 하였습니다. 여기에 "理는 만
물에 있지만 그 용은 실로 한 사람의 마음에 벗어나지 않는다"하였으
니 마치 理가 스스로 용이 되지 못하고 반드시 사람의 마음을 기다려
야 하는 것 같은 의문을 가지게 됨으로 自到라고 말할 수 없는 것 같
습니다. 그러나 또 "理는 반드시 용이 있는데 하필 또 심의 용이라고
말할 필요가 무엇이냐?"고 하였다 하니 그러면 그 용이 비록 사람의
마음에 벗어나지 못하지만 그 용의 妙가 되는 실로 理의 發見한 것이
사람의 마음에 이르는 바에 따라서 이르지 않는 곳이 없고 다하지 않
는 곳이 없기 때문입니다. 그러므로 다만 나의 격물이 未至함이 있음
을 걱정할 것이요 理가 자도하지 못할까 걱정할 것은 없습니다. 그러
면 격물을 말할 때는 내가 물리의 극처에 窮到하였다고 말하는 것이
옳으나 물격을 말할 때는 물리의 극처가 나의 窮하는 바에 따라서 무
부도한다고 어찌 말 못할 것이 있겠습니까? 이로써 '무정의·무조작'
이란 것은 이 理의 本然한 體요, 붙어 있는데 따라서 發見하여 이르
지 못하는 곳이 없는 것이 理의 至神한 용임을 알 수 있습니다. 전자
에는 본체의 무위함만 알고 妙用의 顯行할 수 있음을 알지 못하며 理
를 죽은 물건처럼 알다시피 되었으니 道에 너무도 멀리 떨어진 것이
아니겠습니까? 이제 貴兄의 누차에 걸쳐 일깨워주심에 힘입어 망견을
버리고 새로운 생각을 얻고 새로운 도량을 높이게 되었으니 심히 다

행한 일입니다.

퇴계가 말한 "理는 비록 物에 있으나 용은 마음에 있다"고 말한 이
하는 밝지 못하며 "隨遇發見而無不到 此理至神之用云者"는 더욱 의
심스럽다.[37]

사계는 격물이후의 물격을 가리켜 사물의 이치가 극에 이르러 다
시 격하는 것이 없는 것[38]이라 하였다. 이것은 앞서 주자가 말한 활연
관통과 마찬가지로 일단 격하고 나면 다시 格할 필요가 없게 되는 것
이다.

여기서 '무부도'에 대하여 사계는 물격과 지지로 나누어 설명을 하
지만 물격과 지지는 한가지로 보아야 하는 것[39]이며 별개의 것이 아
니라는 것이다. 그러나 비록 한가지라 하더라도 말이 각각 마땅한 것

---

37) 『全書』, 173쪽 下右－174쪽 上左 : "退溪與奇高峯書曰 物格與物理之
極 無不到之說 謹聞命矣 前此混所以堅執誤說者 只知守朱子理無情意
無計度無造作之說 以爲我可以窮到物理之極處 理豈能自至於極處 故
硬把物格之格無不到之到 皆作已格已到看 往在都中 雖蒙諸儒理到之
說 亦嘗反復細思 猶未解惑 近金而精傳示左右所考出朱先生語及理到
處三四條 然後乃始恐怕己見之差誤 於是盡底裏濯去舊見 虛心細意 先
尋箇理所以能自到者如何 蓋先生說見於補亡章或問中者 闡發此義 如
日星之明 顧混雖常有味其言而不能會通於此耳 其說曰人之所以爲學
心與理而已 心雖主乎一身 而其體之虛靈 足以管乎天下之理 理雖散在
萬物 而其用之微妙 實不外一人之心 初不可內外精粗而論也 其小註
或問用之微妙是心之用否 朱子曰 理必有用 何必又說是心之用乎 心之
體 具乎是理則無所不該 而無一物之不在 然其用處不外乎人心 蓋理雖
在物而用實在心也 其曰理在萬物 而其用實不外一人之心 則疑若理不
能自用 必有待於人心 似不可以自到爲言 然而又曰 理必有用 何必又
說是心之用乎 則其用雖不外乎人心 而其所以爲用之妙 實是理之發見
者 隨人心所至而無所不到無所不盡 但恐吾之格物有未至 不患理不能
自到也 然則方其言格物也 則固是言我窮至物理之極處 及其物格也 則
豈不可謂物理之極處 隨吾所窮而無不到乎 是知無情意造作者 此理本
然之體也 其隨遇發見而無不到者 此理至神之用 嚮者但有見於本體之
無爲 而不知妙用之能顯行 殆若認爲死物 其去道不亦遠乎 今賴高明提
諭之勸 得去妄見而得新意長新格 深以爲幸. 退溪說理雖在物 用實在
心 以下不可曉 至於隨遇發見而無不到 此理至神之用云者 尤可疑."
38) 『全書』, 867쪽 : "嘗論大學 物格知至曰－物之理 詣其極而復可格者."
39) 『全書』, 173쪽 : "物格知至只是一事."

이 있기 때문에 明辨하지 않을 수 없는 것40)이라 하여 구분을 한다는
것이다. 또한 무부도에 대하여 물격과 지지로 나누어 설명을 하게 된
것도 당시의 사람들이 무부도에 대한 이해를 '나의 知가 극처에 이른
다'라고 파악하고 있기 때문이라는 것이다. 바로 사계의 다음과 같은
말에서 볼 수 있다.

세상 사람들은 모두 나의 知가 극처에 이른다고 하는데, 이렇다면
이것은 지지이지 물격은 아닌 것이다. 물리로써 말하면 물격이라 하
고, 나의 心으로써 말한다면 지지라 한다.41)

'이'의 인식을 두 측면으로 나누어 볼 때 그렇게 보이는 것이지
사실 두 가지의 일은 아닌 것이다. 왜냐하면 나의 지가 사물에 있
는 이를 궁구한다는 측면에서는 물격이라 할 수 있으며, 반면에 나
의 지가 나의 마음에 있는 이를 궁구한다는 측면에서는 지지라는
것인데, 그것은 결국 사물에 있는 이나 나의 마음에 있는 이나 마
찬가지 내용이라는 말이다. 이것은 우리 마음에 본구적으로 존재
하는 이를 상정하는 사계의 입장에서는 당연한 귀결인 것이다. 이
러한 사계의 주장은 다음과 같은 말에 잘 나타난다.

일찍이 율곡선생에게 "물격이라 말하는 것은 물리가 극처에 이른
다는 것입니까? 아니면 나의 지가 극처에 이른다는 것입니까?"하고
물었다. 선생님께서 대답하시기를, "물리가 극처에 이르는 것이지 만
약 나의 지가 극처에 이른다면 이것은 지지이지 물격이 아니다. 물격
과 지지는 다만 하나의 事이지만, 물리로 말하면 물격이라 이르고 나
의 마음으로 말하면 지지라 이른다. 그러나 두 가지 事는 아니다"라고
하셨다.42)

---

40)『全書』, 867쪽 : "雖是一事 言各有當 不可不明辨也."
41)『全書』, 867쪽 : "世皆以謂吾之知 到極處若是則是知至也 非物格也 以
　　物理言之則謂之物格 以吾心言之則之知至."
42)『全書』, 172쪽 : "嘗問栗谷先生曰 物格云者是物理到極處也 吾之知到
　　極處也 答曰 物理到極處也 若吾之知到極處 則是知至 非物格也 物格
　　知至只是一事 以物理言之謂之物格 以吾心言之謂之知至 非二事也."

　또한 사계는 나의 지가 극처에 이른다는 주장에 반대하였던 것은 전술한 바이다. 그것은 사물의 이치가 언제나 극처에 있는 것이기 때문에 사람의 격물을 기다린 이후에 극처에 이르는 것이 아닐 뿐만 아니라 인간에게 내재한 본구의 이를 인간의 지에 의하여 파악만 하면 된다는 것이다. 그것은 물격과 지지를 두 가지로 보지 않는 사계의 입장이니 만큼 나의 지의 밝고 어두운 것에 의하여 이가 이르고 이르지 못하는 것이 있는 것이며, 또한 동시에 나의 지에 의하여 물리가 밝혀진다고 보는 것이다. 즉 격물을 기다린 이후에라야 이가 그 극처에 이르는 것이 아니라는 것이다. 바로 사계는 그러한 주장을 다음과 같이 말한다.

　　또 묻기를, "물리는 원래 극처에 있는데 어찌 반드시 사람의 격물을 기다린 뒤에 극처에 이른다고 합니까?"라고 하였더니, 대답하시기를, 이 물음은 진실로 그렇다. 비유컨대 암실 가운데에 책이 시렁 위에 놓여 있고 옷이 횃대 위에 있으며 상자가 벽 아래에 있으나, 어두워서 물건을 보지 못한다면 책과 옷과 상자가 어느 곳에 있다고 말할 수 없으며, 사람이 등불로 비춰 보아야만 책과 옷과 상자가 각각 그 자리에 있음을 분명하게 볼 것이니 그런 이후에야 책은 시렁 위에 있고 옷은 횃대 위에 있으며 상자는 벽 아래에 있다고 말할 수 있는 것과 같다. 이는 본래 극처에 있으니 격물을 기다려서 비로소 극처에 이르는 것이 아니다. 이가 스스로 극처에 이르는 것이 아니라 나의 知에 밝고 어둠이 있으므로 理에 이르고 이르지 못함이 있는 것이다.43)

　이상과 같은 사계의 말에서 보듯이, 사계는 격물의 설에 대한 퇴계의 해석이 비록 많으나, 끝내 석연치 못하다44)고 하여 퇴계의 이

---

43) 『全書』, 172쪽 : "又問物理元在極處 豈必待人格物後 乃到極處乎 曰此問固然 譬如暗室中 册在架上 衣在桁上 箱在壁下 緣黑暗不能見物 不可謂之册衣箱在某處也 及人取燈以照見 則方見册衣箱各在其處分明 然後乃可謂之册在架衣在桁箱在壁下矣 理本在極處 非待格物 始到極處也 理非自解到極處 吾之知有明暗 故理有至未至也."

도설을 인정하지 않는다. 또한 사계는 물격과 지지는 한 가지 일이
라 하지만 선후문제에서 굳이 구별을 짓는다면 지지보다는 물격이
앞선다는 것이다. 그것은 사물의 이치를 궁구하면 자연적으로 지
가 그 극처에 도달하는 것으로 보기 때문이다. 그래서 사계는 다음
과 같이 말한다.

> 그것은 收功하는 데에 이르렀을 때는 반드시 물의 이치가 다한 이
> 후에야 그 지가 이르므로, 선후의 차례가 없을 수 없는 것이다. 그러
> 므로 물격한 뒤에 지지라 하였다.[45]

사계의 주장은 완전한 지식이란 결국 인간의 밝은 지로써 사물
의 이치를 궁구하여 활연관통의 경지에 이르게 되면 자연적으로
가능한 것으로 보는 견해인 것이다. 그러면서도 사계는 어디까지
나 사물의 리치가 언제나 그 극처에 있기 때문에 사람이 격물한 것
을 기다린 이후에 라야 그 극처에 이르는 것이 아니라는 것이다.
이것은 당시 정경세가 "손님을 초청하면 손님이 온다(請客而客
來)"라고 하여 사물의 이치가 객관적으로 존재하여 인간의 궁구에
의하여 우리 마음에 들어오는 것으로 풀이하는 것에 대한 반론이
기도 하다. 바로 사물의 이치와 인간에게 내재하여 있는 이치를 두
가지로 나누는 것일 뿐만 아니라 격물과 치지에 대하여서도 결국
두 가지로 보는 경우가 되기 때문에 그러한 주장은 성립이 안 된다
는 것이다. 사실 이와 같은 정경세의 청객이객래설은 퇴계의 이자
도설을 더욱 옹호하는 설로서 보여지는 것이다.

---

44)『全書』, 811쪽 : "退溪之釋雖多而終未釋然."
45)『全書』, 811쪽 : "至於收功時 則必須物之理盡 然後其知乃至 不得無先
　　後之序 故曰 物格而後知至."

　　그리하여 사계는 정경세의 이러한 주장에 대하여 다음과 같이
말한다.

　　　내가 생각컨대 율곡의 말은 대개 정주의 설에서 나와서, 의리와 문
　　자를 구함에 명백하고 切當할 뿐이다. 다만 나의 마음의 지가 여기에
　　미치지 못함이 있기 때문에 의심을 면치 못하는 것이다. 주자의 말은,
　　"격물이라는 것은 사물의 理가 각각 그 지극한 곳으로 가서 남음이
　　없는 것을 일컫는 것이고, 理가 사물에 있다는 것은 이미 극처에 갔으
　　면 지는 나에게 있는 것이기에 또한 가는 것을 따라서 다하지 않음이
　　없다는 것"을 말하는 것이다. 景任(정경세)의 뜻은 주자가 소위 "各詣
　　其極云者"라고 한 것을 물리가 각각 그 지극한 곳에 가는 것인가?, 아
　　니면 理의 극처가 내 마음에 이르는 것인가? 대개 물리는 본래 나의
　　마음에 갖추어져 있는데 사람이 궁리하지 않기 때문에 밝지 않는 것
　　이다. 지금 이미 격물하여 활연관통할 것 같으면 사물에 있는 이치는
　　각각 그 지극한 데 이르며 나의 마음의 지도 마찬가지로 다하지 않음
　　이 없는 것이다. 이것은 정자가 소위 물아가 하나의 이치이니 저것에
　　밝으면 이것에 밝다는 것이다. 물리는 본래 나의 마음에 갖추어져 있
　　는데 어찌 다시 나의 마음의 理에 도래하는 것이 있겠는가? 경임이 지
　　금 말하기를 "격물은 청객과 같고 물격은 객래와 같다"고 할 것 같으
　　면, 이것은 물리가 客이 되어 마음에 왕래하는 것이며, 또한 지지 一
　　段이 부족하게 되어 나의 마음과 서로 간섭하지 않을 것 같으면 어찌
　　그 안과 밖을 결합하는 도가 있다고 하겠는가? 만약 이와 같이 말한다
　　면 하필 다시 지지를 말하겠는가?46)

---

46) 『全書』, 172쪽~173쪽 : "愚按栗谷之言　蓋出於程朱之說　求之義理文字
　　不帝明白切當　而特以吾心之知　有所不及於此　故未免疑之耳　朱子之言
　　曰　物格者　事物之理　各有以詣其極而無餘之謂也　理之在物者　旣詣其
　　極　則知之在我　亦隨所詣而無不盡矣　景任之意　以爲朱子之所謂各詣其
　　極云者　非物理之各詣其極處乎　抑亦理之極處　來到吾心乎　蓋物理本具
　　吾心　只緣人不窮　故不明耳　今旣格物　豁然貫通　則在物之理各詣其極
　　而吾心之知　亦隨而無不盡　此程子所謂物我一理　纔明彼卽曉此也　物理
　　本具吾心　豈有復來于吾心之理乎　景任今曰　格物如請客也　物格如客來
　　也　則是以物理爲客　而往來于心　于欠知至一段　自與吾心不相干涉　烏
　　在其爲合內外之道乎."

　사계는 이와 같은 정경세의 무부도에 대한 해석이 잘못되었다는 것이다. 즉 사물의 이치가 나의 마음에 이른다는 것은 주자의 뜻을 크게 잃었다[47]고 하여 비판하였는데 그것은 앞서 언급한 것처럼, 사계는 사물의 이치는 원래 극처에 있는 것이기 때문에 격물한 이후에 극처에 이르는 것이 아니며 또한 인간의 마음에 理가 본구하고 있기 때문에 청객이객래설은 잘못이라는 것이다. 이러한 사계의 주장은 다음의 글을 보면 알 수 있다.

　　경임이 또한 말하기를 물리가 극처에 이른다고 한 것은 나의 마음과 간섭하는 것이 없다는 것인데, 만약 物格一段만 있으면 혹 이렇게 말할 수 있을 지도 모른다. 그러나 물격 아래에 또한 知至一段이 있기 때문에 어찌 내외를 결합하는 도를 해치는 것이 아니겠는가? 물격과 지지는 一事이니 율곡이 소위 물리로서 말하면 물격이라 하고, 나의 마음으로 말하면 지지라고 한 것과 같다. 주자가 소위 理가 사물에 있다는 것은 이미 그 지극한 데 이른 것을 말함이니 바로 물격이요, 지가 나에게 있다는 것도 역시 가는 것을 따라서 다하지 않음이 없는 것을 일컫는 것이니 바로 지지인 것이다. 내가 소위 물리는 원래 극처에 있다고 한 것은 孝의 理, 忠의 理, 禽獸草木의 理 같은 것이 각각 스스로가 그 극처에 있는 것과 같은데, 어찌 반드시 사람이 格物하는 것을 기다린 이후에야 그 극처에 이른다고 하겠는가 라고 한 것이다. 또한 精粗淺深의 理도 모두 각각이 극처에 있는데, 만약 경임의 설같이 精深만이 극처가 있다면 粗淺은 극처가 없어야만 옳지 않은가?[48]

---

47) 『全書』, 867쪽 : "鄭愚伏經世 又謂無不到者 謂物理來到吾心ー此大失朱子之意矣."
48) 『全書』, 173쪽 : "景任又曰 物理到極處云者 與吾心不涉 若但有物格一段 則或可如此說 而物格下又有知至一段 何害其合內外之道乎 物格知至是一事 栗谷所謂以物理言之謂之物格 以吾心言之謂之知至 朱子所謂理之在物者 既詣其極云者 物格也 知之在我者 亦隨所詣而無不盡云者 乃知至也 鄙人所謂物理元在極處云者 如孝之理 忠之理 又如禽獸草木之理 各自有其極處 豈必待人格之 然後乃到其極處乎云耳 且精粗淺深之理 皆各有極處 若如景任之說 則是精深 但有極處 而粗淺則無之也 其可乎."

　　이상으로 사계의 격물치지설을 정주의 설과 마찬가지로 그의 인식론이라 할 수 있고 동시에 수양을 전제로 한 방법론이라 할 수 있다. 인간이 마땅히 행하여야 할 도리나 규범이 주어지면 그것을 알아야 행할 수 있기 때문이다.

　　대체로 그는 당시에 널리 통용된 理自到說에 대하여 부정할 뿐만 아니라 이자도설을 옹호하는 정경세의 청객이객래설도 부정하였다. 그것은 물리가 본래 나의 마음에 갖추어져 있기 때문이며 또한 그러한 물리는 언제나 극처에 있기 때문이다. 바로 사물의 이치가 나의 마음에 갖추어진 것인데 사람들이 궁구하지 않기 때문에 그 이치를 제대로 밝힐 수가 없는 것으로 생각하였다. 사람이 격물하여 활연관통하게 되면 사물에 있는 이치는 각각 그 지극한 곳으로 나아가는 것이지, 사람이 격물을 한 이후에 사물의 이치가 극처로 나아가는 것이 아니라는 것이다.

　　뿐만 아니라 사계는 물격과 지지도 한 가지의 일로 생각하는 것이다. 바로 물리가 나의 마음에 본래 갖추고 있기 때문이라고 생각한 사계의 견지에서는 당연한 것이다. 다만 굳이 선후로 따지자면 물격이 지지보다 앞선다고 할 수 있지만 어디까지나 논리적으로 선후가 가능한 것이지 두 가지의 일이 아니기 때문에 나눌 수는 없는 것이다.

　　특히 사계의 격물치지설에서 중요한 것은 객관적인 사물의 이치를 탐구하는 것이 아니라 인간에게 본래 구비한 理의 탐구가 강조되는 것을 알 수 있다. 사물의 이치가 극처에 이르고 이르지 않는가가 중요한 것이 아니라 인간이 그러한 노력을 하느냐 하지 않는가가 중요한 것이다. 이와 같이 본다면 그의 격물치지설도 그의 수양론과 마찬가지로 인간의 부단한 노력을 강조하는 것으로 볼 수 있는 것이다.

第3章

修己說

第1節 小 學

　사계는 수기를 위한 가장 기본적인 학문으로는 소학을 들고 있다. 사계가 학문에 대한 견해와 소학의 중요성에 대하여 서술한 것을 살펴보면 다음과 같다.

　사계는 제왕이 나라를 다스리는 요체는 학문보다 앞서는 것이 없으며[1] 제왕의 학문은 비록 일반 사람과 다른 것이 있으나 그 선후 순서에는 일찍이 같지 않음이 없다[2]는 것이다. 즉 제왕의 학문하는 것과 범인의 학문하는 것이 목적에는 차이가 있다고 할 수 있으나 그 순서에는 차이가 없다는 것이다. 그리하여 사계는 학문의 순서에 있어서도 나름대로의 독특한 방법을 제시하게 된다. 바로 학문하는 순서는 『소학』·『家禮』로부터 시작하여, 『心經』·『近思錄』을 그 다음으로 하면서, 그 근본을 북돋우며 門路를 열게 한 뒤에 四子五經에 이르게 하는 것이다.[3] 즉 그가 소학 가례를 먼저 제시한 것은 수신·제가에 『소학』『가례』보다 더 절실한 것이 없다고 여겼기 때문이다.[4] 바로 『소학』은 수신의 대법을 갖춘 것이라면 『근사록』은 의리의 精微한 것을 상세히 취급하는 것으로 이해할 수 있을 것이다.[5] 그래서 사계는 특히 학문을 하는데 있어서 반드시 소학을 먼저 하여야 한다고 하면서 다음과 같이 말한다.

---

1)『全書』, 30쪽 : “帝王爲治之要 莫先於學問.”
2)『全書』, 153쪽 : “帝王之學 雖與凡人有異 然其先後次第 則未嘗不同.”
3)『全書』, 866쪽 : “其授書次第 則始以小學家禮 次以心經近思 以培其本根 以開其門路 然後及於四子五經.”
4)『全書』, 815쪽 : “修身齊家 莫切於家禮小學.”
5)『朱子語類』, 卷105 : “修身大法 小學備矣 義理精微 近思錄詳之.”

> 학문을 하는 데에는 반드시 소학을 먼저 해야 한다. 대체로 소학은
> 인륜과 일용에 매우 절실하며 강령도 심히 좋다.[6]

여기서 그가 특히 강령도 좋다고 한 것은 소학의 편성에 관한 다
음의 글에 잘 나타난다.

> 옛날에 사람들을 가르치는 법은 灑掃·應對·進退의 절목 등에
> 불과하였다. 그러나 曲禮·內則·弟子職 여러 篇에 나타날 뿐이다.
> 그『全書』는 秦火를 겪고 나서부터 세상에 다시 나타나지 않았기에
> 가르치는 것도 輕蔑하였다. 그러다가 주자가 三代 이상의 성현들의
> 立敎·明倫·敬身에 관계되는 언행을 수집하여 소학 내편으로 하였
> 으며, 또한 한당 이하 여러 사람들의 언행을 모아 외편으로 하였다.[7]

이와 같이 보더라도『소학』은 일상생활에 있어서의 단순한 행
동을 위하여 이루어진 것이 아님을 알 수 있다. 바로 가르침의 근
본을 세우고 인륜을 밝힐 뿐만 아니라 항상 삼가 행동해야 하는
연원을 살필 수 있도록 한 것으로 볼 수 있는 것이다. 그래서 사계
는『소학』의 구성이『대학』의 단계와 같다[8]고 한 것도 수신·안
인에 관계되는 팔조목과 그 구성면에서 관련지어 생각하면 알 수
있는 것이다. 즉『대학』에 있어서의 명명덕을 근본으로 보고 친민
을 끝으로 보는 것에서 충분히 알 수 있는 것이다. 그러면서도『대
학』과『소학』이 구성면에서는 그 단계가 같다고 하더라도 그 내용
에 있어서는 차이가 있다. 즉 構造面에서『小學』은 立敎·明倫의

---

6)『全書』, 153쪽 : "凡爲學必以小學爲先 蓋小學甚切於人倫日用綱領甚好."
7)『全書』, 17쪽 : "古者敎人之法 不過灑掃應對進退之節 而但見於曲禮內
　　則弟子職諸篇 其全書則自經秦火 世不復見 而敎亦蔑矣 惟我朱子蒐輯
　　三代以上聖賢言行之關於立敎明倫敬身者爲小學內篇　又取漢唐以下諸
　　人言行爲外篇."
8)『全書』, 17쪽 : "爲大學之階梯."

순서로 나아가는 것이며,『대학』은 명명덕·친민의 순서이다.『소
학』의 경우에 있어서 입교·명륜의 순서로 되어 있는 것은 우선
그 대상이 유아이기 때문이다. 유아 즉 미성년자들에게 있어서는
사회의 윤리규범을 먼저 몸소 익히도록 하는 것이다. 그것은 객관
적인 사회통념이라고 할 수 있는 기초적인 교육으로서의 윤리교육
을 먼저 익힌 뒤에 스스로 자기의 교육으로 나아가게끔 유도하는
것이다. 즉 다른 사람들과의 교섭에서 지켜야 할 행위를 익히는 것
을 우선적으로 하는 것이『소학』의 목표라고 할 수 있다. 반면에
『대학』의 경우는 인간이 도덕적인 행위를 하게 되는 이유나 그 까
닭을 탐구하는 것으로 이해할 수 있다. 즉 성인을 대상으로 하는 교
육과정이니 만큼『소학』보다는 당연히 높은 수준에 놓여 있는 것이
다. 그렇게 본다면 미성년자와 성인을 대상으로 하는 교육 내용의
차이로 이해할 수 있는 것이다. 그리하여 사계는『소학』의「讀法」
에 있어서의 '就上面 講究委曲'[9)]에 대하여 다음과 같이 말한다.

　　　上面이라는 것은『소학』의 上面이다. 事親 등을 궁구하는 것은
　『대학』의 일이다. 정경임이 말하기를, '『소학』 때에는 단지 그 섬기는
　것을 익히며 그 소이연은 궁구하지 않는다. 소위 일용하지만 그 까닭
　은 알지 못하는 것을 말한다.『대학』 때에는 人事上에 나아가서 천리
　를 궁구하는데 소위 上面이라는 것은 각각의 사건마다의 上面을 가리
　킨다'고 하였다. 어떤 사람이 말하기를, '『소학』은 비록 그 事를 몸소
　행하는 것을 주로 하지만 이미 학문이라고 한다면 먼저 알고 나서 행
　하여야 한다'고 하였다. 주자가 吳晦叔에게 답한 글을 본다면,『소학』
　에서 알고 행한다는 것은 淺小한 것을 일컫고『대학』에서 알고 행한
　다는 것은 심대한 것을 일컫는다고 하였다. 이것은 소위 백성이 일용

---

9) 이것은『小學集註總論』에서 주자가 말한 것의 일부분인데 다음과 같
　　다 : "又曰 古之教者 有小學有大學 其道則一而已 如事君事父兄等事
　　大學是發明此事之理 就上面 講究委曲 所以事君事親等事是如何(『小
　　學集註增解』, 震友會編輯發行 影印本, 서울, 1983年, 27쪽)."

하여도 그 까닭을 알지 못한다는 것과는 같지 않다. 소위 上面이라는 것에 대한 경임의 생각이 옳은 것 같다. 그러나 어류에 말한 것을 살펴본다면, '『소학』은 어버이를 섬기는 것을 배우는 것이고 어른을 섬기는 것을 배우는 것이며 또한 바로 그 일을 이해하는 것이다.『대학』은 上面에 나아가 曲盡하게 그 이치를 상세히 궁구하는 것이니, 事親하는 까닭이 무엇이며 事長하는 까닭이 무엇인지를 궁구하는 것'이라고 하였는데 말의 뜻이 더욱 분명하다.[10]

사계가 생각하는 『소학』과 『대학』의 차이는 事親 등과 같이 구체적인 행위를 일상적으로 어떻게 하여야 하는 것인가를 구체적으로 익히는 것이『소학』의 주된 과제이며,『대학』에서는 사친 등과 같은 행위를 해야만 되는 까닭이 무엇인지를 알아야 한다는 것에서 구별이 된다. 즉 사친할 때는 孝로써 해야만 하고 事兄할 때는 悌로써 해야 한다는 것은 事의 일이며, 효와 제를 해야만 하는 이유가 바로 이치인 것이다.[11] 바로『소학』은 事에 관한 것을 주로 하고 있으며『대학』은 이치에 관한 것을 대상으로 하여 구성된 것으로 볼 수 있다. 그렇기 때문에 주자도, "여기서 소학의 일은 얕은 것을 알고 조그만 것을 행하는 것이며, 대학의 도는 깊은 것을 알고 큰 것을 행하는 것이다(此小學之事 知之淺而行之小者也 - 此大學之道 知之深而行之大者也)"[12]라고 하였던 것이다.

---

10)『全書』, 161쪽 : "上面者 小學之上面也 窮究事親等 乃大學之事也 鄭景任云小學時 但能服習其事而不究其所以然 所謂日用而不知也 到大學時 乃就人事上窮得天理 所謂上面者 指各件事事上面 或曰 小學雖主於服行其事 而旣曰學矣 則當先知而後行之 觀朱子答吳晦叔書 以小學知行謂之淺小 以大學知行謂之深大 則與所謂百姓日用而不知者 似不同矣 其所謂上面則景任之見 恐得之 按語類曰 小學時學事親學事長 且直理會那事 大學時就上面委曲詳究那理 其所以事親是如何 所以事長是如何 語意尤分明."

11)『朱文公文集』卷42,「答吳晦叔書」, 四部叢刊正 編, 706쪽 : "事親當孝 事兄當悌者事也 所以當孝所以當悌者理也."

12)『朱文公文集』卷42,「答吳晦叔書」, 四部叢刊正編, 707쪽.

이러한『소학』의 중요성은 이전에도 벌써 학자들이 인식하였을 뿐만 아니라 행하여졌음을 다음과 같은 사계의 글에서 엿볼 수 있는 것이다.

> 中宗時 儒臣인 趙光祖 등이 이 책을 尊信하여 經筵에 나아가 講義하였으며, 민간에 간행하여 유포시켰으니 반드시 학자로 하여금 먼저 익히게 한 뒤에 행하게 하였다.13)

이와 같은 사계의 표현을 빌리면 중종 때에 소학의 중요성을 인식한 나머지 경연에서 강의하였을 뿐만 아니라 민간에까지 유포된 것으로 볼 수 있다. 뿐만 아니라 조선조 초기의 程朱的 체제화라는 제일의 목표가, 帝王學의 定立이었고 이를 위하여 格君心·正人心하는 정주학의 심학화를 성취하는 것이었다. 따라서 中宗 初政期의 程朱學은 理學을 강조하고 道學을 존중하는데 그 도학이란 곧 심학을 강조하는 것이었다. 그런 만큼 이때에는 理學=道學=心學은 같은 개념이었을 뿐만 아니라 이것이 新進士類들에 의하여 추진된 것이었다.14)

이와 같이 본다면 15세기 후반에서 16세기 초반, 사림파 학자들이『소학』을 중요시한 시기로, 사림들이 유학의 근본 목적인 '수기·치인'에 관련된 성리학적 의리를 이전의 어느 때 보다도 적극 실천하려 할 때인 것이다. 중종 때에 일어난 도학정신이『소학』에서 일어났다가 己卯士禍(1519年)로 말미암아 그 풍교가 가라앉게 되었던 것이다. 그렇지만 이러한 것은 다시 그 이후에도 그대로 이어진다고 봐야 할 것이다. 그것은 사계의 다음과 같은 말에서 알 수 있다.

---

13)『全書』, 17쪽 : "中廟朝儒臣趙光祖等 尊信此書進講於經筵而又刊布民間 必使學者先習而行之."
14) 尹南漢,『朝鮮時代의 陽明學 研究』, 86쪽.

신의 스승인 신 이이는 宣祖 재위시에 또한 이 책을 講明하여, 己卯士禍時의 餘風을 따르고자 하였습니다. 諸家의 註를 纂集하는데 이르러서는 절충을 하여 후학들을 가르쳤으니 風化의 기반으로 삼은 것입니다.15)

이것으로 미루어 보더라도 기묘사화 이후에도 계속『소학』은 강조되어 행하여졌음을 알 수 있다. 바로 사계가『소학』에 대한 열의는 小學集註에 나타나 있다. 즉 사계가 소학집주의 앞부분에 '小學集註攷訂'이라는 명목으로『소학』에 대한 그의 주장이 수록되어 있음을 쉽게 알 수 있다.16)

그리하여 사계는 이전에 행하여졌던 것을 상기하면서『소학』의 효과에 대하여 仁祖에게 다음과 같이 말한다.

전하는 이 책과 이이가 註說을 定한 것에 潛心하셔서 경연에 進講하여 風行草偃의 효과를 거두시면 그 이상의 다행이 없겠습니다.17)

이것으로 미루어 보건대 사계가 얼마나『소학』을 중요시하였는가를 알 수 있다. 그렇지만 무엇보다 안타까운 것은 주자 자신의 언행이 없는 것이니, 사계는 그것을 서운하게 생각하여 또 다음과 같이 말한다.

다만 소학은 주자가 찬술한 것인 까닭에 주자언행이 그 가운데 편집되지 아니하였기 때문에, 후학들이 얻어 볼 수 없는 것이 진실로 한이 된다.18)

---

15)『全書』, 17쪽 : "臣師臣李珥在 宣廟朝亦講明是書 以追己卯之餘風 至於纂集諸家之註 爲之折衷以敎後學 以爲風化之基矣."
16)『小學集註增解』, 震友會 影印本, 서울, 1983年, 19~22쪽.
17)『全書』, 17쪽 : "殿下潛心此書並以李珥所定註說 進講於經筵以收風行草偃之效焉 不勝幸甚."
18)『全書』, 17쪽 : "但小學是朱子所撰故朱子言行則不編於其中 使後學不

뿐만 아니라 당시 韓嶠가 편집한 『小學續編』의 서문에서도 소학의 중요성은 잘 나타난다.

> 眞西山이 소위 "책을 펴서 숙연이 나의 마음을 섬긴다(開卷肅然 事我天君者)"라고 한 것이 어찌 따로 『心經』 한 책일 뿐이겠는가?[19]

바로 『심경』 못지 않은 『소학』의 중요함을 역설하는 것을 본다. 즉 『소학』은 學童과 같은 初學을 위한 입문서이다. 그러나 주의해야 할 것은 이것은 단순한 유학의 입문서가 아니라는 점이다. 이것은 心術之要・威儀之則을 비롯하여 五倫之道의 실천에 이르기까지 주로 '律身的 수기'를 위한 입문서요, 그 율신적 수기가 '爲己之學'을 지향하는 성리학의 存心養性觀에 뒷받침된 성리학적 수기서임을 알아야 할 것이다.

> 하물며 心術과 威儀 두 가지 항목을 수집하여 기록한 것인데 심학을 전하는 것이 아닐 수 없겠는가?[20]

또한 사계는 다음과 같이 말한다.

> 대체로 선생(율곡)은 평일에 예로서 수신함에 『소학』 한 권으로 다했기 때문에, 이와 같이 밝게 알고 상세하게 택한 것이니 학자가 알지 않으면 안 되는 것이다.[21]

得取則誠可恨也."
19) 『全書』, 80쪽 : "眞西山所謂開卷肅然事我天君者 豈獨心經一書而已哉."
20) 『全書』 「小學續編序」, 80쪽 : "況心術威儀兩款之所輯錄 無非心學之傳也."
21) 『全書』, 81쪽 : "蓋先生平日 以禮律身盡一部小學 故其知之明擇之詳如此 此學者所不可不知也."

사계는 먼저 소학을 통하여 수신할 것을 강조하였다. 이것은 어디까지나 수기에 있어서는 소학만큼 앞서는 것이 없다고 보았기 때문이다.

第2節　窮　理

사계는 仁祖에게 올린『文政殿奏箚』에서, 학문의 道는 다른 것이 없고 천리[22]의 正을 스스로 얻는데 있다고 하여 다음과 같이 말한다.

　　학문의 도는 다른 것이 없습니다. 성현의 말을 토론하고 그 의리의 精粹를 구하여 반드시 모름지기 심신에다 체험을 하여야 합니다. 일이 없을 때에는 이러한 마음이 渾然하여 스스로 경계하여 깨달은 듯하여 어둡지 아니하며, 고요하기가 止水와 같습니다. 아울러 염려하는 생각이 일어나면 公과 私, 理와 欲이 나누어지는 것을 살펴서, 私私로운 것을 이기기를 오히려 굳세지 않을까 두려워하고, 擴善하기를 오히려 넓게 하지 못할까 두려워한다면, 일용 언행하는 사이에 스스로 천리의 바른 것을 얻게 됩니다. 이것은 堯舜이 소위 '惟精惟一'이라 한 것과, 공자가 소위 '克己復禮'라고 한 것과, 子思가 소위 '恐懼謹獨'이라 한 것과, 孟子가 소위 '收放心 擴充四端'이 한 것과, 周子가 소위 '誠無爲 幾善惡'이라 한 것과 같은 것입니다.[23]

---

22) 錢穆,『朱子新學案』卷1, 41쪽 : "此所謂之天理　多半似只當屬於人生界." 여기서 天理는 대부분 人生界에 속하는 것으로 보고 있는데, 이것은 人間의 倫理道德的인 準則 혹은 規範으로서 天理를 제시하고있는 것으로 보아야 한다. 바로 孔子가 말한 天이, 朱子에 와서 天卽理(性卽理)로 바뀌면서 그 理가 人生界에 적용되면 天理가 된다는 것이다.

23)『全書』, 30쪽 : "學問之道無他　討論聖賢之言　求其義理之精　必須體之於身　驗之於心　無事之時　此心渾然惺惺不昧　澹若止水　及其念慮之發　察其公私　理欲之分　克私猶恐不猛　擴善猶恐不廣　則日用云爲之間　自

이와 같이 학문의 도가 천리의 정을 얻는데 있다고 한 것은 전술한 바와 같이 인간으로서 지켜야 할 常道의 획득을 말한다. 즉 소당연으로서의 이인 천리의 바른 것을 얻기 위함이다. 여기서 천리의 정을 얻을 수 있는 근거가 바로 인심에 覺이 있기 때문이다. 바로 사계의 다음과 같은 말에서 알 수 있다.

> 그러므로 인심에는 覺이 있다. 道體는 무위이다. 공자가 말하기를, "인간이 도를 넓히는 것이지 도가 인간을 넓히는 것이 아니다"고 하였다.24)

이와 같은 학문의 도는 요순이하 소위 유학의 도통에서 말하는 여러 학자들이 주장하고 있는 것이다. 또한 그것은 인간의 도덕법칙에 해당하는 천리에 대한 각각의 다른 표현이니 만큼 우리가 학문을 통하여 그것의 올바름을 얻을 수 있다는 것이다. 바로 성리학에서 말하는 '존천리'해야 함을 강조한 것으로 볼 수 있는데, 그것은 인간에게 본구한 소당연의 이로써 절대적인 것으로 사계는 간주하고 있는 것이다. 이와 같이 사계가 이를 절대시하는 것은 앞에서 언급한 것처럼 그의 사단칠정설이나 도심인심설에서도 잘 나타난다. 특히 이와 같은 것은 사계의 『경서변의』에 잘 드러나고 있는데, 비록 스승인 율곡의 설이라 하더라도 부족함이 있으면 그대로 지적하고 만다. 그것은 바로 학문의 도가 천리의 정을 얻는데 있다고 보기 때문이다. 이와 같은 사계의 생각을 엿볼 수 있는 것은 다음과 같은 그의 말에 잘 나타난다.

得天理之正 此堯舜所謂惟精惟一 孔子所謂克己復禮 子思所謂恐懼謹
獨 孟子所謂收放心擴充四端 周子所謂誠無爲幾善惡."
24) 『全書』, 287쪽 : "故人心有覺 道體無爲 孔子曰 人能弘道 非道弘人."

의리를 강론하는 것은 바로 천하의 公共한 일이니 선현도 또한 일찍이 그것을 허락한 것이다. 대체로 중용 大學或問에서 볼 수 있다.[25]

또한 이러한 학문의 도에 관한 것은 사계의 『맹자』告子篇에 나오는 "학문의 도는 다른 것이 없고 방심을 구하는 것 뿐이다(學問之道 無他 求其放心而已矣)"라고 한 것에 대한 주에서도 특히 잘 나타난다.

율곡은 말하기를, "放心을 求하는 것은 학자가 공부하는데 지극한 곳이다"라고 하였다. 주자는 "求放心하면 志氣가 淸明해져서 上達할 수 있다"고 하였다. 또한 "학자는 모름지기 먼저 방심을 거두어야 하며, 그렇지 않고 마음이 풀어지면 博學 審問은 이 사이에 어떻게 明辨할 수 있으며 돈독하게 행위할 수 있겠는가"라고 하였다. 율곡의 말은 이와 같지 않으니 의심스럽다. 퇴계는 다음과 같이 말한다. 구방심은 얕게 말한다면 진실로 첫 번째로 손을 대야 할 곳이지만, 지극한 곳에 나아가서 말한다면 잠깐의 사이에라도 한 생각이 조금이라도 어긋난다면 역시 방심인 것이다. 顔子도 오히려 어그러지지 않을 수 없어서 방심하게 되었지만, 오직 안자만은 어긋나자마자 모름지기 능히 그것을 알았고, 그것을 알자마자 다시는 싹트지 않게 하였으니 또한 구방심의 종류인 것이다. 내가 생각하건대 퇴계의 설은 주자와 율곡의 두 뜻을 같이 포함하고 있는 말이다.[26]

이상에서 보듯이 사계는 율곡과 주자의 뜻을 포함하고 있는 퇴계의 설을 받아들이고 있음을 알 수 있다. 즉 율곡의 구방심의 궁

---

25)『全書』, 78쪽 : "(余曰)講論義理乃天下公共之事 先賢亦嘗許之 蓋於庸
　　學或問可見矣."

26)『全書』, 192쪽 : "栗谷曰求其放心 乃學者工夫至極處也 朱子曰求放心
　　志氣淸明 可以上達 又曰學者須先收拾這放心 不然此心放了 博學也是
　　間審問也是間 如何而明辨 如何而獨行 栗谷之言與此不同可疑 退溪曰
　　求放心 淺言之則固爲第一下手著脚處 就其極言之 瞬息之頃 一念少差
　　亦是放 顔子猶不能無違 斯涉於放 惟是顔子 纔差失 便能知之纔 知之
　　便不復萌作 亦爲求放心之類也 按退溪之說兼包朱子栗谷兩意."

극적인 목적은 지극한 곳에 도달하는 것이다. 또한 주자가 말하는 구방심은 下學處를 말한 것인데, 궁극적으로는 下學하여 上達할 수 있는 것을 설명한 것으로 본다. 그렇다면 퇴계의 설명은 학자로서 추구하여야 할 구방심의 목표와 더불어 구방심한 뒤의 효과에 대하여 언급한 것으로 본다.

사계는 율곡이 주장하는 구방심의 목표는 바로 천리의 정을 얻기 위한 것으로서 학문의 도를 생각한 것이다. 그렇기 때문에 구방심하는 어려움은 바로 이상과 같이 볼 수 있다는 것이다. 즉 퇴계의 설을 인용하여 말한 것은 조금이라도 순간적으로 방심한다면 어그러지기 쉬운 것이니 만큼 잠깐 사이에라도 놓쳐서는 안 된다는 말이다. 이와 같은 주장은 다음과 같은 글에서도 잘 나타난다.

> 주자가 말하기를 맹자는 다만 사람을 맡아서 가르치는 것을 구방심으로 하였다. 지금은 사람들이 종일토록 한 몸뚱어리를 버려두기를 흡사 뱃사공이 없는 배가 동서로 흘러 다니니 배 위에서 아무 것도 모르는 것과 같다. 만약 마음으로 하여금 멋대로 하여 방탕하게 떠돌아 다니게 한다면 주재하는 바가 없게 될 것이니 비록 다섯 수레의 책을 읽는다고 하여도 무슨 이익이 있겠는가[27]

바로 마음의 주재가 인간에게 있어야 할 뿐만 아니라, 구방심을 전제로 하지 않는 독서는 아무런 도움이 없는 것이다. 사계는 무엇보다 인간이 인간다워져야 할 것을 강조한다. 그리고 인간다워지려면 인간이 알고 지켜야할 것이 있다고 주장한다. 이렇게 하기 위해서는 인간이 인간으로서 지켜야 할 도리를 지켜야 하는데 그것

---

27) 『全書』, 15쪽 : "朱子曰 孟子只管敎人求放心 今人終日放去一个身 恰似無稍工底 船流東流西 船上都不知 若使其心放溢流蕩無所主宰 雖讀五車書有何益乎."

은 바로 '궁리'를 통해서 가능하다는 것이다. 그리하여 사계는 다음과 같이 말한다.

> 사람이 사람되는 까닭은 性을 알고 天을 아는 것이다. 성을 아는 것에 필요한 것은 다른 것이 없고 궁리뿐이다.[28]
> 사람이 사람되는 까닭은 常道를 굳게 지키는 性을 잃지 않는 것이다.[29]
> 삶과 죽음도 모두 상도를 굳게 지키는 성을 잃지 않는 것이다.[30]

이와 같이 본다면, 인간이 인간다워지려면 상도를 당연히 지켜야 할 뿐만 아니라, 인간의 본연지성을 알고 하늘을 알아야 하는 것이 무엇보다 중요한 것이다. 즉 그것은 존천리 이전의 작업으로서 도덕적 객관적 규범이 무엇인지 먼저 인식을 해야 窮行이 가능하다는 생각으로 볼 수 있다. 그러한 성을 알기 위해서는 궁리가 반드시 수반되는 것이니 바로 수기를 위하여 궁리가 수행되어야 하는 것이다.

第3節 敬·誠

사계는 수기를 위해서 '敬'에 대해서도 비중을 크게 두고 있음을 알 수 있다. 그가 敬에 치중하여 생각한 것은 율곡보다 퇴계의 주장에 가깝다고 보아야 할 것이다. 율곡이 경보다는 誠에 치중한 반면에 퇴계는 성보다는 경에 역점을 두고 있기 때문이다. 물론 퇴

---

28)『全書』, 80쪽 : "人之所以爲人者知性知天也 知性之要無他 窮理而已."
29)『全書』, 79쪽 : "人之所以爲人者 不失秉彝之性也."
30)『全書』, 79쪽 : "其生其死 皆可謂不失秉彝之性者也."

계가 성에 대해서 관심이 없는 바는 아니지만 경에 더 역점을 두고 있는 것이다. 持敬은 성인되는 학문의 기본적인 마음공부이다.[31] 이러한 것은 사계의 다음과 같은 말에서 알 수 있다.

> 학문을 하는데 있어서의 근본은 먼저 경을 主로 해야 한다. 不愧屋漏하는 공부의 가장 긴요한 것이다.[32]

또한 말하기를

> 先儒들이 천지에서 성에 대해서는 많은 말을 하였지만 경에 대해서는 일찍이 말한 적이 없다. 정자가 그것을 말한 것은 대체로 경하지 못한다면 성하지 못하고, 성하지 못한다면 경이 없게 되는 것이다.[33]

라고 한다. 경이 일찍이 정자 이전에 언급되지 않았다는 정자의 말을 인용함으로써, 경이 없이는 성할 수 없다는 것이며, 성하지 않고서는 사물이 있을 수 없다고 하여 경을 역설하고 있음을 알 수 있다.

사실 경은 본래 의지상태에서 하는 공부인데, 이천은 이것을 함양이라고 한 것이다. 즉 도덕적인 행위를 전제로 한 인간의 내면적인 수양을 말한다고 볼 수 있다. 그리하여 사계는 경을 공부하는 것으로서 받아들이게 되는 것이니 그의 다음과 같은 말에서 알 수 있다.

> 반드시 일이 있으면 예기하지 말아야 한다. 마음은 잊어서도 안되

---

31) 劉明鐘,『退溪와 栗谷의 哲學』, 東亞大學校 出版部, 1987年, 116쪽.
32)『全書』, 154쪽 : “(長生曰)爲學之本 先主於敬 不愧屋漏工夫最緊要也.”
33)『全書』「近思錄釋疑」, 312쪽 : “先儒於天地多言誠 未嘗言敬 程子言之 蓋不敬則不誠 不誠則無物也.”

고 조장해서도 안 된다. 맹자가 말한 뜻은 공부하는 곳을 말한 것이다.34)

이와 같은 사계의 주장은 어디까지나 수양을 위해 入道해야 하는 것이 경임을 알 수 있게 한다.

사계는 경 뿐만 아니라 성에 대해서도 언급하고 있다. 원래 수기로서의 성은『중용』제20장에 나오는 "성실한 것은 하늘의 도이며 성실하게 하려고 하는 것은 사람의 도이다(誠者天之道 誠之者人之道)"라는 말에서 나온다. 사계의『중용』제25장의 "성은 저절로 이루어지는 것이고, 도는 스스로 행하는 것이다(誠者自成也 而道自道也)"라는 句의 주에 나타나는 설을 살펴보면 다음과 같다.

> 誠이라는 것은 實理이다. 自成이라는 것은 저절로 그렇게 성취되는 도이다. 이것은 사람이 마땅히 행하여야 할 도이다. 自道라는 것은 사람이 스스로 행하는 것이다. 천지는 실리로서 만물을 생성하기에, 초목과 같은 것은 저절로 그리하여 모름지기 가지와 잎이 있으며, 사람도 저절로 그러하여 모름지기 손과 발이 있는 것과 같으니 안배되는 것을 기다리지 않는다. 자식된 자 같으면 모름지기 자신이 孝親의 도를 행하며, 동생된 자는 모름지기 자기가 형을 공경하는 도를 행한다. 그러므로 말하기를 '而道自道也'라고 하였다. 주자의 뜻이 대체로 이와 같다.35)

성은 바로 만물을 생성하는 실리36)이며 또한 동시에 인간에 내

---

34)『全書』「近思錄釋疑」, 312쪽 : "必有事焉而勿正 心勿忘勿助長 孟子意 是說做工夫處."

35)『全書』, 53쪽 : "誠者是實利 自成者是自然成就 道是人所當行之道也 自道是人之所自行也 天地以實理生成萬物 如草木自然便有枝葉 如人 自然便有手足 不待安排 故曰誠者自成也 如爲人者 須是自家行那孝 親之道 爲弟者 須是自家行那敬兄之道 故曰而道自道也 朱子之意蓋 如此."

36) 柳正東 敎授는『東洋哲學의 基礎的 硏究』, 225~226쪽에서 實理에 대

재된 이치이다. 誠이라는 실리로 말미암아 인간으로써 지켜야 할 도리를 충분히 행할 수 있는 것이다. 그것이 바로 自成인 것이다. 그리하여 사계는 또한 다음과 같이 말한다.

> 程子의 說로 말하건대 誠者自成이라는 것은 지성으로 부모를 섬기면 사람의 자식이 되고, 지성으로 임금을 섬기면 신하가 된다는 것과 같다고 말하였다. 주자가 말하기를 정자의 설은 下文과 서로 대응하여 말한 것과 같다고 하였는데 소위 下文이라는 것은 '而道自道也'인 것이다. 와서 보여 준 소위 '自成自道皆誠之一句上'인 것이다. 내 생각으로는 誠者의 뜻은 다만 自成만 포함할 뿐이지 下文인 而道自道也까지 덮어서 이야기하는 것이 아니다.37)

라고 하였다. 이것은 한사앙이 사계에게 문의한 글에 답한 것으로서 정자가 말한 것은 잘못이라는 것이다. 즉 정자가 誠者自成이라고 말하면서 "지성으로 부모를 섬기면 사람의 자식이 되고, 지성으로 임금을 섬기면 신하가 된다(至誠事親成人者, 至誠事君成人臣)"이 自成으로서 생각한 것이 바로 잘못되었다는 것이다. 물론 주자

하여 다음과 같이 말한다. 즉 "實은 곧 眞實無妄하다고 하는 誠實로서의 人間德性에 관련된다고 보여 진다. 誠과 實理는 存在論的 문제에서뿐만 아니라 인식론적 입장에서 중요시되지 않을 수 없다. 認識主觀과 客體 사이에 설명되는 格物致知의 解得을 誠의 태도가 아니면 어렵기 때문이다. 誠의 밝고 바른 태도에서, 인간주체와 外的事物이 바르게 인식될 수 있다는 것이다. 요컨대 實理로서의 實은 誠實性으로써 인간의 참다운 德性에 관계된다면 理는 事理로서 知의 문제에 관련되는 것이라고 생각한다. 實理는 誠實과 事理의 조화로서, 인간주체와 사실의 객체를 가장 바르게 적확하게 融會一貫시킬 수 있는 가능성이 내개된 의미로 규정된다"고 하였다.

37) 『全書』, 53쪽 : "程子之說曰誠者自成 如至誠事親成人子 至誠事君成人臣 朱子曰如程子說與下文相應 所謂下文指而道自道也 來示所謂自成自道 皆在誠之一句上 鄙意誠者之意 只包自成而已 不蒙下文而道自道也."

의 설을 인용하여 정자의 설을 비난하면서도 사계 자신이 생각까지 덧붙여서 언급한 것이니 만큼 自成과 而道自道也를 혼동한 것이 잘못이라는 것이다. 즉 "지성으로 부모를 섬기면 사람의 자식이 되고, 지성으로 임금을 섬기면 신하가 된다(至誠事親成人者, 至誠事君成人臣)"과 같은 것은 所自行으로 봐야 하는 것이지 所自行의 道로 파악해서는 안 된다는 것이다. 인간으로서 행하여야할 도리가 주어져 있는 이상 그것을 인간으로서 실천을 할 경우에 인간으로서의 역할과 소임을 다 하는 것이다. 이러한 인간으로서 인간다워지려면 마땅히 지켜야할 도리를 이행할 경우에 가능한 것이다. 바로 사계는 이러한 것은 부단한 인간의 수양을 전제로 가능한 것이지 그냥 이루어 지는 것이 아님을 강조한 것이다.

사계는 여기서 '誠'이라는 것은 실리이며, 천지는 실리로서 만물을 생성하였으며 아울러 거기에는 인간으로서 마땅히 하여야 할 도가 깃들여져 있다는 것이다. 성은 결국 궁극적인 목적이자 동시에 수양을 통해 이룩되어야 할 최고의 경지인 것임을 알 수 있다. 즉 인간이 행하여야 할 도가 있는 이상 성과 같은 수양을 통해서 그것을 스스로 행하여야 할 것을 역설하고 있는 것이다.

第4節 愼 獨

사계의 수기설에서 무엇보다 강조되고 있는 것이 愼獨이다. 그것은 戒懼·愼獨에 대한 動靜說에서 나타나는 것이다. 뿐만 아니라 사계의 이러한 수기론에 대하여 가르침을 받은 그의 아들 金集은 스스로 號를 愼獨齋로 한 것만 보아도 사계가 얼마나 신독을 강조하였는가를 가늠케 할 수 있는 것이다.

계구·신독은『중용』에 나오는 것으로 여기에 대한 사계의 견해는 주로 그의『經書辨疑』에 나타나고 있다. 물론 앞에서 밝힌 바와 같이 사계는 요순이 소위 말한 유정유일, 공자가 말한 소위 극기복례, 맹자가 말한 소위 수방심·확충사단, 周子가 말한 소위 성무위기선악을 자사가 말한 소위 공구근독과 동일한 것으로 이해하고 있는 것을 보았다.

먼저 '신독'이『대학』에서는 어떻게 나타나고 있는지 살펴볼 필요가 있다.『대학』에서는 다음과 같이 나타난다.

> 소위 그 뜻을 성실히 하는 것은 스스로 속이는 것이 없는 것이다. 마치 나쁜 냄새를 싫어하고, 좋은 색을 좋아하는 것과 같은 것이니, 이것을 일컬어 自謙이라 하는 것이다. 그러므로 君子는 반드시 그 홀로 있을 때에 삼가는 것이다. 小人은 한가하게 居하면 착하지 아니한 것을 행하게 되는데 이르지 않는 곳이 없게 된다. 군자를 본 뒤에는 착하지 아니한 것은 가리고 착한 것은 드러내게 된다. 사람들이 자기를 보는 것이 폐와 간을 보는 것과 같은 것이다. 그렇다면 무슨 보탬이 되겠는가? 이것이 마음을 정성스럽게 하면 밖에 드러난다고 하는 것이다. 그러므로 군자는 반드시 그 홀로 있을 때에 삼가는 것이다.[38]

원래『대학』에서는 신독을 誠意와 自欺와 관련지어 나타내고 있는 것이다. 不善한 것은 근본적으로 성의를 통해서 시정을 해야 하는 것인데 다른 사람이 본다고 해서 일시적으로 감추는 것은 바로 自欺이니 아무런 도움이 안 된다는 것이다. 바로 신독을 통해서 근원적으로 문제를 해결해야 하는 수신의 방법을 행적 수행방법으로 제시하고 있는 것이다. 이러한 수행방법으로서의 신독은『중용』에

---

38)『大學』: "所謂誠其意者 毋自欺也 如惡惡臭 如好好色 此之謂自謙 故君子必愼其獨也 小人閒居 爲不善 無所不至 見君子而后厭然掩其不善 而著其善 人之視己 如見其肺肝然 則何益矣 此謂誠於中 形於外 故君子必愼其獨也."

서 보면 더욱 상세함을 알 수 있는 것이다.

　원래 계신 공구는『중용』首章의 "도라는 것은 잠시라도 떠날 수 없는 것이니 떠난다면 도가 아니다. 이러한 까닭으로 君子는 그 보이지 않고 듣기지 않는 곳을 심가며 두려워한다"[39)는 것에서 나온 것이다.

　신독도『중용』首章의 "은미한 곳에서 보다 더 잘 드러나는 것이 없다. 그러므로 홀로 있을 때 잘 삼간다"[40)는 것에서 나온 것이다.

　사계는 이러한 계구·신독을 動靜과 관련지어 다음과 같이 말하고 있다.

> 　계신·공구는 동정을 통틀어 말한 것이며, 신독은 오로지 動處만을 말한 것이다. (朱子)本註에 항상 敬畏하는 것을 두어야 하며 비록 보고 듣기지 않는다 하더라도 또한 함부로 소홀히 할 수 없다는 등의 말을 보면 분명히 나타나는데도 읽는 사람이 살피지 못하여 계구를 오로지 靜處만을 가리켜 말한 것으로 삼는 것은 옳지 않다.[41)

　즉 계구는 "도라는 것은 잠시도 떠날 수 없는 것으로서 떠난다면 도가 아닌 까닭으로 인해, 보고 듣지도 못하는 곳에서 삼간다"는 것이니 만큼 언제나 계구는 있게 마련이다. 다시 말하면 동정을 떠나서 항상 있게 되는 것이 도이니 만큼 언제나 계구하여야 하는 것이다. 반면에 신독은 動時工夫로 움직일 때는 언제나 삼가지 않을 수 없다고 보아야 한다. 그렇다면 계구를 정처로 보고 신독을

---

39) "道也者不可須臾離也　可離非道也　是故君子戒愼乎其所不睹　恐懼乎其所不聞矣."
40) "莫見乎隱　莫顯乎微　故君子愼其獨也."
41)『全書』「經書辨疑」, 196쪽 : "戒愼恐懼通動靜說　愼獨專就動處說　以本註常存敬畏　雖不見聞　亦不敢忽　等語觀之則　大煞分明而讀者不察以戒懼爲專指動處說　非是."

동처로 보는 것은 잘못인 것이다.

사계가 이와 같이 계구를 동정으로 봐야 하며 신독을 동처로 봐야 하는데도 불구하고, 계구를 정처로 파악하는 경우가 생기는 것은 주자가 初年에 계구는 정에 속하고 謹獨은 동에 속하는 것이라는 견해[42]와 중용집주에 나타나는 견해와 차이가 있기 때문[43]이라고 생각한 것이다. 이것은 사계의 다음의 말에서 잘 나타난다.

> 集註에 소위 常存敬畏라고 일컫는 것은 서서 있을 때 경외하고 앉았을 때 경외하고 말할 때 경외하고 음식을 먹을 때 경외하는 것이다. 비록 듣고 보지 못하는 때에 이르러서도 또한 감히 소홀히 하지 못하니 이것은 動處로부터 靜에 이르기까지 모두 마땅히 계구하는 것을 일컫는 것이다.[44]

여기서 상존경외라고 하는 것은 동정할 것 없이 일찍이 계구하지 않을 수 없는 것이다.[45] 이것은 계구가 동처로부터 靜에 이르기까지 모두 작용하는 것으로서 동정을 겸하는 것으로 이해하는 것이다.[46]

또한 사계는 계구·신독을 '中'·'和'와 관련지어서 생각한다. 그래서 그는 말하기를

> 胡季隨가 말하기를 계구는 喜怒가 아직 발하기 전에 涵養하는 것이며 신독은 희노가 이미 발한 뒤에 省察하는 것이라 하였는데, 주자는 이 설이 매우 좋다고 하였다. 율곡도 이 설을 聖學輯要 가운데 기

---

42) 『全書』, 867쪽 : "以戒懼屬靜　以謹獨屬動者　乃朱子初年所見也."
43) 『全書』, 83쪽 : "朱子初年所見　與中庸集註有異."
44) 『全書』, 83쪽 : "集註所謂常存敬畏云者　立時敬畏　座時敬畏　言時敬畏　飮食時敬畏　至於雖不見聞之時　亦不敢忽是自動處至於靜　皆當戒懼之謂也."
45) 『全書』, 867쪽 : "常存敬畏云者是無動靜未嘗不戒懼也."
46) 『全書』, 83쪽 : "余則以爲戒懼非但動時也　當通動靜看也."

록하였다. 대체로 계구·신독을 동정으로 나누어 보는 것이며 다만
중용집주와 같지 않다.47)

고 하였다. '中'·'和'는『중용』의 "희노애락이 발하지 않은 것을
중이라 하고 발하여 절도에 맞은 것을 화라고 한다. 중은 천하의
대본이고 화는 천하의 달도이다(喜怒哀樂之未發謂之中 發而皆中
節謂之和 中也者 天下之大本也 和也者天下之達道也)"에서 나온
것으로 心의 性과 情의 문제와 관련이 있는 것이다. 사계는 중과
화를 對待的인 것으로 생각할 경우에는 계구와 신독으로 생각할
수 있으나 엄밀한 의미에서는 구분할 수 없는 것이라고 본다. 사계
의 다음 말이 그러한 것이다.

> 或問 즉 中을 和에 대하여 말한 것은, 중용의 중이 되게끔 하는 까
> 닭이 계구가 嚴하고 敬할 수록 털끝만큼이라도 偏倚하지 않는데 이르
> 기 때문이지, 계구가 오로지 정시공부가 되기 때문에 그런 것이 아니
> 다. 중과 화를 對하여 말한다면 중은 靜이 되고, 화는 動이 되는 까닭
> 에 계구를 정시공부로 여긴다. 그러나 신독 때에 또한 어찌 계구공부
> 가 없겠는가?48)

이와 같이 계구를 동정을 겸한 것으로 봐야 하며 신독은 동처로
서 봐야 한다고 생각한 것을 바탕으로 하여 중화를 이해하고 있다.
사계는 또한 存養에 대해서는 다음과 같이 말한다.

---

47)『全書』, 83쪽 : "胡季隨曰 戒懼者 所以涵養於喜怒未發之前 愼獨者
　　所以省察於喜怒已發之後 朱子曰此說甚善 栗谷亦此說錄之聖學輯要
　　中 蓋以戒懼愼獨分動靜看也 但與中庸集註不同."
48)『全書』, 83쪽 : "或問則以中對和 而言中之所以爲中 由於戒懼之愈嚴愈
　　敬 以至於無一毫之偏倚云耳 非以此戒懼專爲靜時工夫也 以中對和言
　　之 則中爲靜而和爲動 故以戒懼爲靜時工夫也 然愼獨時 亦皆無戒懼工
　　夫也."

　　퇴계가 말하기를 존양은 오로지 靜으로서 말한 것이고, 涵養은 동정을 겸해서 말한 것이라 하였다. 내가 생각하건대, 어떤 사람이 '존양은 정으로 많이 쓴 것이 아닌가?'하고 주자에게 물었을 때, 주자는 '그렇지 않다. 공자가 사람들에게 공부하는 것을 가르치면서 사용한 것이다.'라고 하였는데, 퇴계의 말은 주자와 같지 않으니 다시 상세히 살펴야 할 것이다.[49]

　　사계는 또한 不愧屋漏에 대해서도 동정으로 봐야 한다고 하여 다음과 같이 말한다.

　　　내가 생각하건대 불괴옥루를 선유들이 오로지 靜으로서 보았다. 그러나 마땅히 계구와 같이 모두 동정으로 보아야 할 것 같다.[50]

　　바로 이와 같이 사계가 신독을 동시공부로 생각한 것은 그의 철저한 수행방법으로 나타낸 것이며 아울러 계구를 동정으로 생각한 것은 항상 動時나 靜時나 할 것 없이 그러한 것을 지녀야 하는 것으로 본 것이다. 이러한 것을 사계의 예의 실천을 위한 수기설의 특징으로 보아야 할 것이다.

　　바로 사계의 수기설은 내면적인 수양을 전제로 한 동시의 도덕적인 행위를 강조하고 있는 것이며, 그런 의미에서 신독을 강조하고 있는 것이다. 이러한 것은 그의 철저한 예학사상에서 볼 때 불가피한 것이 아닌가 한다.

---

49) 『全書』「經書辨疑」, 198쪽 : "退溪曰存養專以靜言 涵養兼動靜言　按 或問存養多用靜否 朱子曰不然 孔子却都就用處敎人做工夫 退溪之言 與朱子不同更詳之."

50) 『全書』「經書辨疑」, 206쪽 : "愚按不愧屋漏 先儒專以靜看 恐當與戒懼 皆通動靜看."

第4章

正統說

第1節 名分과 正統

원래 조선조 예학이 至治主義, 道學化의 과정을 거쳐서 발생한 것이니 만큼, 인간의 내적인 수양을 무시할 수는 없다. 바로 성리학에서 나타난 '滅人欲 存天理'의 수양방법이 사계에 있어서도 마찬가지로 채택되고 있다. 그의 예사상은 어디까지나 실천을 전제로 한 인간의 내면적인 수양이 강하게 작용하고 있기 때문이다. 그것은 그가 인간의 인간되는 까닭은 인간으로서의 지켜야 할 常道인 秉彝 그 성을 잃지 않는 것[1]으로 보는 것에서 알 수 있다. 상도란 인간이면 누구나 당연히 지켜야 할 도리인 것이다. 바로 五常 같은 것이다. 인간이 본성으로 갖고 있는 것이니 만큼 반드시 지켜야 한다고 그는 생각한다.

또한 앞서 살펴본 바와 같이 사계가 사람의 삶과 죽음도 모두 상도를 굳게 지켜 그 본성을 잃지 않는 것이라고 하였는데[2] 그것은 바로 인간이 태어나서 죽는 날까지 지켜야 할 인륜이 있기 때문이다. 즉 삼강, 六紀[3] 등은 모두 인간관계를 단적으로 지적한 것이다. 이와 같은 관계에서 인간이 인간으로서 지켜야 할 인륜이 있으며 그러한 도리를 잃지 않는 것에서 인간의 역할을 할 수 있는 것이다.[4] 바로 인간으로서 지켜야 할 도리로서 예의를 지킬 경우에 인

---

1) 『全書』, 79쪽 : "人之所以爲人者 不失秉彝之性也."
2) 『全書』, 79쪽 : "其生其死皆可謂不失秉彝之性者也."
3) 『白虎通德論』卷七(四部叢刊正 編, 卷22) : "三綱者 何謂也 謂君臣父子夫婦 六紀者何謂也 謂諸父兄弟族人諸舅師長朋友也."
4) 이와 같은 표현으로 儀禮經典通解에 나오는 것을 본다면 다음과 같다. "무릇 사람이 사람일 수 있는 까닭은 바로 禮義를 지키는 것이다. 그러한 禮義의 시작은 몸가짐을 바르게 하고 顔色을 가지런하게 하며 辭令

간의 역할이 가능한 것이다. 또한 사계는 인간이 되는 까닭은 성을 알고 하늘을 아는데 있으며, 성을 아는 요령은 다른 것이 없고 궁리 뿐 이라고 하였다.5) 즉 인간은 자기의 본성을 알게 됨으로써 인간의 역할을 할 수 있는 것이다. 여기서 인간의 본성이라고 하는 것이 전술한 바와 같이 인간으로서 지켜야 할 소당연의 법칙이라고 할 수 있다. 즉 인간에게 주어진 천리를 말한다. 바로 인간의 본성을 알게 되는 것을 예와 관련지어 생각하는 것은 당연하다.

원래 예는 전술한 주자의 설명처럼 천리의 절문이요, 인사의 의칙이다. 바로 천리가 구체적·형식적으로 드러나는 원리로서 볼 수 있으며, 모든 인간 행위의 준칙이 되는 것으로 볼 수 있다. 천리와 관계하여 인간이 지켜야 할 소위 인간 행위의 준칙이 되는 것이 예라고 볼 수 있다. 그리하여 사계는 예를 천리에 근본을 두고 있어서 기강과 인도의 대단이라고 한다.6) 그러한 예의 근본은 역시 이기설에서 말하는 것처럼 형이상의 근거로 주어진 행위의 준칙을 뜻한다. 즉 천리는 인간의 마음에 내재한 것이며 동시에 인간사의 규범적인 법칙으로 볼 수 있을 것이다. 또한『예기』에, "선왕이 예를 세운 것에는 本이 있고 文이 있다. 忠信은 예의 근본이며 의리는 예의 문이다. 본이 없으면 서지 못하며 문이 없으면 행하지 못한다"고 하였다.7) 그런 의미에서 인간의 심성론적 탐구도 이 규범적인 예를 실천하기 위한 것으로 볼 수 있다. 뿐만 아니라 예학은 이학에서 말하는 존천리를 통해 천리의 절문을 밝혀 사회적으로

을 따르는 것에 있는 것이다(『儀禮經傳通解』卷1「冠義」註 : "凡人之所以爲人者 禮義也 禮義之始 在於正容體齊顔色順辭令")."

5)『全書』, 80쪽 : "人之所以爲人者 知性也 至誠之要 無他窮理而已."

6)『全書』「家禮輯覽後序」, 900쪽 : "禮者本乎天理 而紀綱人道之大端."

7)『禮記』「禮器」: "先王之立禮也 有本有文 忠信禮之本也 義理禮之文也 無本不立 無文不行."

실천화시키는데 그 목적이 있다고 볼 수 있다. 왜냐하면 성인이 인
정에 기인하여 예를 제정한 것이 천리의 正에 근본을 두고 있기 때
문이다.8) 특히 조선조 예학에 있어서는 예가 절대시되는 경향과
더불어 예의 실천을 통한 천인합일의 경지를 도모했다고 볼 수 있
다. 즉 이가 인간에게 내재되어 있고, 또한 객관적인 규범으로서
천리의 절문이 주어질 때 그것의 일치가 나타날 수 있기 때문이다.

천리의 절문으로서 나타나는 것이 삼천삼백가지나 되는 것이다.
소위 禮儀三百・威儀三千9) 또는 經禮三百 曲禮三千10)이라고 하

---

8)『全書』『家禮輯覽』「家禮序」, 417쪽 : "(黃氏幹曰) 聖人沿人情而制禮
　　旣本於天理之正."
9) 張載,『正蒙』「天道篇」.
10) 주자는 다음과 같이 해석하고 있다 : "經禮三百이라는 것은 儀禮 가운
　　데 士冠, 諸侯冠, 天子冠禮의 부류이다. 이것은 大節인데 三百條이다.
　　그리고 冠禮 중에서 始加, 再加, 三加와 같은 것과 坐如尸 立如齊와 같
　　은 부류는 모두 그 가운데 있는 小目으로 三千條이다. 간혹 變禮에도
　　小目이 있다. 鄭康成(鄭玄)의 注에 經禮三百은 周禮를 말하고 曲禮三
　　千은 儀禮를 말한다고 하였는데, 어떤 사람이 일찌기 그것을 의심하였
　　다. 그러나 대체로 '經禮三百'이라는 것은 冠婚喪祭의 類이다(『朱子語
　　類』卷87「禮器」: 經禮三百 便是儀禮中 士冠諸侯冠天子冠禮之類 此
　　是大節 有三百條 如始加再加三加 又如坐如尸立如齊之類 皆是其中之
　　小目 便有三千條 或有變禮 亦有小目 - 鄭康成注 經禮三百云是周禮
　　曲禮三千云是儀禮 某嘗疑之 - 蓋'經禮三百' 只是冠婚喪祭之類)."
　　이와 같은 주자의 말을 본다면 경례라는 것은 의례 가운데 기본적인
　　골격에 해당하는 예들로 관혼상제례에 해당하는 것을 기본으로 하여
　　삼백 가지로 보며, 곡례라는 것은 경례의 구체적인 예의 시행에 필요한
　　조목으로서 삼천 가지로 보는 것이다. 물론 경우에 따라서 바뀌는 變禮
　　도 曲禮의 부류로 간주하고 있으니 細細한 예로서 모두 인간이 지켜야
　　할 행위의 규범으로 본다. 물론 수는 꼬집어 삼백・삼천으로 할 수는
　　없다고 보아야 한다.
　　또한『儀禮』(『十三經注疏』卷4, 藝文印書館印行), 3쪽 '儀禮'疏에 있
　　는 말도 위와 마찬가지이다 : "故 禮記云 經禮三百 曲禮三千 鄭注云
　　曲猶事也 事禮謂今禮也 其中事儀三千 言儀者見行事有威儀 言曲者見

는 것은 人間으로서 지키고 행하여야 할 예의 종류로 생각할 수 있는 것이다. 예의삼백이라는 것은 冠禮·昏禮·喪禮·祭禮·士相見禮·鄕飮酒禮와 같은 부류를 총칭한 것이고, 위의삼천이라는 것은 進退·昇降·拜伏하는 것들을 말하는 것이다. 그렇지만 三百三千이라는 수가 굳이 이와 같지는 않지만 행위에 있어서 곡절이 많은 것을 총체적으로 말하면 그렇다는 것이다.11) 그렇지만 예는 단순히 외재적인 것 혹은 형식적인 것으로 보기보다는 이가 인간에게 내재하는 이상 예는 심성론적인 측면과 연계되지 않을 수 없다. 왜냐하면 인간에게 내재하는 이 역시 소당연의 이로서 소위 천리라고 성리학자들은 생각했기 때문이다. 결국 궁극적으로는 이와 같은 이론적 바탕을 전제로 천인합일이 가능한 것이다.

이상과 같은 것을 바탕으로 한 사계의 예학사상에서 그 예학의 지향하는 이념으로서의 핵심은 바로 '正統'에 있다고 본다. 즉 사계의 다음과 같은 말에 나타난다.

> 제가 생각컨데, 儀禮와 儀禮圖의 뜻은 正統繼體의 아들이 간혹 일찍 죽거나, 혹은 병으로 그 아들이 자리에 서지 못하여 조부를 잇거나 또는 증조부를 이어서 그 父와 조부를 위해 자리에 오를 때 마땅히 斬衰三年喪을 하는 것이다.12)

여기서 소위 '正統繼體之子'라는 것은 바로 사계의 예학사상의

行事有屈曲 故有二名也."
결국 이상에서 말하는 삼천삼백이라는 것에서, 삼백은 周禮를 뜻하며 삼천은 儀禮에 대하여 말한 것으로도 볼 수 있다. 『주례』와 『의례』의 관계에 대하여서는 다음 장에서 서술할 예정이다.
11) 『全書』, 300쪽 : "禮儀 冠婚喪祭士相見鄕飮酒之類 威儀 進退昇降拜伏之類 三千三百者 數未必至此總言其曲折之多也."
12) 『全書』, 338쪽 : "愚按 儀禮及儀禮圖之意乃正統繼體之子 或早卒 或廢疾 不立其祖 當爲斬衰三年喪也."

핵심적인 내용인 '정통'을 그대로 보여주는 말이다.

사실 후기 예송에서 논쟁의 쟁점으로 부각된 '正'과 '體'의 문제도 따지고 보면 이 '정통'과 '계체'에서 각각 '정'과 '체'를 나타낸 것이라고 할 수 있다.[13) 또한 정통이라는 것은 正統緖[14)로서 통서를 바르게 한다는 것을 말한다. 그렇다면 여기서 무엇보다 문제가 되는 것은 정통에 있어서의 '통'이 과연 무엇인가 이다. 그러나 사계는 정통이라는 표현 이외에 승통문제에 있어서는 宗統 혹은 大統 등으로 자주 표현하고 있음을 볼 수 있다.

본 서에서는 통을 크게 세 개로 분류하여 서술하고자 한다. 즉 통에 대한 표현을 家統 혹은 宗統, 王統 혹은 國統 그리고 道統으로 분류하여 볼 수 있으므로, 여기서는 가통, 왕통, 도통으로 분류하여 살펴 보고자 한다. 이러한 통의 분류를 통해 사계의 예설이 지향하는 핵심적인 이념인 '정통'과 어떤 관계가 있는지를 각각의 것과 관련지어서 살펴보고자 한다.

그런데 삼통으로서의 정통은 원래 유학에서 지향하고 있는 수기·치인에 있어서 치인에 해당하는 것이라고 본다. 소위 삼통[15)

---

13) '正'과 '體'에 관한 것은 이후 第3節의 '왕통' 부분에서 다시 서술된다.

14) 朱子도 『資治通鑑綱目』에서 "正統緖"와 "正統"이라는 表現을 하고 있는데 다음에서 볼 수 있다.
"그래서 先王이 禮를 制定함에 이미 大義를 밝히고, 그 服을 降等함으로써 統緖를 바르게 한 것이다. 그러나 正統의 親疏를 모두 齊衰와 不杖朞로 區別하는 것은 아니다(『資治通鑑綱目』(保景文化社 影印本) 卷1, 349쪽 : "是以先王制禮 既明大義 降其服以正統緖 然不以正統之親疏 而皆爲齊衰不杖朞 以別之.")."

15) 省齋 柳重教(1821~1893)의 통에 대한 분류를 살펴보면, 삼통을 宗統·皇統·道統이라고 하여 다음과 같이 말하고 있는 것을 볼 수 있다 : "천지간에는 삼통이 있으니 家에 있어서는 宗統이요, 國에 있어서는 皇統이요, 儒에 있어서는 道統이다. 종통으로 말한다면 시조부터 이하 嫡으로서 相承하는 것을 통으로 여기니 一族의 親을 統御하는 것이다.

을 제가·치국·평천하로서 각각의 통을 바로잡는데 있다고 본다. 왜냐하면 원시유학이래 유학이 지향하고 있는 목표가 내성외왕 혹은 수기·치인이라고 본다면 제가·치국·평천하는 외왕·치인에 해당하는 것이라고 볼 수 있을 것이다. 그렇게 볼 때 가통을 바

여기서 통은 진실로 重하지 아니한가? 그렇지만 다만 一門의 일일뿐이다. 金氏 같으면 金일뿐이요, 張氏와 李氏에게는 일찍이 아무런 관련이 없는 것이다. 皇統으로 말한다면, 太祖부터 이하 位로서 相傳하는 것을 統으로 여기며 천하의 國을 통치하는 것이다. 이렇다면 그 통은 진실로 크지 아니한가? 그렇지만 다만 一代의 일일뿐이다. 漢나라 같으면 漢일뿐이지, 唐이나 宋에겐 기필코 尊을 전수하지 못했다. 道統으로 말하자면 先聖 부터 이하 道로서 相傳하는 것을 통으로 여겼으며 天下萬古의 사람들을 統御하는 것이다. 宗統의 重으로써 이것을 統御하겠는가? 皇統의 大로써 이것을 또한 統御하겠는가? 이것은 사람이 관여하지 않을 수 없어서 代代로 尊을 깎아 내리지 못하는 것이다(『省齋集』卷55 : "天地間有三統 在家宗統 在國皇統 在儒道統 以宗統言 則自始祖以下 以嫡相承以爲統 而統一族之親 此其統固不重歟 然只一門事耳 如金則金而已 於張與李未嘗有與也 以皇統言 則自太祖以下以位相傳以爲統 而統天下之國 此其統 固不大歟 然只一代事耳 如漢則漢而已矣 於唐與宋未必受尊也 以道統言 則自先聖以下 以道相傳以爲統 而統天下萬古之人 以宗統之重而統乎此 皇統之大而亦統乎此 此所以人無不與 而代不貶尊者也.")."
이와 같은 省齋의 三統에 관한 설명은 바로 종통은 비록 한 집안을 통솔할 수는 있지만 姓氏가 다른 집안에겐 아무런 영향력이 없을 뿐 아니라 아무런 관련도 없는 것이니 만큼 적용되는 범위가 일개의 집안에 그치고 만다는 것이다. 다만 한 집안을 지키는 것은 嫡傳을 통해서 서로이어 나가는 것을 重하게 여기긴 하지만 상전하는 데는 상당히 많은 문제가 있음을 알 수 있다. 반면에 황통은 종통 보다는 적용되는 범위가 넓음을 알 수 있다. 왕위의 계승을 통해 천하의 국가를 통치하는 것이지만, 통치하는 왕이 왕위에 있을 때에 한해서 적용되는 것에 불과하다. 그렇지만 도통은 옛날 성인인 요순이 도를 전한 이후부터 시대를 떠나 모든 사람에게 영향을 주고 통어할 수 있는 것이니 가장 존귀한 것으로 볼 수 있다. 즉 천지간에 있는 삼통 중에서는 도통이 가장 차원이 높은 것으로 볼 수 있다. 즉 시간, 공간을 떠나서 항상 도가 전해지니까 말이다.

르게 한다는 것은 제가에 해당하는 것이고, 왕통을 바르게 한다는 것은 치국에 해당하는 것이며, 끝으로 도통을 바로 잡고자 하는 것은 평천하를 의미한다고 볼 수 있기 때문이다. 이것은 주대부터 시작된 종법사회를 바탕으로 유학이 수기치인을 표방하고 있으면서도 치인에 해당되는 제가·치국·평천하의 구체적인 방법이 제시되지 않았다고 볼 때 정통이야말로 전통적으로 유학에서 제시된 치인을 구체적으로 객관화시킬 수 있는 방법이 아닌가 한다. 물론 치인에 해당되는 여러 가지 방법이 소위 성학이라는 명목아래에 제시되고는 하였지만 여기서 말하는 삼통을 바르게 한다는 것은 소위 예학에서 내세우고 있는 천리의 절문으로서 객관화된 형식이라는 것을 배제하지 않는 전제에서 그렇게 본다.

그리고 유학 자체의 성격상으로는 치인에 선행하여 인간의 내면적인 수양을 전제로 한 것이다. 이와 같은 수양은 치인 이전의 수기에 해당하는 것으로 볼 수 있으며 철저한 수기가 전제되지 않을 경우에는 치인으로서의 삼통의 확립인 정통이 어렵다고 볼 수 있다. 왜냐하면 치인 자체가 철저한 수양을 전제로 가능한 것이기 때문이다. 바로 수기를 전제로 한 치인을 위한 방책으로서 삼통의 정립이 강조·중시되었다고 볼 수 있다. 또한 예학에서 소위 말하는 삼통의 확립에 있어서의 치인은 명분론적인 사고가 중시되며, 인간의 존엄성 그리고 인간의 도덕성을 강조하는 것으로 볼 수 있다.

여기서 명분론적인 사고라고 하는 것은 공자가 말한 "君君臣臣父父子子"와 같은 것으로 통을 바로잡기 위하여서는 군신부자가 각각 제자리에 있어야 하는 것과 같은 사고방식이다. 바로 父慈子孝·君義臣忠과 같은 이가 소당연으로서 인간에게 주어져 있는 이상에는 제 맡은바 직분을 다하는 것을 말한다. 특히 예에서 명분론적인 사고가 가장 짙게 나타나는 것이 "繼後者(爲人後者)"의 경우를 들 수 있다. 즉 다른 사람의 계후자가 되면, 本生父母는 돌볼 수 없을 뿐만 아니라 부모의 호칭도 없어지게 되는 것이다. 또한 위인후자 이외에도 "父母同時俱歿者(並有喪)"를 들 수 있는데 이 것도 명분에 입각하여 二尊을 없애려고 하는 예사상임을 잘 드러 내 주는 경우라 할 수 있다. 이와 같은 위인후자, 부모동시구몰자 (병유상)를 위시한 명분에 입각한 사계의 예사상은 뒤이어 언급되 는 가통과 왕통에서 상세히 서술된다.

이와 같이 본다면 삼통의 확립의 문제에서 가장 중요한 것은 의 리라고 할 수 있다. 의리의 실천을 전제로 한 명분론적 사고에서 의16)를 가치의 척도로 삼아 의리에 합당한 행위를 하여야 한다. 바 로 성인이 인정에 기인하여 예를 제정하였다고 하더라도 예는 천 리의 정에 근본을 두고 있기 때문에 情보다는 의리에 맞는 理를 따 져 행하는 것이야말로 인간이 해야 할 도리인 것이다. 그것은 인간 으로써 지켜야할 도리인 소당연의 이가 천리로 주어져 있을 뿐만 아니라, 각자의 명분에 따라 합당한 행위를 하는 것이 예의 기본적 인 성격이기 때문이다. 그래서 삼통에 있어서도 각 통에 해당하는 것을 바로잡는 것이야말로 사계 예학의 기본적인 성격이라고 보여 진다.

---

16) 安炳周 敎授는 正名과 守名이라는 것에 따라서 大義로서의 名分이 다 르다고 하였다. 즉 "대의하면 명분이 따르는데 이 명분에도 단순한 守 名論的 名分論과, 명분이 바르지 않을 때는 그것을 바로잡는다고 하 는 데에 혁명성까지 내포하고 있는 正名論的 名分論이 구분되어야 함 을 명확하게 인식하고 있지 않은 것이 그 원인이다"고 하였다(安炳周, 「圃隱思想研究論叢」『圃隱殉節과 朝鮮朝政治理念定立』第1輯, 圃隱 思想研究院, 1992年, 76쪽).
또한 그는 78쪽에서 "주자의 명분론과 司馬光 李覯의 명분론 사이에는 어떤 차이점이 있는 것일까. 곧 주자의 명분론에는 민본적 천명관념이 크게 영향을 미치고 있는 것이 그 다른 점이다"고 하여 "수명론적 명분 론이 아닌 정명론적 名分論인 것이다"라고 하였다.

이와 같은 정통 즉 통을 바르게 하는 방법은 바로 二本[17]·이존[18]이 없게 하는 것인데, 天無二日[19]·土無二王이라는 표현과 마찬가지이다. 그래서 이것을 미루어 가통의 측면에서 본다면 두 아버지가 없는 것이며, 왕통의 측면에서는 두 임금이 없는 것이며, 도통의 측면에서는 두 가지의 도를 없게 하는 것이다. 그렇기 때문에 삼통에 있어서 그 통의 바른 확립을 위하여서 삼통에 대한 인식이 필요하다. 즉 삼통에 대한 인식은 삼통의 존립문제와 관련이 있기 때문이다. 다시 말하여 우선 가통에서는 가무이존이어야 한다. 이것은 유학의 본래 정신인 종법체제의 확립을 위하여서는 가통을 올바르게 유지하려는 것이다. 이렇지 않으면 그 가는 망한 것과 같은 것이다. 마찬가지로 왕통에 있어서도 왕통이 바르게 수립되지

---

17) 이와 같은 표현은 사계전서에 자주 나타난다. 그 例를 보면 다음과 같다. 『全書』, 9쪽 : "是不專於正統 而爲二本之嫌 其爲害禮亂倫 不亦甚乎."

18) '尊'에 대한 설명은 다음 절의 '가통'에서 설명하기로 한다. 그리고 이러한 '二尊'에 관한 沙溪의 표현은 많지만 그 例를 들면 다음과 같다. 『全書』, 350쪽 : "天無二日 人無二尊 旣爲人後 又隆所生則是二本也."

19) 『全書』, 350쪽 : "天無二日 人無二尊." : 이와 같은 표현은 여러 사람들이 비슷하게 말하고 있는데 대체로 二本과 二尊이 없어야 하는 표현으로 볼 수 있다. 그러한 例로 다음의 것들을 들 수 있다 : "天無二日 土無二王 國無二君 家無二尊·土無二王 以一治之也"(『禮記』「喪服四制」), "曾子問曰 喪有二孤 廟有二主 禮與 孔子曰 天無二日 土無二王 嘗禘郊社 尊無二上"(『禮記』「曾子問」), "子云 天無二日 土無二王 家無二主 尊無二上"(『禮記』「坊記」), "天無二日 民無二王"(『孟子』「萬章章句」上), "天無二日 物無二本 家無二尊 國不二統"(『退溪集』卷7, 231쪽 : 『韓國文集叢刊』卷29, 民族文化推進會 影印本), "物無二本 家無二尊"(『愚伏集』卷4, 69쪽 : 『韓國文集叢刊』卷68, 民族文化推進會 影印本), "國無二廟 喪無二主"(『月沙集』卷62, 415쪽 : 『韓國文集叢刊』卷70, 民族文化推進會 影印本), "天無二日 民無二君 子無二父 喪無二斬"(『潛冶集』卷1, 92쪽 : 『韓國文集叢刊』卷80, 民族文化推進會 影印本), "不二斬者 不二統也"(陶希聖, 『中國政治思想史』第二册, 食貨出版社印行, 105쪽).

않으면 국가의 존립과 관련지어 국가의 기강이 제대로 확립될 수가 없다. 그러한 까닭으로 전례문제에서는 국가의 정통성 확립을 위하여 상복의 예와 같은 문제가 논의된 것이다. 마지막으로 도통의 경우를 본다면 유가에서는 인간의 궁극적인 삶의 정신이 도에 깃들어져 있다고 본다. 이것은 요순 이래 유학에서 지향하고 있는 인간이 인간으로서 지켜야 할 도이다. 이러한 도는 바로 사람이 사람답게 살아가는 근거를 제시하여 준다고 본다. 물론 시대의 흐름에 따라서 각 학자마다 주장하는 내용과 표현은 다르다고는 하지만 인간으로써 지켜야 할 도리는 변함이 없다는 것이 도통의 정신으로 볼 수 있다.

또한 정삼통을 위해서는 각각의 禮書가 그 적용되는데 차이가 있음을 볼 수 있다. 소위 朱子家禮와 같은 四禮 위주의 예서는 대체로 가통의 확립에 적용되거나 이용되었으며, 儀禮를 위시한 周禮·禮記와 같은 것은 주로 왕통의 확립을 위한 국가의 전반적인 제도적 확립과 왕실을 중심으로 한 왕가의 예제확립에 활용한 것으로 볼 수 있다. 그러한 대표적인 것으로 典禮가 이에 해당된다. 주로 소학을 위시한 수신에 관계되는 서적으로부터 시작하여 국가 제반의 제도에까지 적용되는 예서의 다양함이 바로 유학에서 말하는 수기·치인에 관한 서적으로 볼 수 있다. 결국 외형적·형식적인 것을 추구하는 것 같으나 어디까지나 내면적인 인간의 심성에 관한 수기적인 측면을 우선적으로 강조하고 있는 것이 예로 드러나는 삼통의식이다. 바로 인간의 수양을 전제로 하는 의리적인 측면이 삼통의 확립에 있어서 강조되지 않을 수 없다. 이런 점에서 명분에 입각한 정통을 강조하기 위한 것을 전제로 하고 있는 것이 삼통의식이다.

第2節 家　統

　　원래 씨족사회에 있어서 각 족마다 宗이 있었으며, 그 종을 계승하는 法도 생겨나게 되었다. 더군다나 사회조직의 기본단위가 씨족에서 家族制로 변화하게 되고 특히 부권적 가족제도가 점점 발달해짐에 따라 승계법이 나타나게 되었다.

　　씨족의 유대는 어디까지나 혈계에 의한 것으로, 그것은 소급하면 동일의 혈계 즉 모두 하나의 시조에 근원을 두고 있다. 시조로부터 그 아래로 근간이 되는 것은 大宗이 되고 支族은 小宗이 되며, 대종과 소종 모두가 동일한 本族인 것이다. 또한 합족의 방법은 조상에게 제사를 지낼 때로서 가장 엄격하고 정연하게 된다. 이렇게 제사를 지낼 때는 동일한 족이지만 각각 그 宗系에 따라서 尊卑의 순서대로 하였다. 바로 제사를 지내기 위해서 바깥으로부터 여러 족인이 오게 되며, 거기에서 각각의 명분이 정해지는 것이다. 즉 父・母・子・婦 등으로 명분이 정해지는 것이다.[20] 이러한 면에서 공자가 저술한『춘추』도 따지고 보면 '正名分'을 서술한 것으로 볼 수 있으며, 명분이라는 의리 자체가 절대적으로 고정된 것으로 보는 것이다.[21] 즉 명분이라는 것은 종법사회에서는 어디까지나 혈연을 바탕으로 하기 때문에 출생과 더불어 이미 정해지는 것이다. 바로 출생과 더불어 자기 자신의 역할이 정해지는 것과 마찬가지다. 여기서 말하는 역할이란 어디까지나 혈연사회인 종법사회에서의 자기에게 주어진 위치에 따라 행위하는 것을 말한다. 종법사회에서의 종통은 바로 종을 유지하는 것으로서 부자가 서로

---

20) 陶希聖,『中國政治思想史』第1册, 45~47쪽　參照.
21) 范文瀾,『中國經學史의 演變』, 55쪽(『中國哲學』第一輯, 三聯書店).

잇게 되는 것이니 嫡子로서 상승하여 대종을 잇는 것을 뜻한다. 여기서 대종은 인간의 근본으로서 尊의 통을 말한다.[22] 즉 통을 이루기 위해선 존을 갖고 있어야 한다는 것이니, 대개 존 중에서 至尊한 것은 父·天子(君)·長子·夫(妻爲夫의 경우)·君(妾爲君의 경우) 등으로 분류가 된다.[23] 이것은『五服沿革圖』[24]에 나타나는 것을 살펴본다면 소위 斬衰三年에 해당하는 것이다. 즉 服을 입는 것 중에서 가장 큰 것을 말한다. 그러한 것으로 '子爲父'·'父卒爲祖承重'·'父爲長子'·'爲人後者爲所後父'·'爲人(後者父卒爲所後祖承重)'·'妻爲夫'·'妾爲君'을 말한다. 다만 장자는 지존이 될 가능성을 지닌 것이기에 참최삼년을 한다. 소위 '繼體之子'로서 가통을 이어갈 것이기 때문이다. '계체지자'로서의 장자를 위하여 부모가 삼년상을 한다는 것이 바로 예학이 지닌 특징의 하나이다. 이것은 혹자들이 비난하는 복종윤리로서의 예가 아니라, 가통의 보존과 가통을 바로잡기 위한 예학의 학문적 성격으로 제시된 것으로 보아야 한다. 바로 계급적인 상하귀천과 같은 논리가 아니라 어디까지나 가통이라는 측면에서 '정통'을 위한 노력의 일환으로 보아야 한다. 이와 같이 본다면 계체지자로서의 장자를 제외한 나머지 항목들은 '존'이라는 측면에서 쉽게 이해가 된다. 그렇지만 장자를 위하여 참최삼년을 한다는 것이 과연 존에 들어가는 것인가 하고 의문이 갈 수 있지만, 어디까지나 가통을 계승할 것이라는 측면에서 '존'의 영역에 들어가는 것이다. 이것은 유가가 효를 제시하는 것에서부터 나타나는 것이다. 즉 가통의 계승을 위하여 대를 잇는 것이야말로 먼 위 조상으로부터 먼 후손에게까지 자신이 하

---

22) 『通典』卷96, 新興書局影印, 1963年, 515쪽.
23) 『儀禮』, 藝文印書館印行, 346~347쪽.
24) 『全書』「家禮輯覽圖說」, 399쪽.

여야 할 도리이기 때문이다. 체를 잇는 것이야말로 가통의 계승과 가통을 바로잡기 위하여 무엇보다 중요한 것이다.

이와 같이 가통을 형성하기 위해서는 여러 가지 요소가 작용되고 있음을 알 수 있다. 그러나 그러한 요소 중에서도 '부'의 위치가 가장 중요한 것이다. 바로 삼강 중 父爲子綱이 이에 해당하며, 아울러 夫爲婦綱도 포함하는 것으로서, 인간관계의 기본적인 삼강 중 이강이 여기서 나오게 된다. 특히 부에 대한 효는 모든 행위의 근원[25]이니 만큼 인간의 행위의 근본은 '부'에서 기인함을 할 수 있다. 親親도 父를 重히 여기며 은혜를 주된 일로 삼는 것이다. 또한 부자는 一體[26]이기 때문에, 부에 대한 은혜는 君에 대한 의리보다 앞서는 것이다. 부자의 관계는 군신의 관계보다 선행하는 것으로, 인간관계에 있어서 가장 기본적인 것이다. 즉 君에 있어서의 의리는 사실상 은혜에서 나오기 때문이다.[27] 또한 부자가 상전하는데 있어서의 그 바탕이 되는 근본이 하나라는 것을 전제하고 있다. 근본이 하나인 것에서부터 그 근본을 계승해 나가는 것이기 때문이다. 즉 하늘에 태양이 두 개가 있을 수 없는 것처럼 근본이 두 개가 있을 수 없는 것이다.[28]

이러한 가통의 보존과 가통을 바로잡기 위한 노력으로 조선조의 족보의 발간[29]을 예로 들 수 있다.[30] 족보라는 것은 조상을 숭배하

---

25) 『全書』, 27쪽 : "夫孝者 百行之源."
26) 『南溪朴世采文集』, 1229쪽 : "體者父子一體也(民族文化社影印本)."
27) 『儀禮』, 346쪽 : "父至尊也 釋曰－忠臣出孝子之門 義由恩出 故先言 父也."
28) 『全書』, 350쪽 : "天無二日 人無二尊 旣爲人後 又隆所生則是二本也."
29) 柳鐸一은 『嶺南地方의 典籍文化硏究』, 東亞大學校 大學院 碩士學位 論文, 1970, 77쪽에서 다음과 같이 주장하고 있다 : "이상의 서술을 간추려 이야기한다면 嶺南地方에 있어서 門中 및 個人刊行典籍이 全刊 行의 약 75%를 차지하고 그 私刊典籍 중 門中 및 個人 刊行典籍이 약

고, 가계를 존속하며 동족을 단결하고 世族의 繫世를 定하며 昭穆
을 辨하는 등 종족집단의 본질을 여실히 具體現한 것이다.31) 즉 이
와 같은 족보의 발간은 문벌중심의 안정된 사회 체제가 시간이 지
나가서 분열과 몰락이 생겨질 때 그것을 유지하고 싶어하는 그런
욕구에서 족보가 나온 것이다. 왜냐하면 혈족이 한창 번창할 때는
그런 것의 필요를 별로 느끼지 않고 반대로 허물어져 갈 때 이래선
안 되겠다는 뜻으로, 그것을 강조하는 데서 족보를 만드는 것이
다.32) 바로 족보33)의 발간은 임진왜란 병자호란 등의 난을 통한 혼

90%를 차지하고, 그 90%의 門中 個人典籍 중 傳記譜牒 文集類가 약
90%를 占有하고 있다. 이런 傳記譜牒 및 文集類가 지나치게 일방으로
刊行될 수 있었던 이유는 '先祖崇拜', '門閥重視'의 儒敎的 性格이 작
용한 자기만의 사회적 座標設定을 위한 精神的 바탕 위에 壬亂 以後
書院 壘設에 대한 禁令은 그들에게 齋舍 樓亭의 발달을 가져오게 하
였고 그 齋舍나 樓亭經濟에 便乘하여 所謂 '尙賢尊祖'의 美德 아래 傳
記譜牒 및 文集類의 典籍刊行이 盛行되었던 것이라 본다."

30) 崔永浩는 『한국의 선비문화』, 시사영어사, 1982년, 157쪽에서 다음과
같이 말한다. "그러니까 壬辰倭亂까지는 그렇게 門閥에 중점을 두지
않았던 것 같습니다. 例를 들어 조선시대에 있어서 族譜의 發刊을 보
면 壬辰倭亂 前에 族譜를 發刊한 氏族은 몇 없거든요. 그런데 壬辰倭
亂과 丙子胡亂 以後에는 族譜가 막 쏟아져 나와요. 그것이 어떻게 해
서 그렇게 되는가 하는 것이 문제가 될 것 같습니다. 이것은 제가 관심
을 두고 있는 문제이지만 현재로서는 具體的인 證據를 못 잡고 있습니
다. 단지 제가 생각하고 있는 假說은 壬辰倭亂 丙子胡亂으로 社會가
극히 혼란해지면서 身分制度에 있어서도 문란해진고, 그리하여 이 틈
을 타 下層에 있는 사람들이 등장하여 자기들의 권위 같은 것을 내세
우고자 族譜를 만들고 그것을 중요시하지 않았겠느냐 하는 것입니다"
라고 하였다. 筆者는 崔永浩가 證據를 찾지 못하였다는 것을 家統의
保存과 家統을 바로잡고자 하는 것에서 그 證據를 찾을 수 있다고 생
각한다. 그것은 戰爭을 통하여 心理的으로 氏族과 헤어질 수 있다는
것에서 意識的으로 家統을 保存하고 바로잡아야겠다는 생각이 族譜의
發刊으로 나타날 수 있다고 보기 때문이다.

31) 金斗憲, 『韓國家族制度研究』, 61쪽.

란한 사회에서 가통을 확립하고 보존하여야겠다는 의식이 강하게 작용했다고 볼 수 있는 것이다. 이런 현상은 조선전기에는 별로 없고 오히려 후기에 나타난 현상인 것이다.[34]

　이상으로 볼 때 가통에 있어서 통을 바르게 하는 데는 여러 가지의 의미를 지니게 된다. 즉 정통은 반드시 적장자로서 부자가 상전하는 것을 알 수 있다. 또한 은혜를 입고 있는 까닭에 효를 전제하고 있다. 동시에 인간이 마땅히 행하여야 할 가장 기본적인 도리가 생기는 바탕이기도 한 것이다. 그렇지만 이러한 기본적인 구조도 간단하지는 않다. 三父・八母[35]라는 것으로부터 복잡한 인간관계

---

32) 李佑成,『한국의 선비문화』, 시사영어사, 1982年, 158쪽.

33) 金斗憲 敎授는 族譜의 發刊에 대한 理由를 다음과 같이 말한다 : "즉 祖上崇拜의 觀念과 睦族敬宗의 精神은 儒敎 本來의 要求인 것이 물론이거니와, 麗末 李初 以來로 儒敎가 거의 國敎로 되어 그것이 治世의 基礎原理로 되자, 여러 가지 실제문제로 家系明徵의 필요가 절실하였던 것이다"라고 하였다(『韓國家族制度硏究』, 서울대 출판부, 1986年, 67쪽).

34) 崔永浩가『한국의 선비문화』, 158쪽에 말한 것을 引用하였음. 그는 또한 다음과 같이 말하고 있다. "재미있는 例로 볼 것 같으면 安東 權氏 族譜가 빨리 나왔지요. 文化 柳氏 다음으로 나왔는데 그게 15, 6세기가 될 겁니다. 그 序文은 徐居正이 썼습니다. 徐居正은 權踶의 外孫이니까 쓸 만하지요. 이 族譜의 序文을 보면 당시에는 氏族觀念이 없어 2, 3대가 지나면 친척들도 서로 모르고 지내므로 그런 實情을 고쳐보고자 族譜를 마들게 되었다고 했어요. 그런데 신라 고려사회가 귀족적인 문벌을 중요시하지 않았습니까? 제가 보기에는 그런 氣風이 한편으로는 계속 내려온 것 같습니다."

35)『全書』, 397쪽 '三父八母服圖' : 三父는 同居繼父, 不同居繼父(昔同居 今不同居繼父), 元不同居繼父이며, 八母란 嫡母, 繼母, 養母, 慈母, 嫁母, 出母, 庶母, 乳母라 하였다.
　또한『中文大辭典』卷1, 197쪽(中國文化大學印行, 華岡出版有限公司, 民國 68年 4版)에서는, 三父를 淸律에 나오는 例를 들어 同居繼父, 不同居繼父, 從繼母改嫁之繼父라고 하였다. 그리고『中文大辭典』卷1, 198쪽에는 三父八母에 대하여 다음과 같이 기술하고 있다. 八母는『全

까지 나타난다. 물론 자신을 낳게 한 부모는 단 하나 밖에 없으나 인간의 삶에서는 그렇게 단순한 것만 있는 것이 아니다.

이렇게 본다면 삼부·팔모와 같은 것에서 나타나는 자기 자신과의 관계로 인한 행위에는 복잡함이 당연히 수반된다. 소위 常禮로부터 變禮가 생겨남을 알 수 있는 것이다. 특히 이러한 문제는 喪祭禮에 있어서의 복제문제에서 많이 나타난다. 적장자로서 아버지의 은혜를 입고서 傳重될 경우 같으면 몰라도 그렇게 되지 않는 경우에선 문제가 된다. 예를 들면 '계후자(위인후자)'의 경우도 예로 들 수 있을 것이다.

원래 계후자가 될 경우 바로 자식이 되는 것으로, 아버지가 죽으면 마땅히 삼년복을 입게 된다. 반면에 자기를 낳아 준 부모인 본생부모에 대해서는 朞年服을 입는 것이다. 즉 비록 자기를 낳아 준 부모의 은혜는 무거우나 일단 다른 사람의 후계자가 될 경우에는 그러한 은혜는 감소되기 마련이다. 뿐만 아니라 계후자(위인후자)는 본생부모에게 부모라는 이름도 없어지게 된다. 이렇게 본다면 명분에 의한 공자의 정명사상과 같은 사고가 예에 강하게 작용하고 있음을 알 수 있다. 이런 경우의 예는 명분에 의해서 각각 그에 해당하는 도리를 다하하여야 되는 것이다. 계후자(위인후자)의 경우 다른 부모를 얻으면서 동시에 본생부모의 이름을 없애야 결국

書』의 내용과 같으나 三父에 관해서는 차이가 있다.

	三父		
朱子家禮	同居繼父	先同異居繼父	不同居繼父
元典章	同居繼父	不同居繼父	從繼母嫁人夫
明律淸律	同居繼父	不同居繼父	從繼母嫁
大淸律例	生父	嗣父	繼父

그런데 寒岡 鄭逑는 그의『五服沿革圖』에서 八母가 아닌 十母를 주장하고 있는데, 위의 八母 이외에 '師母'와 '保母'를 들고 있다(『寒岡全書』下卷, 景仁文化社 影印本, 176쪽).

은 이본이 없게 되는 것이다. 이와 같은 예로 『예기』의 "부모동시구몰자(병유상)"36)를 들 수 있는데 가무이존이라는 원칙에서 이본을 없애려고 하는 것임을 알 수 있다.

> 曾子가 물어 말하기를, "부모동시구몰자(병유상)이면 어떻게 합니까? 어느 쪽을 먼저 하고 어느 쪽을 뒤에 합니까?"하고 물었다. 공자가 말하기를, "葬事는 어머니를 먼저 하고 아버지를 뒤에 하여야 한다. 奠을 올리는 것은 아버지를 먼저 하고 어머니를 뒤에 하는 것이 예이다."라고 하였다.37)

이것으로 본다면, 葬事는 輕한 사람인 어머니부터 먼저 지내고 重한 사람인 아버지는 나중에 장사를 지내는 것이니 바로 先輕而後重이라는 것이다. 왜냐하면 장사를 지내는 것은 정을 뺏는 일이기 때문에 먼저 어머니부터 한다.38) 또한 奠을 올리는 것은 重한 사람인 아버지에게 먼저 음식을 드리고 輕한 사람인 어머니에게는 나중에 드리는 것이니 바로 선중이후경인 것이다. 이 전을 올리는 것은 봉양하는 일이기 때문에 먼저 아버지께 올리는 것이다.39) 즉 가무이존이라는 원칙에서 본다면 당연한 이치인 것이다. 이러한 부모동시구몰자는 물론 "變禮"인데 『예기』의 「曾子問」과 「雜記」 그리고 「杜氏通典」에 나타난다.40)

그리고 "부모동시구몰자(병유상)" 외에 『예기』의 "父在爲母齊衰朞"를 들 수 있는데, 이것도 가무이존이라는 원칙에서 나온 것으로 다음과 같다.

---

36) 『全書』, 70쪽 : "曾子問幷有喪 言父母同時死也."
37) 『全書』, 69쪽 : "曾子問曰 幷有喪如之何 何先何後 孔子曰 葬 先輕而後重 其奠也 先重而後輕 禮也."
38) 『全書』, 70쪽 : "葬是奪情之事 故先輕."
39) 『全書』, 70쪽 : "奠是奉養之事 故先重也."
40) 『全書』, 69쪽 : "幷有喪變禮 見曾子問及雜記與杜氏通典."

　　아버지를 섬기는 것을 바탕으로 어머니를 섬기는 것은 매양 한 가
지인데 그 애정은 마찬가지다. 그러나 하늘에는 두 해가 없고. 땅에는
두 왕이 없으며, 나라에는 두 임금이 없고, 家에는 이존이 없으니 하
나로 다스리는 것이다. 그러므로 아버지가 살아 계실 때에는 어머니
를 위하어 齊衰朞年의 복을 입는 것이니 이존이 없음을 나타내는 것
이다.41)

　　이상에서 사계가 말하는 '정통'은 종통을 바르게 한다는 것으로
볼 수 있을 것이다. 이러한 것은 물론 은혜나 정, 친근함 등과 같이
인간의 常情이 우선적으로 적용되고 있음에도 불구하고, 정통에
있어서는 의리가 더 강조됨을 알 수 있다. 바로 이본·이존을 없애
는 명분과 의리가 전제되는 것이다. 따라서 바른 명분의 적용뿐 아
니라 또한 명분 자체를 바르게 하여야 함도 강조되고 있는 것으로
보아야 한다.

第3節　王　統

　　왕통이라고 하는 것은 바로 국통42) 이라는 말과 같은 것이다. 한
왕조에 있어서 왕가의 통은 바로 국가에 해당한다고 볼 수 있기 때
문이다. 즉 왕통43)은 국가를 보존하는데 있어서 가장 중추적인 역

---

41) 『禮記』『喪服四制』: "資於事父 以事母而愛同 天無二日 土無二王 國
　　無二君 家無二尊 以一治之也 故 父在爲母齊衰朞者 見無二尊也."
42) 『南溪朴世采文集』, 1300쪽 : 「嫡孫繼統」의 註에서 박세채는 '國統'과
　　유사하게 말한 것 같으나 사실은 이 말은 '大宗之重'을 가르키는 것이
　　라고 하였다. 筆者는 박세채의 '國統'이란 말은 사계에 있어서는 '王
　　統'과 같다고 본다.
43) 朱子는 『資治通鑑綱目凡例』에서 統系를 分類하기를 다음과 같이 하
　　였다. 즉 統系는 正統, 列國, 篡賊, 建國, 僭國, 無統, 不成君, 遠方小國

할을 하고 있기 때문이다. 이러한 왕통에 있어서 중요시되는 것은 왕위계승문제이다. 왕위계승을 통해서 통을 확립할 수 있기 때문이다. 즉 선왕의 왕위를 계승함으로써 이루어지는 것이다.

대체로 조선조에서 논의된 복제문제는 바로 왕위계승에서 그 문제의 싹이 트고 있었다. 즉 승통함에 있어서 부자의 관계로서 왕위를 계승한 것보다는 부자의 관계가 아닌 경우로 계승한 것이 많았던 것에서 문제가 생겼다. 아버지가 아들에게 직접 왕위를 넘겨주지 못하게 되는 경우에 생긴 문제의 예로 다음의 것을 볼 수 있다.

> 정통으로서 당연히 체를 이어야 할 아들이 혹은 일찍 죽거나 폐질로서 그 아들이 왕위에 오르지 못하여, 혹은 조부를 승계하거나 증조부를 승계한다면 왕위에 올라서는 그 아버지와 조부를 위하여 마땅히 참최삼년상을 입어야 한다.[44]

으로 나누었다. 또한 이것을 구체적으로 살펴보면 다음과 같다. 주자는 정통을 가진 나라로는 周, 秦, 漢, 隋, 唐을 지목하고 있고, 列國은 正統의 나라가 封한 나라를 말하며, 簒賊이란 통을 簒位하였으나 傳世하지 못한 것을 말하며, 건국이란 의리를 내걸고 스스로 왕이 되거나 왕을 도운 것을 말하며, 僭國이란 난에 편승하여 제위를 찬탈하거나 땅을 점거하는 것을 말하며, 無統이란 周秦의 사이와 秦漢의 사이와 漢晉의 사이와 晉隋의 사이와 隋唐의 사이와 五代를 말하며, 不成君은 의리를 내걸고 統을 이었으나 성공하지 못한 것을 말한다. 그리고 遠方小國이란 繼世遷徙하기 때문에 모두 적을 수는 없으나 일에 따라 나타나는 것을 말한다(『資治通鑑綱目』卷1, 보경문화사 영인본, 10쪽).
결국 이와 같은 주자의 統系에 대한 분류는 모두 왕통을 중심으로 서술하고 있음을 알 수 있다. 즉 소위 정통을 가장 객관적인 기준으로 보면서, 정통을 정통이 아닌 것과의 구별을 지은 것으로 볼 수 있다. 바로 주자가 생각하는 대의명분이라는 것도 어디까지나 정통을 위한 행위를 전제로 한 것임을 알 수 있다.

44)『全書』, 338쪽 : "正統繼體之子 或早卒或廢疾 不立其子 或繼祖或繼曾祖 而立爲其父及爲其祖 當爲斬衰三年喪也."

당연히 왕위를 계승하여야 할 왕자가 부득이 계승하지 못한 경우 그 다음에 왕위에 오른 손자나 증손자는 실제로는 조부와 증조부를 잇게 되는 것이지만, 왕위의 승계에 있어서는 父가 되는 것이다. 그러니까 승계에 있어서 왕위를 누구로부디 잇게 되느냐에 따라 삼년상과 아울러 참최복을 입어야 하는 것을 말함이다. 조부나 증조부에게는 원래 참최삼년상을 입지 않는 것이나 승통에 있어서는 다른 것이다. 이것은 바로 왕위계승에서는 승계를 우선적으로 생각하기 때문이다. 즉 제왕의 집안에서는 승통을 주로 하기 때문이다. 그래서 비록 숙부가 조카를 계승하거나 형이 아우를 계승하거나 역시 부자의 도리가 있게 되는 것이니 참최삼년상을 입게 되는 것이다.

이와 같이 왕위계승에 있어서 숙부가 조카를, 형이 아우를 잇더라도 부자의 도리가 생기는 것은 왕통의 의리를 중요시하기 때문이다.45) 비록 부자의 정은 없지만 왕위의 승통은 의리로서 계승하기 때문에 부자의 도리가 있는 것이다. 또한 入繼承統으로 왕위에 오르든지 정통으로 왕위를 계승하든 간에 상을 당할 경우 또한 여러 가지의 문제가 발생하게 된다.

이러한 것을 보기 위해 우선 『의례』 상복편에서 나타나는 것을 살펴보기로 한다.

> 아버지가 맏아들을 위하여 복을 입을 경우에 주석에 이르기를, 어째서 삼년복을 입어야 하는가. 조상의 정통을 이은 몸에서 난 아들이기 때문이며 또한 조상의 제사를 받들기 때문이라고 하였다(父爲長子 傳曰何以三年也 正體於上 又乃將所傳重也).

이것은 부모의 상을 당할 경우에도 삼년복을 입지만, 장자가 죽

---

45)『全書』, 340쪽 : "父子之倫雖重 入繼之義至嚴 不可犯也."

었을 경우에도 아버지가 장자를 위해 삼년복을 입어야 하는 것이
다. 그것은 비록 자식이지만 장자는 조상에 대한 正體로서 전중하
는 것이기 때문에 삼년복을 입는 것이다. 장자에 대하여 삼년복을
입는 것은 또한 선조의 정체를 귀중하게 여기기 때문이며, 아울러
장차 자기를 대신해서 종묘의 제사를 주관하게 되기 때문이다.[46)]
또한 '正體於上'은 적자를 가리키기도 하는데 대개 정은 正長이며,
체는 부자이니 적자는 저절로 두 가지의 뜻인 '정'과 '체'를 모두
겸하고 있다. 그래서 합하여 정체라고 말하는 것이다. 그런데 적자
가 아니면 정체는 나뉘어서 둘이 되며 아래에서 언급할 '體而不正'
혹은 '正而不體' 등으로 나타나게 된다.[47)] 바로 '정체'의 해석 문제
가 조선조 예송에서 많이 나타나게 되는 것 또한 당연한 귀결인지
도 모른다. 뿐만 아니라 적자에서의 '嫡'자 해석도 문제가 되는 것
은 당연한 것이다.

　이와 같이 '字'구의 해석부터가 예송문제에 대두되는 것은 통을
바르게 하기 위한 의도에서인지도 모른다. 그래서 사계는 그의『전
례문답』의 고증을 따로 편집하였던 것이다. 예는 바로 정확하게 적
용되어야 하기 때문이다. 반면에 승중을 했어도 삼년복을 입지 않
는 경우가 네 가지 종류가 있으니 다음과 같다.

　　첫째, 정체이면서도 전중할 수 없으니 적자가 폐질이 있어 종묘를 도
　　　맡아 주관해 내지 못하는 것을 말함이다.
　　둘째는, 전중은 했어도 정체가 아니어서 서손이 후계자가 된 것이 이

---

46)『儀禮』, 346쪽 : "庶子不得爲長子三年不繼祖也 '註'此言爲父後者　然
　　後爲長子三年重其當先祖之正體　又以其將代己爲宗廟主也."
47)『南溪朴世采文集』, 1295쪽 :「傳曰何以三年也 正體於上」의 註에서 말
　　한 것으로 다음과 같다. "此指嫡子　蓋正是正長　體是父子　而嫡子自得
　　兼有二義　故合言之　苟非嫡子則正體分而爲二　以下文　體而不正正而不
　　體而知.

> 것이요,
> 셋째는, 體이나 不正한 것으로 서자가 후계자가 된 것이 이것이요,
> 넷째는, 正이나 體가 아니어서 적손을 세워서 후계자로 삼은 것이 이
> 것이다.[48]

　이상의 네 가지도 따지고 보면 두 가지의 일에 불과할 뿐이다. 즉 정체와 전중의 두 가지 일이다. 뿐만 아니라 정체와 전중은 斬衰의 대의가 되는 것이며 장자는 참최의 정명이 되는 것으로 볼 수 있다.[49] 즉 장자는 참최복을 입게 되는 경우에서 가장 기본이 되는 정명인 것이며, 정체와 전중은 참최복을 입는 경우의 대의인 것이다. 바로 장자는 대개 은혜와 의리를 겸하고 있기 때문이다.[50]

　그러면서도 장자의 의리는 정체와 전중을 겸하는 곳에 있게 된다.[51] 이러한 말에 대한 설명으로 박세채가 말한 것을 인용하여 보고자 한다.

> 正이라는 것은 嫡이요, 체라는 것은 부자일체이다. 전중이라는 것은 조부를 계승하여 조상의 제사를 잇는 것이다. 이것으로 본다면 부자의 體, 親親하는 것들은 恩에 속하는 것이고, 正嫡의 義는 조부의 重을 계승하며 조부를 존중하는 것을 미루어 본 것이니 義에 속하는 것이다. 이것은 정체와 전중의 두 가지 일을 온전하게 하는 것이다.[52]

---

48) 『儀禮』, 347쪽 「賈公彦註」 : "若然雖承重不得三年有四種　一則正體不得傳重　謂嫡子有廢疾不堪主宗廟也　二則傳重非正體庶孫爲後　是也　三則體而不正　立庶子爲後　是也　四則正而不體　立嫡孫爲後　是也."
49) 『南溪朴世采文集』, 1298쪽 : "蓋長子者所以斬衰之正名也－正體傳重者所爲斬衰之大義也－四種然其義則或正體或傳重二事而已矣."
50) 『南溪朴世采文集』, 1299쪽 : "長子者蓋所以兼恩義."
51) 『南溪朴世采文集』, 1299쪽 : "長子之義在於兼正體傳重."
52) 『南溪朴世采文集』, 1299쪽 : "正者嫡也　體者父子一體也　傳重者繼祖也　是以父子之體　親親之等而恩之屬也　正嫡之義　繼祖之重　尊祖之推而義之屬也　此所以全夫正體傳重之二事也."

즉 장자는 전중함으로써 조부의 重을 잇게 됨과 동시에 부자일체이니 만큼 정체의 입장에서도 떳떳하기 때문에 은혜와 의리를 아울러 갖추게 되는 것이다. 그러니까 정체와 전중의 의는 모두 의리와 은혜을 겸하는 곳에서 나오는 것이다.[53]

이와 같이 본다면 복제문제는 복잡해지지 않을 수가 없다. 비록 왕위를 계승하였다손 치더라도 어떻게 계승했는가에 따른 문제가 있는 것이다. 그러한 예로 인조의 경우를 들 수 있다.

인조는 반정으로 왕위에 올랐기 때문에 즉위한 것은 대통으로 마땅히 승계한 것과는 다르다. 그런데 인조가 즉위한 뒤 인조의 所生父이자 宣祖의 다섯째 아들인 定遠君[54]에 대한 私廟의 호칭문제와 복제문제가 일어나게 되었다. 당시에 寧越郡守인 박지계가 소를 올려 삼년상을 지낼 것과 모든 관리가 기년복을 입기를 간하였다. 이때 月沙 李廷龜가 사계에게 찾아와 의견을 물었으며 이후 사계는 삼년상의 부당함을 논박하게 된다. 그래서 사계는 不杖朞가 옳다고 하였다.

또한 인조가 私廟親祭時에 부를 축문칭호에 관해서도 '考'로 하면 부당하니 伯叔父로 불러야 한다고 하였다. 당시 예조판서인 이정구도 삼년상은 부당하니 부장기로 하여야 함이 타당하다고 하면서도, 칭호문제에 있어서는 부제학인 鄭經世와 더불어 '고'로 하여야 한다고 하였다.

그리고 인조는 박지계와 그의 문인 李義吉 등 여러 사람의 건의에 따라 대원군인 정원군을 追崇하여 立廟하였다. 그리하여 정원군은 元宗이 되었다. 그러나 사계는 추숭하여 입묘하는 것 자체가 잘못된 것이라 여겼으며, 박지계가 소에 인용하여 주장하는 것은

---

53) 『南溪朴世采文集』, 1299쪽 : "正體傳重之義 出於兼恩義."
54) 以後 追尊하여 元宗이라 함.

아무 근거가 없으며 억지가 담긴 것이라고 비난하였다. 또한 사계
는 정원군을 추숭하여 입묘하지 말고, 인조의 동생인 綾原大君이
제사를 주관하여야 한다고 하였다.

　이와 같은 논의는 주로『의례』상복장에서 나오는 '위인후자'에
대한 해석의 문제로 논의되었다.

　여기에 대한 사계의 주장은 다음의 글에서 잘 나타난다.

　　대통으로 마땅히 승계한 임금과 旁支로 대통을 입계한 임금과는
차이가 있다. 지금의 대원군을 宜嗣位 合立하여 병으로 서지 못하는
것과는 비교하여 例로 삼을 수가 없다. 聖上 또한 자기 자신이 마땅히
서서 증조부에게서 나라를 인수한 것과는 같지 않다. 무릇 經에 말하
는 것은 대통에 마땅히 서는 임금을 가리킨 것이며, 그 세는 지금과는
다른 것이다. 박지계가 소에 인용하여 증거로 삼고 비교하여 동일한
것으로 여긴 것은 禮經의 뜻을 잃은 것이다. 바로 박지계가 소에 인용
한 이른바 月光을 가리켜 日光이라고 한 비유와 같은 것이다.55)

　즉 통의 문제에 있어서 承繼와 入繼의 차이에 관한 설명으로 볼
수 있다. 즉 "大統當繼之君"과 "旁支入繼大統之君"의 차이로 설명
되는데 그것은 正統繼體之子가 폐질로 불립하였을 경우에 왕위에
오르는 것이 대통당계지군에 해당하는 것이다. 그러나 인조의 경
우는 반정으로 왕위에 올랐기 때문에 대통당계지군으로 볼 수는
없는 것이다. 이와 같이 왕위에 올라도 어떻게 즉위하는 가에 따라
서 상복에 대한 논의가 있을 수 있는데 사계의 다음과 같은 말에
나타난다.

---

55)『全書』, 338쪽 : "大統當繼之君　與旁支入繼大統之君　有異　今於大院君
　　不可與宜嗣位合立　爲廢疾不立者　比而爲例也　聖上亦與已當立受國於
　　曾祖者　自不同也　凡經所言乃指大統當立之君也　其勢異於當今也　朴疏
　　引而證之　比而同之　殊失禮經之意　正如朴疏所謂指月光爲日光之譬也."

　　주자에 의하면 입계한 임금은 소생부모를 위하여 재최부장기를 해
야 한다고 되어 있다. 또한 의례와 가례의 대종에 입계한 사람은 본생
부모를 위하여 재최기를 한다고 하였으니 지금은 마땅히 이것으로 증
거를 삼아야 한다.56)

　　이것은 바로 입계하였을 경우를 말하는 것이다. 물론 일반 사람
들에게 있어서의 위인후자의 경우나, 왕가에 있어서 왕통을 잇는
경우나 모두 경우는 같은 것이나 특히 왕가에서는 어디까지나 승
통을 중요시하는 것이다. 그래서 사계는 다음과 같이 말한다.

　　생각하건대 예기에 다른 사람의 뒤가 된 사람은 그 아들이 되는 것
인데, 임금에게 이를 것 같으면 비록 형이 아우를 잇고 숙부가 조카를
이어도 모두 부자의 도리가 있는 것이다.57)

　　그래서 일반 사람들은 위인후자로 본생부모인 私親을 돌볼 수
없다. 그것은 자연적으로 맺어진 천륜이 비록 중요하나, 입계할 경
우에는 의리가 자연적인 혈연관계보다 더욱 중요하기 때문이다.
그렇기에 사계는 다음과 같이 말한다.

　　나와서 다른 사람의 뒤가 되는 것은 입계대통하는 것과 일은 비록
다르나, 사친을 돌보지 못한다는 점에서는 한가지이다. 사대부도 오히
려 그러한데 하물며 임금에게 있어서랴? 부자의 인륜이 비록 무거우
나 입계한 의리가 지극히 엄격하기 때문에 범할 수 없는 것이다.58)

---

56)『全書』, 338쪽 : "朱子曰入繼之君　爲所生父母　齊衰不杖朞　又儀禮及家
　　禮入繼大宗者　爲本生父母　齊衰朞　今當以此爲據也."
57)『全書』, 8쪽 : "按禮爲人後者爲之子　至於人君　則雖兄之繼弟　叔父之繼
　　姪者　皆有父子之道焉."
58)『全書』, 340쪽 : "出爲人後與入繼大統　其事雖殊　不得顧私親一也　士大
　　夫尙然　況人君乎　父子之倫　雖重　入繼之義至嚴不可犯也."

또한 사계는 위인후자가 본생부모를 위하여 稱考·稱子하여서
는 안 된다고 하였다.

칭고·칭자의 부당함은 春秋四傳과 杜氏通典에 상세히 나타나 있
는데, 그것을 미리 참조하였다면 옳았을 것이다.59)

그리고 사계는 계후자(위인후자)에 관한 해석의 차이를 다음과
같이 말한다.

계후자(위인후자)는 그 본생부모를 위하여 기년복을 입어야 하나,
부모의 名은 없어지지 않는다고 하는 말은 歐陽修의 잘못된 견해에서
나온 것이다.60)

그러면서도 부모의 이름은 그대로 둘 수도 없으며, 완전히 없앨
수도 없다는 것이 사계의 생각이다. 왜냐하면 소생부모에 대한 정
을 제거할 수 없으니, 그 정의 표현으로 부모가 아닌 伯叔父母라는
호칭으로 해야 된다는 것이다. 이것은 세대가 바뀌더라도 완전히
남이 아니었다는 것을 보여 주기 위해서이다.

程子가 말하기를 위인후자에서 所後者는 부모가 되는 것을 일컫고,
所生은 백숙부모가 되는 것을 일컬은 것이라고 한다.61)

만약 본생부모에 대한 칭호를 고로 할 경우에는, 兩考의 혐의가

---

59)『全書』, 339쪽 : "稱考稱子之非 詳見春秋四傳及杜氏通典 預爲考据
　　至可."
60)『全書』, 342쪽 : "爲人後者爲本生父母當服朞 而不沒父母之名 此說出
　　於歐陽修之誤見也."
61)『全書』, 342쪽 : "程子曰爲人後者 謂其所後者爲父母 而謂其所生爲伯
　　叔父母."

있게 된다. 그것은 원래 가무이존이라는 측면에서 보더라도 名을 바르게 할 필요가 있기 때문에 잘못이라는 것이다. 그래서 사계는 다음과 같이 말한다.

> 程朱가 漢의 宣帝가 史皇孫에게 考라고 稱한 것을 논하여 倫序를 어지럽히고 예를 잃은 것이라 하여 배척하였다. 선제가 손자 항렬로서 대통을 입계하여 부자의 道가 있는데, 또 한편으로 사황손에게 고라고 칭한다면 양고의 혐의가 있기 때문이다.62)

마찬가지로 양고의 혐의에 대하여 사계는 다음과 같이 말한다.

> 논의한 사람들의 말과 같이, 이미 (인조가) 대통을 잇고서 사친에게 고라고 칭한다면, 이것은 정통에 전일하지 못하여 두 가지 근본의 혐의가 있는 것이니, 예를 해치고 인륜을 어지럽히는 것이 또한 심하지 아니한가?63)

사계는 반정으로 왕위에 오른 인조가 본생부모인 정원군의 추존에 대한 박지계의 설을 비판하여 다음과 같이 말한다.

> 박지계가 소에 宣廟는 대종이고 정원군은 소종이라 하였는데, 이것은 先儒의 대종과 소종의 예를 고찰하지도 않고 억지로 자기의 견해를 아무런 근거 없이 주장하는 것이며, 近思錄에 나오는 이른바 天子建國諸侯奪宗之說을 끌어다가 傅會하여 정원군을 立廟하는 증거로 삼고 있다. 원래 대종・소종이라 하는 것은 제후의 別子가 스스로 대종이 되면 그 支派가 소종이 되는 것이지, 人君을 가리켜 말한 것이 아니다. 또한 제후가 宗을 빼앗는다고 한 것은 漢의 蕭何나 曹參의 무리같이 비록 衆子라도 제후가 된다면 長子의 宗을 빼앗아 자기에

---

62) 『全書』, 352쪽 : "程朱論漢宣帝稱考於史皇孫 斥之亂倫失禮者 宣帝以 孫行入繼大統 有父子之道焉 又稱考於史皇孫 則有兩考之嫌 故也."
63) 『全書』, 8쪽 : "若如議者之說 而旣繼大統又考私親 則是不專於正統 而 爲二本之嫌 其爲害禮亂倫 不亦甚乎."

게 宗을 옮기는 것을 말한다.64)

또한 사계는 위와 같은 경우에 대하여 다음과 같이 비판한다.

朴知誠·李貴·崔鳴吉의 뜻은 선제가 방지로 昭帝를 승계한 것이
인조가 친손자로 정통에 입승한 일과는 같지 않다는 것이나 이것은
그렇지 않다. 인조가 비록 친손자라 하더라도 실제적으로는 소종이다.
소종으로 대통을 계승한 것이 漢의 선제와 다를 것이 무엇인가. 다만
소종으로 입승한 것만 살필 뿐이다. 방지와 親孫은 진실로 마땅한 논
의가 못된다. 무릇 대종과 소종은 서로 섞일 수 없는 것이다. 비록 입
승하였다 하더라도 그 소종은 오히려 옛것이니 어찌 입승한 까닭으로
써 그 소종으로 대종에 합하겠는가?65)

사계는 인조반정이후 정원군의 추숭논의에 관한 부당함의 예로
다음과 같이 들고 있다.

옛날에 商나라 湯의 손자인 太甲과 周나라 平王의 손자인 桓王이
모두 조부를 승계하여 왕위에 올랐으나 그 아버지를 추숭했다는 말은
듣지 못했다. 한 소제의 종손자인 선제가 繼立하였으나, 그 所生父인
사황손을 추숭하여 入宗廟하지 않고, 단지 皇考라고 칭하였는데도 程
子와 范氏와 胡氏는 오히려 倫序를 어지럽힌다고 하여 배척하였다.
주자가 綱目에다가 그것을 기재하였다.66)

---

64) 『全書』, 338쪽 : "朴疏曰宣廟大宗也定遠小宗也 不考先儒大宗小宗之
   禮 强以己見做出無據之言 引近思錄所謂天子建國諸侯奪宗之說 傅會
   定遠立廟之證 夫大宗小宗云者 諸侯別子自爲大宗 其支派爲小宗 非
   指人君而言之也 諸侯奪宗云者 如漢之蕭何曹參之類 雖衆子旣爲諸侯
   則奪長子之宗移宗於己也."
65) 『全書』, 352쪽 : "朴知誠李貴崔鳴吉之意 則宣帝以旁支上繼昭帝 主上
   以親孫入承正統 事不同也 此則不然 主上雖曰親孫而實乃小宗也 以小
   宗而承大統 何異於漢宣乎 只觀其以小宗入承而已 旁支與親孫 固不當
   論也 夫大之與小 不可相混 雖則入承而其小宗猶舊也 豈以入承之故
   而竝與其小宗而合於大宗也."

　이상의 글을 통해서 보면 부자의 윤리가 重하다 하더라도 입계한 의리가 지극히 엄하기 때문에[67] 사친인 定遠君에 대해서 칭고·칭자할 수 없는 것이다. 비록 君父가 一體로서 지존하다는 것에서는 동일하다[68]고 하지만 의리가 더욱 중요하다는 것이다. 또한 이러한 것은 천지의 大義이며 인간의 大倫이라 변역할 수 없는 것[69]으로 보고 있다.

　이와 같은 사계의 주장은 모두 춘추강목의 설을 바탕으로 펴고 있으며, 하늘에 태양이 두 개가 있을 수 없듯이 한 집안에 두 가지 근본이 없다고 한 것들은 모두 그가 통을 바르게 하여야 된다는 것이다. 즉 '정통'을 지켜야 한다는 뜻이다. 즉 공자가 지은 춘추도 결국은 통을 바로잡기 위한 왕통을 중심으로 언급하였다고 볼 수 있을 것이다. 의리를 중시하는 것 자체가 통을 기준으로 했을 때 나타나는 현상이다. 그러므로 이것은 또한 춘추의 의리정신을 강조함과 동시에 명분을 바로 해야 됨을 주장한 것으로 이해된다.

第4節　道　統

　유가는 출발 시부터 道를 내세웠다. 그것은 바로 천하를 다스리는 도이다. 그 도가 실현되는 것을 가장 이상적인 것을 생각하였는데, 그것을 다른 말로 安人 또는 치국·평천하라고 표현하였

---

66) 『全書』, 339쪽 : "昔者商湯之孫太甲　周平王之孫桓王　豈繼祖而立　未聞追崇其父　漢昭帝之從孫宣帝繼立　不以其所生父史皇孫追入宗廟　雖稱皇考　而程子范氏胡氏　猶以亂倫斥之　朱子載之於綱目."
67) 『全書』, 340쪽 : "父子之倫雖重　入繼之義至嚴　不可犯也."
68) 『儀禮』, 347쪽 : "「妻爲夫傳曰夫至尊也」釋에　夫至尊同之於君父也."
69) 『全書』, 342쪽 : "此天地之大義　生人之大倫　而不可得而變易者也."

던 것이다. 결국 예학에서 내세우는 안인으로서의 기능은 도통70)의 유지에 있는 것이다. 유가가 인문주의를 내세우고 있는 것도 안인·평천하를 도에 의하여 이룩하고자 하는 정신이 강열한데 말미암는다.

이와 같이 본다면 앞에서 도통이라고 하는 것은 옛날 성인들이 모든 사람들을 통솔하던 도의 相承을 의미한다. 이와 같은 예로 조선시대 선비 정신이라고 하는 것도 결국에는 절의정신을 표방한 도학의 맥락에서 나온 것이었으며, 鄭夢周를 위시한 吉再, 金宏弼, 趙光祖 이후에 많은 선비들이 목숨을 버리면서도 국가를 위하여 죽을 수 밖에 없었던 것은 바로 도통의식의 발로였다. 도통의 보존을 위하여 도통에 대한 투철한 정신으로 말미암아 그러한 절의정신이 나타났다고 볼 수 있는 것이다. 그래서 사계도 도를 전함에 있어 각각 표현만 다를 뿐 같은 것으로 생각하였는데 다음과 같은 그의 말에서 알 수 있다.

> 이것은 요순이 말한 惟精惟一, 공자가 말한 克己復禮, 子思가 말한 恐懼謹獨, 맹자가 말한 收放心擴充四端, 周子가 말한 誠無爲幾善惡이라는 것으로 옛날부터 성현들이 뜻을 상전한 것이 대략 이와 같은 것이다.71)

---

70) 范壽康은 道統에 대하여 다음과 같이 말한다 : "朱子가 편집한 『四書』의 이면에는 '道統'의 의의가 내포되어 있다. 그는 『대학』은 曾子가 지은 것이며, 『中庸』은 子思가 지은 것으로 단정하고, 공자는 위로 堯, 舜, 文王, 武王, 周公의 道를 계승하여 曾子에게 傳하고, 曾子는 子思에게 전했으며, 子思의 道는 孟子에게 전해졌으나 맹자 뒤에는 그 도를 전해 오지 못한 것으로 생각했다. 北宋의 두 程氏에 이르러서 비로소 이 오래 동안 중단된 '도통'을 계승했다고 했다. 이러한 '道統'에 관한 학설은 漢代 司馬遷의 '太史公自序'에서 시작되어 唐代 韓愈의 '原道'篇에 이어진 것이다(洪瑀欽 譯, 『朱子와 그 哲學』, 嶺南大學校 出版部, 1988年, 250쪽 再引用)."

바로 학문을 통하여 의리의 정수를 모든 일에 체험함과 동시에 私欲을 버리고 천리의 바른 것을 얻어야 한다는 것이다. 즉 성현들이 전한 도는 바로 천리의 바른 것을 얻어야 한다는 것이며 그 도는 바로 천리의 바른 것을 몸소 체험하는 것에 있는 것이다. 그러한 사계의 주장은 다음과 같이 나타난다.

> 제왕이 나라를 다스리는 요령은 학문보다 선행하는 것은 없다. 학문의 도는 다른 것이 없으니 성현의 말을 토론하여 그 의리의 정수를 구하여 반드시 몸과 마음으로 체험하면 일이 없을 때에도 이러한 마음은 渾然히 두려움도 없이 애매한 것도 없으며, 조용한 것이 止水와 같게 된다. 아울러 염려하는 생각이 발하더라도 公私에 있어서 의리와 私欲의 分守를 살펴서 私私로운 것을 극복하기를 엄하게 하여야 하며, 擴善하기를 넓게 하여야 한다. 그러면 日用云爲하는 사이에 스스로 천리의 정을 얻게 될 것이다.72)

이와 같은 사계의 말을 보건대, 철저한 수기설을 바탕으로 학문을 통하여 도를 깨닫는 것이 중요함을 알 수 있다. 그렇다면 사계에 있어서 도통이란 결국은 성리학에서의 "滅人欲存天理"를 기초로 한다고 해야할 것이다.

원래 도통에 관한 주장은 한유로부터 시작한 것을 알 수 있다. 즉 유학에도 불교의 선에 해당하는 수양에 관한 가르침이 있다고 생각하여 배불의 목적으로 도통의 연원을 밝힌 것이다. 왜냐하면 이학의 근본적인 내용은 윤리사상이기 때문이다. 이학의 윤리사상

---

71)『全書』, 31쪽 : "此堯舜所謂惟精惟一 孔子所謂克己復禮 子思所謂恐懼 謹獨 孟子所謂收放心擴充四端 周子所謂誠無爲幾善惡 千古聖賢相傳 旨詣 其大略不過如此."
72)『全書』, 30쪽 : "帝王爲治之要 莫先於學問 學問之道 無他 討論聖賢之 言 求其義理之精 必須體之於身 驗之於心 無事之時 此心渾然惺惺不 昧 澹若止水 及其念慮之發 察其公私理欲之分 克私猶恐不猛 擴善猶 恐不廣 則日用云爲之間 自得天理之正."

은 공맹의 도통을 계승하여, 불교와 도교의 사상을 받아 들여 천리
를 우주의 본체와 윤리의 본원으로 내세웠다.73) 또한 불교의 조사
에 해당하는 것으로 유학에서 그 도를 전한 맥락으로 도통을 밝힌
것이다. 이와 같은 표현은 그의 『原道』에 잘 나타나 있다.

> 내가 소위 道라고 하는 것은 老佛의 도를 일컫는 것이 아니다. 堯
> 가 이것을 舜에게 전하였고, 순은 이것을 禹에게 전하였고, 우는 이것
> 을 湯에게 전하였고, 탕은 이것을 文武周公에게 전하였고, 문무주공
> 은 孔子에게 전하였으며, 공자는 孟軻에게 전하였다. 맹가가 죽고 나
> 서 전하여지지 않았다.74)

이와 같은 한유의 주장을 보더라도, 유가의 삶에 있어서 행위의
영원한 기준은 도통에 있다고 볼 수 있고, 그 기준이 되는 내용이
바로 요순으로부터 전해지는 심법의 전수로 볼 수 있다. 즉 '人心
惟危 道心惟微 惟精惟一 允執厥中'75) 16자의 심법의 내용 중 12자
는 윤집궐중을 설명한 단어에 불과하며, '윤집궐중'이야말로 이학
가들이 말하는 도통의 실질적 내용이 되는 것이다.76) 그렇기 때문
에 도통으로서 전해지는 내용은 사계의 주장으로 본다면 표현은
다르나 내용은 같은 것이다.

이와 같은 도통론의 의의는 결국 송유들이 내세우는 자기들의

---

73) 朱贈庭 主編, 『中國傳統倫理思想史』, 華東師範大學 出版部, 上海, 1986
　　年, 21쪽 : "理學的主體內容是他的倫理思想 理學倫理思想繼承孔孟道
　　統 汲取佛道的思想成分 提出以天理爲宇宙本體和道德本原."
74) 四部叢刊正 編, 『韓昌黎先生集』「原道」卷34, 法仁文化社 影印本, 97
　　쪽 : "斯吾所謂道也 非向所謂老與佛之道也 堯以是傳之舜 舜以是傳之
　　禹 禹以是傳之湯 湯以是傳之文武周公 文武周公傳之孔子 孔子傳之孟
　　軻 軻之死不得其傳焉."
75) 『尙書』 卷第二, 「虞書」 大禹謨.
76) 張立文, 『朱熹思想研究』, 589쪽.

학설과 주장이 독자적인 성격을 지니고 새롭게 탄생한 것이 아니라 요순 이래 전해지는 도의 맥락을 지니고 있다는 것이다. 소위 繼往聖開來學으로 표현되는 것이다. 이것은 자기들이 주장하는 이론이 어디까지나 새롭게 전개되는 것임에도 불구하고, 불교계에 대항한 성리학 자체가 원시유학에서부터 있어 왔다는 것을 강조하기 위한 의도에서 도통을 내세운 것으로 볼 수 있다.

그렇다면 여기서 '정통'이 과연 무엇인가가 문제가 되는 것이다. 전술한 바와 같이 '정통'은 바로 "통을 바로 잡는다"는 것인데, 바로 "바른 통을 유지하는 것"과 같은 말이다. 즉 "통을 바르게 하여야 하는 것"을 말한다. 그런데 "통을 바르게 하여야 하는 것"을 "통을 중시한다" 혹은 "통을 수립한다"라고 할 경우에 몇 가지 문제가 있다. 왜냐하면 사계의『전례문답』의 글을 통해서 볼 경우에, 사계의 주장은 "올바른 통을 유지하여야 한다"는 것으로 이해될 수 있기 때문이다. 즉 天無二日・土無二王・家無二尊 등의 표현은 분명히 '정통'을 주장한 것이지 "통을 중시한다"・"통을 樹立한다"는 것이 아님을 알 수 있다. 소위 인조의 경우를 보더라도 인조가 반정으로 왕이 되었을 때, 사친인 정원군의 추존문제와 사묘에서의 칭호문제 그리고 인조의 생모인 계운궁 구씨의 상 등에 관한 구체적인 언급을 통해서 보면 더욱 뚜렷이 알 수 있다.

먼저 "통을 중시한다"는 측면에서 사계의 주장을 고찰하여 보자. 인조가 반정으로 왕위에 오른 뒤에 사친인 정원군에 대한 대우를 "가통을 중시한다"는 것으로 이해되어 질 수 있다. 즉 필자가 주장하는 삼통의 측면에서 본다면, 결국 "통을 중시한다"고 하는 주장은 '가통'을 중시한다는 측면으로 이해되어지는 것이다. 왜냐하면 사친인 정원군에 대한 추숭과 사묘친제 때의 칭호문제를 가통을 중시한다는 측면에서 본다면, 이것은 바로 인조 당시의 박지계가 주장하는 것과 같은 것이 되고 만다. 그러나 사계의 주장을 살펴본다면, 왕위에 오른 자는 '왕통'을 바로 유지하는 것이 왕통을 바로잡는 측면에서의 정통이기 때문에, 왕통을 바로잡기 위해서는 왕위에 오르기 전의 가통에 얽매여서는 안 된다는 것이다. 만약 "통을 중시한다"라고 표현한다면, 인조가 사친인 정원군과 계운궁 구씨에 대한 모든 행위가 소위 "가통을 중시한다"는 측면에서 본다면 아무런 잘못이 없다. 왜냐하면 본생부모이기 때문에 칭고를 하는 것이 "가통을 중시하는" 측면에서는 당연하기 때문이다. 바로 이러한 주장이 박지계가 내세우는 것과 일맥상통하는 것이다. 그것은 인조가 선조의 손자로서 왕위에 올랐기 때문에 정원군에게 칭고하는 것은 가통의 견지에서는 아무런 하자가 없게 되는 것이다. 그러나 사계의 주장은 왕통의 측면에서는 절대로 私家인 가통을 돌봐서는 안 된다는 것이다. 이와 같은 例로 광해군을 들 수 있다. 광해군이 왕위에서 축출된 것도 왕통을 바로잡기 위한 것으로 볼 수 있는 것이다. 그렇기 때문에 선조를 이은 왕도 왕통이라는 측면에서는 인조로 보게 된다. 따라서 인조가 반정으로 왕위에 올랐다고 하더라도 어디까지나 왕통을 바로잡는데 주력해야지, 왕위에 오르기 이전의 사친인 정원군을 돌본다는 것은 정왕통의 측면에서 본다면 있을 수가 없는 것이다. 즉 사계가 주장하는 이본의 혐의가 있다는 것도 결국은 이를 두고 한 말이다. 그런 측면에서 "통을 중시한다"는 표현은 사계의 주장을 잘못 이해한데서 기인한다고 보아야 할 것이다.

다음으로 "통을 수립한다"는 표현을 사계의 『전례문답』에서 주장하는 말과 견주어 보자. "통을 수립한다"는 말은 바로 통을 세운다는 말로 이해할 때에, 이 말은 왕통의 경우 새로운 왕조의 건국에 적용하는 말이지 기존의 왕통을 계승하거나 바로잡는 경우에 사용하는 말이 아니다. 원래 유가의 이론적 바탕이 전술한 바와 같이 종법제도를 바탕으로 하고 있기 때문에 새로운 국가 건설이 아닌 이상에는 "통을 수립한다"라는 표현은 사용할 수가 없다. 그래서 사계가 『近思錄』에 나오는 "天子建國諸侯奪宗之說"을 인용하여 증거로 삼아서는 안 된다고 하였다. 사계의 이와 같은 주장은 인조가 방지로 입계하여 왕위에 올랐더라도 왕통의 측면에서는 어디까지나 선조의 왕위를 이어받는 것이지 "天子建國諸侯奪宗之說"과 같이 새로운 왕조를 건국하여 왕위에 오른 것은 아니기 때문이다. 즉 반정으로 왕위에 올랐다고 하더라도 그것을 새로운 왕조건설로 이해해서는 안 된다는 것이다. 이와 같은 표현은 당시 박지계가 천자건국제후탈종지설을 인용하여 예로 들었는데 만약 그것을 "통을 수립한다"라고 표현한다면 당시 박지계의 주장과 별로 다름이 없다고 보아야 한다. 그러므로 "통을 수립한다"는 표현은 위의 "통을 중시한다"라는 말을 사용하는 것과 마찬가지로 사계의 주장을 잘못 이해한데서 나온 것으로 보아야 한다.

　이상의 삼통에 관한 해석을 종합적으로 묶어서 표를 만들어 본다면 다음과 같이 볼 수 있다.

目的的인 側面	齊　家	治　國	平天下
意識的인 側面	正家統	正王統	正道統
形式的인 側面	立家廟	立宗廟	立文廟

　이는 원시유학에서부터 이상적으로 제시되어온 수기·치인을 그 치인적인 측면에서 삼통으로 나누어 본 것이다. 수신·제가·치국·평천하를 수기설과 그리고 삼통과 관련지어서 도표를 편성한

것이다. 이렇게 본다면 가통을 바로잡기 위하여서는 가묘[77]를 세워야 하는데 그것은 제가를 위해서 하는 것으로 볼 수 있다. 그리고 왕통을 바로잡기 위해서는 종묘를 세워야 하는데 그것은 나라를 다스리기 위한 노력의 일환으로 볼 수 있으며, 도통을 바로잡기 위하여서는 문묘[78]를 세워야 하는데 결국 평천하를 이상적으로 추구하는 것임을 알 수 있다.

이상으로 '정통'이 과연 가통, 왕통 그리고 도통에 어떻게 작용되고 있는가를 고찰하여 보았다. 사실 집안에나 국가나 이본·이존이 있을 수가 없는데 바로 이본·이존이 없는 상태로 하는 것이 '정통'의 역할이라 할 수 있다. 통을 바르게 하는 것은 바로 바

---

77) 한우근 교수는 『조선왕조초기에 있어서의 유교이념의 실천과 신앙, 종교』 『한국사론』 3에서 다음과 같이 말한다 :
  "정몽주가 재상이 되었을 때 비로소 士庶에 대하여 주자가례에 따라 가묘를 건립하고 先祀를 받들도록 영을 다는 것이다(158쪽)"
  "가묘의 시행을 강행하게 된 것은 태종조에 들어서의 일이다. 즉 태종 원년에 사헌부 대사헌 李至 등은 가묘의 건립을 사대부가에서부터 먼저 강력히 시행할 것을 건의하여 왕의 윤허를 받게 되었다(159쪽)"
  "종묘와 가묘는 모두 효성의 극진함을 뜻하는 유교적 윤리의 儀式的 표현이다(161쪽)"
  "가묘제 즉 조상숭배의 제례를 통하여 가부장제적인 유교적 가족질서를 확립(166쪽)"
78) 崔根德 敎授는 도통과 관련하여 다음과 같이 말한다 : "도통과 관련해서 참고가 될 수 있는 것은 文廟配享이다. 고구려에서는 小獸林王 2年(372年)에 夏 6月에 대학을 세우고 신라에서는 神文王 2年(682年)에 國學을 설립하게 되는데 文廟를 同時에 세우지 않았을리 없다. 신라 聖德王 16年(717年) 唐에 사신으로 갔던 守忠이 돌아오면서 文宣王(孔子)과 10哲 72弟子圖를 가져와 王에게 바쳤고 이를 곧 太學에 安置했다는 記錄이 있다. 문묘를 세웠다면 依例히 배향이 있게 마련이라 중국의 例에 따라 10哲 72弟子들을 모셨던 모양이며, 우리의 賢哲이 그 자리에 오르지는 않았던 것 같다(崔根德, 「圃隱思想硏究論叢」 『韓國性理學의 道統과 鄭圃隱』, 圃隱思想硏究院, 114쪽)."

른 통을 유지하는 것이기 때문이다. 마찬가지로 도통에 있어서도 성현이 상전한 '도'는 하나인데 다만 전할 때 문자표현만 다른 것이다.

또한 정통으로서의 예는 바로 천리의 절문을 어떻게 체득하는가도 문제가 안 될 수 없다. 그러나 객관적인 규범으로서의 예를 실천할 수 있는 것은 개개인마다 천리가 내재하여 있는 이상에는 문제가 안 될 수도 있다. 뿐만 아니라 인간관계에서 나타나는 윤리적인 실천은 자연적으로 수기를 통하여 가능한 것이다.

더군다나 사계가 복제문제, 칭호문제 그리고 추숭문제를 위해 전거로 삼은 것이 춘추강목인 이상 그가 얼마나 춘추대의의 정신을 존중하는지 모른다. 바로 의리에 투철하고 명분을 바로 세울 것을 강조한 것으로 판단한다면, 그의 예학은 바로 사회질서를 바로잡기 위한 것으로도 볼 수 있다. 그런 뜻에서 사계에 있어서의 전례문제는 왕통의 확립을 위한 방책으로 보아야 할 것이다.

第5章

正統의 具現

사계는 예학에 대한 본격적인 연구를 통해『喪禮備要』,『家禮輯覽』,『疑禮問解』등을 저술하였다. 그리고 당시 국가의 전례에 관계되는 것들을 모아『典禮問答』이라는 이름으로 귀중한 자료를 남겼다. 그 중에서도 '상례비요'가 가장 먼저 간행되었다. 그런데 사계는 스승인 율곡에 대하여, 박문의 공은 굉장히 많으나 약례에 있어서는 지극하지 못한 것이 있다[1]고 말한 것을 보더라도 예학에 대하여 얼마나 의식적인 노력을 경주하였는가를 가늠할 수 있다.

그런데 사계 이전에 내려온 대표적인 예서로 크게 두 가지 계통으로 나눌 수 있다. 즉 국가의 전반적인 제도나 행사에 관계되는 예서와 私家를 중심으로 하는 가례계통의 예서로 나눌 수 있다. 이러한 예서들로서 古禮에 속하는 것이 소위 三禮라고 하는『周禮』,『儀禮』,『禮記』를 꼽을 수 있다. 그 중에서 특히『주례』는 왕실을 포함한 국가의 전반적인 제도나 행사에 관련되는 가장 대표적인 것으로 볼 수 있다. 소위 국가의 구성에 필요한 여러 기구와 관직의 직제에 관계되는 부분을 기술한 것으로 볼 수 있으며, 소위 주나라의 봉건제를 형성하는 기본적인 골간이 되는 예서로 간주되는 것이다. 또한 주례가 국가의 제도나 법제에 관계되는 것이라면, 의례는 천자에서 사에 이르기까지 일상적인 생활을 통해서 인간으로서 지켜야할 행위규범이나 도리 혹은 예의로써 인간 상호간의 관계를 규정짓는 것으로 볼 수 있다. 즉 앞의 장에서 서술한 삼천삼백[2]으로 나타나는 인간의 행위에 대하여 규정한 것으로 볼

---

1)『全書』, 814쪽 : "余所見栗谷於博文之功最多 而於約禮猶有所未至也."
2) 삼천삼백을 주례와 의례의 관계로 설명할 수 있다. 즉 주례는 소위 예의 體가 되며, 經籍에 따라 그 명칭이 다르게 나타나는데 일곱 군데가 있다. 이 일곱 가지는 周官에 모두 나타난다. 그리고 周官은 360가지인데 그것의 큰 수를 들어서 三百이라 하는 것이다. 일곱 군데를 보면 다

수 있는 것이다. 이것에 관계되는 것으로 사계는 다음과 같이 말한다.

> 周禮는 六官과 六十敍官의 法으로 일이 급한 것을 먼저 하였으니 官의 大小를 不問하였다. 儀禮는 行事의 法을 나타낸 것으로 賤한 것을 먼저 한다. 그렇기 때문에 士冠을 먼저 하였다. 대부의 관례는 없으며 제후의 관례는 다음이고 천자의 관례가 또 그 다음이다. 혼례도 마찬가지로 士를 먼저 하고 대부는 다음이며, 제후는 그 다음이고 천자는 그 뒤다. 생각하건대, 곡례에서 말하는 禮不下庶人의 註에 말하기를, 서인은 비천하며 빈부도 같지 않은 까닭에 경에서는 서인의 예를 말하지 않는다고 하였다. 옛날에 예를 제정한 것은 모두 士로 부터 시작하였다. 선유가 말하기를, 일이 있으면 士禮를 빌려서 行하라고 하였다. 대개 가례는 사례에 의거하여 만든 것이니 이 뜻과 같은 것이 아니겠는가?3)

음과 같다.
1. 孝敬說云 經禮三百 一也
2. 禮記云 經禮三百 二也
3. 中庸云 禮儀三百 三也
4. 春秋說云 禮經三百 四也
5. 禮說云 有正經三百 五也
6. 周官外題謂 周禮 六也
7. 漢書藝文志云 周官經六篇 七也
또한 의례에 대하여 구별한 것이 마찬가지로 일곱 군데가 있는데 명칭은 다섯 가지가 있다. 그것을 살펴보면 아래와 같다.
1. 一則 孝經說 春秋 及中庸並云 威儀三千
2. 二則 禮記云 曲禮三千
3. 三則 禮說云 動儀三千
4. 四則 謂爲儀禮
5. 五則 漢書藝文志 謂儀禮爲古禮經
여기서 삼천이라고 하는 것은 그 履行이다. 周官에서 五禮를 구별하는 것은 그 事가 委曲하고 조목의 수가 繁廣하기 때문에 삼천이 있는 것이지, 篇이 삼천 개나 있다는 것을 일컫는 것은 아니다. 단지 事를 구별하는 것이 따로 삼천조가 있는 것이다 : 이상은 『예기』「禮記疏」(『十三經注疏』卷5, 藝文印書館印行), 11쪽에 나오는 말이다.

　　이와 같이 본다면 주례를 골자로 하여 주례에 나타난 관직에 따른 행사가 있을 수 있는데, 그 행사가 바로 의례로서 규정될 수 있다. 그리고 이러한 의례의 구체적인 사항이 소위 예기에 나타나 있는 것으로 볼 수 있다. 바로 고례로서의 삼례서인『주례』·『의례』·『예기』가 한대에 이르러 왕실중심의 왕권중심적 중앙집권체제 형성을 위하여 그 제도와 법을 만든 것이 소위『大唐開元禮』이다. 즉 개원례는 총목을 통해서도 알 수 있는바와 같이 황제중심의 예제-국가적인 의례에 지방관의 제의와 관료들의 사가에서의 관혼상제까지를 포괄한 것이다.4) 대당개원례야말로 이전의 주례에는 없었던 가장 강력한 중앙집권적인 체제를 구축하기 위하여 만든 법제로 볼 수 있다. 이후 大明律5)은 개원례보다 더욱 강력한 중앙

---

　3)『全書』「疑禮問解」, 617쪽 : "周禮六官六十敍官之法 事急者爲先 不問官之大小 儀禮見其行事之法 賤者爲先 故以士冠爲先 無大夫冠禮 諸侯冠次之 天子冠又次之 其昏禮亦士爲先 大夫次之 諸侯次之 天子爲後 又按曲禮曰 禮不下庶人 註曰 庶人卑賤 貧富不同 故經不言庶人之禮 古之制禮者 皆自士而始也 先儒云有其事 則假士禮而行之 蓋家禮所以只據士禮而作 恐亦是此意歟."
　　또한 儀禮에서는 冠禮 以外의 禮도 이와 같다고 하였는데 다음과 같다 : "(鄭氏注 疏) 諸侯鄕飮酒爲先 天子鄕飮酒次之 鄕射燕禮已下皆然."
　　:『儀禮』「儀禮疏」卷一(『十三經注疏』卷4, 藝文印書館印行) 3쪽.
　4) 黃元九,『朱子家禮의 形成過程』, 104쪽.
　5) 조선에 적용된 대명률은 네 번의 개정을 거쳐 완성된 것이다. 이것은 홍무 30년에 개정 반포된 것이며, 이는 22년률에 수정을 가한 것이다. 오늘날 전해 오는 것은 이 홍무 30년률이며 吳元年律·洪武7年律·洪武22年律은 전해 오지 않는다. 明太祖는 唐律令을 이상으로 하였기 때문에 명률 중에는 당률의 계통에 속하는 규정이 포함되어 있으며, 동시에 元代의 풍부한 법률경험의 기초 위에 편찬되어 원대의 법률생활을 통해서 성취한 것이다(국사편찬위원회,『한국사』9권, 262~263쪽 참조).
　　中國 古代法典 중에서 가장 뛰어난 것은 唐律이라고 하는데, 대명률은 그 다음에 속하며, 法制史上으로 보면 唐 이후 元까지의 750년 간이 唐

집권적 봉건체제를 형성하기 위해 만든 것으로 본다.

　조선조의 법제를 구성한『經國大典』은 조선조의 통치자로 군림한 이성계를 위시한 혁신파 관료들이 유교정치를 바탕으로 하는 새로운 지배체제와 통치질서를 확립하는 과정을 통하여 완성된 것이다.『경국대전』의 사회적 역사적 배경에는 무엇보다 먼저 유교 특히 성리학을 조선조의 정치이념으로, 사회생활의 윤리도덕적 기초로 내세운 사상적 바탕이 놓여 있다.[6] 그런데 경국대전의 전신으로 정도전이 편찬한 조선경국전은 당률이나 명률 그리고 정몽주의 신정률을 다 부정하고 6전체계를 따라 부문별로 제도를 세계화해온 우리의 전통적 방법에 기초하여 법전을 만들었다. 그 후 경제육전이나 경국대전은 정도전의 조선경국전의 형식과 방법을 그대로 계승하였다.[7] 바로 이러한 경국대전은 조선조의 사회적 변혁을 반영하여 편찬한 우리나라의 고유한 법전으로서 외국법의 무제한한 침투를 막는데서 커다란 역할을 하였다는데 있다. 지난날 일부

　　律의 시대, 明, 淸의 550년 간이 대명률의 시대라고 한다. 後著는 우리나라와 일본, 安南의 법률에 영향을 끼친 점에서도 중요한 의의를 지닌다. 대명률은 처음 당률을 본받았으나 시대의 변천을 반영시켜 그 체제를 크게 고치고, 내용 또한 당률에 비하여 약간 인간을 존중하는 경향이 있지만, 상하의 복종관계 유지에는 지극히 엄하여 하극상을 방지하기 위한 禁令이 많았다. 거기에는 전 국민을 국가권력에 의하여 굳게 속박하고 絶對帝政의 영속을 원하는 주원장의 생각이 강하게 표현되어 있다. 그런데 이 不易의 刑法典의 제정은 주원장의 인품의 됨됨과 관계가 있다. 결국 그는 사람을 믿지 않고 권력에만 의지하였다(『大世界의 歷史』卷7, 삼성출판사, 1986年, 220쪽).

6) 윤국일,『경국대전 연구』, 여강출판사, 156쪽.

7) 윤국일,『경국대전 연구』, 126쪽. 또한 이어서, 요컨대『경제육전』이나『경국대전』의 6전체계는 조선조의 행정통치기구인 6조의 직능과 조직 형식을 따른 것이고 내용서술 방법은 부문별로 제도를 세계화해오던 우리의 전통을 살린 것으로 周禮의 6분법을 맹목적으로 모방한 것은 결코 아니다고 하였다.

사람들은 경국대전을 조선의 법이 아니라 중국법에 종속된 법전인 것처럼 주장하였다. 그러나 이것은 터무니없는 주장이다.[8]

『경국대전』禮典의 다섯 번째 「儀註」라는 항목에서는 "의식의 절차는 오례의의 규정을 적용한다"라고 하였다. 이것은 오례의의 규정이 경국대전의 조문과 동등한 법적 효력을 가진다는 것을 의미한다. 오례의는 국가의 각종 의식절차를 규정한 규례집이다. 조선조에서는 유교적인 의례절차를 정비하는 것이 불교를 배척하고 유교를 정치의 바탕으로 삼아 정치제도의 유교화를 위한 기초 확립에서 절박하게 제기되는 문제로 보았다.[9]

---

8) 윤국일, 『경국대전 연구』, 166쪽. 또한 "물론 대명률을 형률로서 사용한 것은 사실이지만 이것으로 하여 『경국대전』을 중국법의 종속적 위치에 놓을 수는 없다(167쪽)", "『경국대전』 형전의 첫 번째 用律이란 항목에서는 '대명율을 적용한다'고 하였다. 이것은 대명률의 조문도 5례의와 마찬가지로 『경국대전』과 동등한 법적 효력을 가진다는 것을 의미한다. 역사기록에 의하면 대명률은 고려 말부터 연구되기 시작하였고 정도전의 『조선경국전』에서도 대명률을 그대로 채용할 것을 밝혔으며 조선조에 들어와서는 실제로 그것이 적용되었다. 1395년에는 대명률을 吏讀를 섞어 해석하여 大明律直解라는 이름으로 출판하였다. 대명률 직해는 대명률을 원문 그대로 직역한 것이 아니라 조선조 실정에 맞게 번역하였거나 개작하였다(150쪽)", "이처럼 『대명률직해』는 우리나라의 실정에 맞게 대명률의 일부 조문들을 개작하여 번역해서 되도록 실무에 적용하기 편리하게 만들었다. 그러나 아무리 우리나라의 실정에 맞게 개작하였다 하더라도 대명률은 명나라의 실정에 기초하여 제정된 법률이기 때문에 그 조문들이 그대로 전부 적용되기는 어려웠다. 그리하여 직해된 대명률이 刑律로서 적용되면서도 우리의 실정에 맞게 부단히 고쳐지지 않으면 안 되었다. 처음으로 고쳐진 것이 형벌대신 贖金을 물게 하는 속형법이다(152쪽)", "이처럼 대명률은 우리나라에서 형률로 적용되기는 하였지만 불합리하거나 실정에 맞지 않는 것은 부단히 개정되어 가면서 적용되었다. 뿐만 아니라 대명률의 조문이 『경국대전』에도 있을 때에는 『경국대전』의 조문을 우선적으로 적용하였다(155쪽)."

9) 윤국일, 『경국대전 연구』, 148쪽.

　　여기서 국가의 행사로서 가장 대표적인 五禮는 바로 吉禮, 凶禮, 賓禮, 軍禮 그리고 嘉禮인 것이다. 그리고 私家에서 소위 시행되고 있는 가장 대표적인 것이 四禮 즉 冠婚喪祭禮인 것이다. 이것은 鄭氏注의 소에서 말한 것으로 본다면 의례의 행사의 법은 天子爲先이라고 하였던 것처럼, 역시 士를 중심으로 한 예가 구체적으로 제시된 것이 그 大目으로 사례를 들 수 있는 것이다. 이러한 사례에 관한 초기의 저서로는 司馬光의 書儀[10]를 들 수 있다. 이것은 일반인들이 일상생활에서 시행되는 행사에 필요한 예를 규정한 것으로, 그 목차[11]를 보면 잘 나타난다. 즉 이것이 이후 『주자가례』를

---

10) 黃元九 敎授는 『朱子家禮의 形成過程』, 107쪽에서 다음과 같이 말한다. 즉 "司馬光(1019~1086)이 撰述한 書儀 10卷은 慣行的 私家儀禮의 결정적인 集成이 되었다." 결국 황 교수의 이러한 표현은 이전에는 私家 만을 위한 禮가 제정된 적이 없었던 것으로 이해할 수 있는 것이다.

11) 司馬氏書儀의 目錄은 다음과 같다 ;
　卷一. 1) 表奏 － 表奏, 表式, 奏狀式
　　　　2) 公文 － 申狀式, 牒式
　　　　3) 私書 － 與平交平狀, 上書, 啓事, 上尊官時侯啓狀, 上稍尊時侯啓狀, 與稍卑時侯啓狀, 上尊官手啓, 別簡, 上稍尊手啓, 與平交手簡, 與稍卑手簡, 謁大官大狀, 謁諸官平狀, 平交手刺, 名紙
　　　　4) 家書 － 上祖父母父母, 上內外尊屬, 上內外長屬, 與內外卑屬, 與幼屬書, 與子孫書, 與外甥女壻書, 婦人與父書, 與僕隸委曲
　卷二. 冠儀 － 冠, 笄, 堂室房戶圖, 深衣制度
　卷三. 昏儀上 － 納采, 問名, 納吉, 納幣, 請期
　卷四. 昏儀下 － 婦見舅姑, 壻見婦之父母, 居家雜儀
　卷五. 喪儀一 － 初終, 復, 易服, 訃告, 沐浴, 飯含, 襲, 銘旌, 魂帛, 弔酹, 檖, 小斂, 棺槨, 大斂殯
　卷六. 喪儀二 － 聞喪, 奔喪, 飮食, 喪次, 五服制度, 五服年月略, 成服, 朝夕奠
　卷七. 喪儀三 － 卜宅兆葬日, 穿壙, 碑誌, 明器, 下帳, 苞筲, 祠版, 啓殯, 朝祖, 親賓奠, 賻贈
　卷八. 喪儀四 － 陳器, 祖奠, 遣奠, 在塗, 及墓, 下棺, 祭后土, 祭虞主, 反哭, 虞祭, 卒哭, 祔

위시하여 『丘氏儀節』에 오면 아주 상세하게 세분화된다. 물론 이러한 사례 중심의 사가례는 의례를 위시한 예기의 내용까지 포함하여 서술한 것은 당연한 것이다. 전술한 바와 같이 경례삼백·곡례삼천이라는 것에서 알 수 있듯이, 이것은 시대에 따라 예가 변할 수 있다는 것을 전제로 하고 있다. 그렇기 때문에 행사의 내용과 절차가 바뀌는 것은 당연한 것이다. 이것이 소위 變禮인데 변례가 많아지면서 예도 자연히 세분화된 것으로 보아야 한다.

결국 이와 같이 본다면 예는 크게 두 가지로 나눌 수 있다. 즉 가통과 왕통의 측면에서 정가통과 정왕통을 목적으로 예가 적용되고 있는 것으로 보는 것이다. 그래서 조선조에서는 國朝五禮儀를 제정하여 국가적인 차원에서 국가의 행사를 위시하여 왕가의 제행사 뿐만 아니라 일반 서민들의 예속화를 시도하였다고 볼 수 있다. 이것은 결국 정왕통 혹은 정국통을 위한 유교이념의 실현을 전제로 한 것으로 볼 수 있다. 특히 왕실에서 시행되는 예는 이러한 사 중심의 사례를 그대로 왕가에다가 적용시킬 수는 없는 것이기에 소위 왕통과 가통을 분리하여 거기에 합당한 예를 시행하고자 하였다.

반면에 가통의 측면에서, 사가에 관계되는 예서로는 李彦迪의 奉先雜儀가 사계 이전의 개인 저작으로는 대표적인 것이 아닌가

卷九. 喪儀五－小祥, 大祥, 禫祭, 居喪雜儀
卷十. 喪儀六－祭, 影堂雜儀
이상의 目錄에 대하여 黃元九 敎授는 『朱子家禮의 形成過程』, 110쪽에서 다음과 같이 말한다. "그리고 卷1에 들어있는 表奏, 公文, 私書(上書, 啓事, 別簡) 등의 文書式은 當時의 公私文書 研究의 貴重한 資料이고 家書에 보이는 禮儀式은 親族法研究에 많이 所用되는 것이다. 동시에 居家雜儀, 居喪雜儀, 影堂雜儀 등도 그러하다. 六朝에서 北宋때까지만 해도 冠婚喪祭의 四禮의 遵用못지 않게 文書式과 各 雜儀가 얼마나 主要視되었던가를 알 수 있는 것이라고 보겠다."

한다. 대체로 사계의『전례문답』은 바로 사가에서 실시되고 있는 예를 왕가 혹은 왕실에다 적용시켰기 때문에 문제가 발생한 것들로 간주된다. 이것은 뒷부분에서 서술될 것이다.

그렇지만 인간의 삶이 복잡하여질수록 예는 더욱 세분화되고 변례가 많아지는 것이다. 이런 측면에서 사계는 정가통을 목적으로『朱子家禮』의 미흡함과『주자가례』에 결여된 것들을『의례』·『예기』와 같은 고례를 위시하여 여러 제가의 설을 살펴서 이미 언급한『상례비요』·『가례집람』등의 예서을 저술하게 된다. 사계가 고례를 인용하여 말한 것 중에서 부복하는 것이 바로 고례가 아니라고 하여 다음과 같이 말한다.

> 侍臣이 俯伏하는 것은 고례가 아닙니다. 祖宗朝에서도 이와 같지 않은데 중간에 잘못된 습속 때문에 그렇게 된 것입니다. 어찌 부복한다고 해서 경근하겠습니까? 소신이 당초에 입시하여 반드시 天顔을 뵙고자 하여 누차 우러러 뵈었는데 마음이 매우 편하지 못하였습니다. 그러나 臣子가 천안을 우러러 뵈는 것은 불공한 일이 아닙니다. 신의 아버지도 재상이었기 때문에 고사를 들었으며 또한 신의 스승인 이이에게 섬기면서 일찍이 물어 말하기를, 경연관이 부복하여 천안을 보지 못합니까? 하고 물었습니다. 이이가 말하기를, 왜 그렇게 하느냐? 나는 일을 말할 때는 천안을 우러러본다고 하였습니다. 지금은 그렇지 않습니다. 또한 군신은 반드시 안면을 가로막는 것이 없어야 情義가 서로 미더운 것입니다.12)

그러면 이제 사계의 정가통과 정왕통을 지향하여 저작된 그의 예서들의 구체적인 내용을 고찰하여 보고자 한다.

---

12)『全書』「經筵問答」, 155쪽 : "侍臣俯伏 非古禮 祖宗朝 亦不如是 中間因謬習而然也 豈可以俯伏爲敬謹也 小臣當初入侍 必欲見天顔 累次仰見 心深未安 然而臣子之仰見天顔 是非不恭之事也 臣之父亦宰相也 故得聞故事 且臣師事李珥 嘗聞之曰 經筵官俯伏 不得見天顔乎 李珥曰 何爲其然也 吾則言事時仰見天顔云 今時則不然矣 且君臣必須顔쪽無阻 然後情義相孚也."

第1節 家 禮

　사계의 가례는 주로 그의『가례집람』에서 서술되고 있다. 특히 사계는 그 중에서도 喪祭禮에 관하여 많은 정력을 기울였다. 그 중에서 상례에 관한 것은 그의『상례비요』에 잘 나타나 있으며, 이것은 후기의 저작인『가례집람』에 그대로 반영되고 있는 것이다. 그래서 먼저『상례비요』에 나타나는 상례를 먼저 살펴보고자 한다.

　『상례비요』는 사계가 36세 되던 해인 1583年에 완성을 하였다.『상례비요』는 본래 申義慶이 가례의 상례편에 따라 고금의 예와 제가의 말을 참고하여 조목을 따라 증보하였으며, 간혹 시속의 제도에 맞추어 실용하는데 편리하게 하려다가 미쳐 수정하지 못하여 빠진 대목이 많았었다. 이에 사계가 다시 그 글을 취하여 첨산하고 證定하여 마침내 책을 완성하였다. 또한 길제와 개장 두 조항은 가례에 없는 것이어서 고례와 구씨의절에서 뽑아서 첨보한 것이다. 경신년에 兩湖儒生이 이 책을 출간하게 되었는데 사계가 서문을 지었고, 그 후에 사계는 초본이 갑자기 출간되어 혹 미진한 부분이 있을까 하여 수개하는 일을 그치지 않았다. 절문과 度數가 周詳하여야할 절실한 것과, 變禮와 疑文의 형평을 결정하여야 하는데 판단하기 어려운 것은 참고하고 비교하여 형평을 맞추고 세밀히 분석하였으나, 추록한 것은 예전 판본에 비하여 거의 십에 이삼은 된다. 무자년에 문경공(신독재)이 서후와 소식을 하였고, 사계가 뒷날 개정한 것을 다시 간행한 것이다.[13]

---

13)『全書』, 779쪽 : "舊本申義慶　因家禮喪禮篇　參以古今之禮　諸家之說　逐條補入間　亦附以時俗之制　便於實用者　而未及修整多有闕遺　至是先生更取其書　添删證定　遂爲成書　且吉祭改葬二條　家禮所無　而亦採古

또한 사계가『상례비요』를 짓게 된 동기는 주자가『儀禮通解』에서 상례와 제례에 관해서는 별로 많은 연구를 못한 면도 있지만 옛 것과 지금에 있어서 인간이 마땅히 행하여야 할 도리가 다른 것이 있어서 때때로 사용하기에 적합하지 못하였기 때문이다. 그리고 일반 사람들이 그 요령을 깨달아서 변례나 상례에 달통하지 못하는 것이 병통이므로 지은 것이다.14) 뿐만 아니라 평상시 혹은 길상시에는 예를 행하기가 쉽지만 다급하거나 흉변이 닥친 경우에는 예를 잃기 쉬운 까닭에 평소에 강습해 놓지 않을 경우에는 마땅한 도리를 합당하게 행하기가 어렵기 때문이다.15) 바로 예는 평상시에 자주 행하는 것과 좋은 일에는 누구나 쉽게 예를 행하지만 흉사나 급한 일에는 실례의 경우가 일어날 수 있으므로 일이 없어도 꾸준히 익히지 않으면 안 되는 것이기 때문이다. 또한 사계가 편찬한 여러 저서는 아주 자세하게 분석하였을 뿐만 아니라16) 비록 물에 넣어 두어도 물이 새지 않는다17)고 할 정도이다.

그런데『상례비요』의 구조를 보면 舊本에는 圖說이 편수에 있었는데『가례집람』을 지으면서『가례집람』에 상세하게 옮겨 기록하였다. 그것은『상례비요』와 중복하여 기록하지 않게 하기 위해서 사계가 그렇게 한 것으로 안다.18) 그래서 지금은『상례비요』에

禮及丘氏儀節 添補焉 庚申兩湖儒生人刊 先生又作序其後 先生以初本
徑出 或有未盡者 仍不住修改 凡節文度數之周詳 而切實者 變禮疑文
之衡決而難斷者 參較稱停 毫分縷析 其所追錄 視舊本 殆十二三 戊子
文敬公作序後小識 復刊先生後來所改定者."
14)『全書』「喪禮備要序」, 78쪽 : "朱子家禮所載 固已詳備 而或有古今異
  宜 不合於時用者 委巷之士 有不能領其要通其變常 以是病焉 吾友申
  生義慶 深於禮學 嘗博攷經籍 撮其大要 編爲一書 名曰 喪禮備要."
15)『全書』「喪禮備要序」, 78쪽 : "禮之用 易行於平間吉常之時 而多失於
  急遽凶變之際 苟非素所講習 則難以合宜而應節."
16)『全書』, 808쪽 : "其所纂諸書毫分縷析."
17)『全書』, 899쪽 : "雖謂之置水不漏 可也."

는 도설이 없게 되었다. 그러나 『상례비요』의 「구본도설」과 『가례
집람』에 있는 도설과는 도설의 이름과 배열에 차이가 있기 때문에
그것을 비교하여 살펴보고자 한다. 물론 대부분 비슷한 명칭이거
나 동일한 명칭으로 도설이 형성되었으면서도 『상례비요』와 『가
례집람』의 성격이 다르기 때문에 차이가 있는 것으로 본다. 또한
『상례비요』가 『가례집람』보다 일찍 저술된 것이라는 점을 감안하
더라도 후기 저작인 『가례집람』과의 차이는 쉽게 예측할 수 있는
것이다. 『상례비요』의 「구본도설」을 『가례집람』의 도설과 비교하
여 보면 다음과 같다. 이는 『상례비요』의 「구본」에 나타나는 도설
의 순서를 사계전서에 수록된 『가례집람』과 비교한 것이다.

1. 祠堂全圖 : 『全書』「家禮輯覽圖說」, 383쪽 上右
2. 祠堂一間圖 : 『전서』「가례집람도설」, 382쪽 下右
3. 祠堂龕室之圖 : 『전서』「가례집람도설」, 382쪽 下左
4. 立祠堂於正寢東之圖 : 『전서』「가례집람도설」, 383쪽 上左
5. 正至朔日俗節出主檀前家衆敍立之圖 : 『전서』「가례집람도설」,
   384쪽 上右
6. 深衣前圖 : 『전서』「가례집람도설」, 385쪽 下左
7. 深衣後圖 : 『전서』「가례집람도설」, 385쪽 下左
8. 著深衣前兩襟相掩圖 : 『전서』「가례집람도설」, 385쪽 下左
9. 深衣續　鉤邊圖 : 『전서』「가례집람도설」, 385쪽 下左
10. 大帶圖 : 『전서』「가례집람도설」, 386쪽 上右
11. 黑履圖 : 『전서』「가례집람도설」, 386쪽 上右
12. 冠梁作孔圖 : 『전서』「가례집람도설」, 386쪽 上左
13. 緇布冠 : 『전서』「가례집람도설」, 386쪽 上左 "緇冠"
14. 幅巾圖 : 『전서』「가례집람도설」, 386쪽 下右
15. 平鋪作孔圖 : 『전서』「가례집람도설」, 386쪽 下右
16. 斜縫向左綴帶圖 : 『전서』「가례집람도설」, 386쪽 下右
17. 裹頭垂帶圖 : 『전서』「가례집람도설」, 386쪽 下右
18. 疾病遷尸正寢初終及復男女哭擗圖 : 『전서』「가례집람도설」, 391

---

18) 『全書』, 534쪽 : "舊本圖說 在篇首 而詳見於家禮輯覽 故此不疊錄."

쪽 下右

19. 棺盖 :『전서』「가례집람도설」, 391쪽 下左 "棺盖圖"
20. 七星板 :『전서』「가례집람도설」, 391쪽 下左 "七星板圖"
21. 棺下 :『전서』「가례집람도설」, 391쪽 下左 "棺下圖"
22. 棺全圖 :『전서』「가례집람도설」, 391쪽 下左
23. 銘旌圖 :『전서』「가례집람도설」, 391쪽 下右
24. 幎目圖 :『전서』「가례집람도설」, 392쪽 上右 "幎目"
25. 充耳圖 :『전서』「가례집람도설」, 392쪽 上右 "充耳"
26. 握手圖 :『전서』「가례집람도설」, 392쪽 上右 "握手"
27. 伸指量寸法圖 :『전서』「가례집람도설」, 383쪽 "中指中節爲寸圖" 中
28. 屈指量寸法圖 :『전서』「가례집람도설」, 383쪽 "中指中節爲寸圖" 中
29. 結帛 :『전서』「가례집람도설」, 392쪽 上右
30. 束帛 :『전서』「가례집람도설」, 392쪽 上右
31　遷尸沐浴襲奠爲位飯含卒襲設靈座親厚入哭圖 :『전서』「가례집람도설」, 392쪽 下
32. 小斂之圖 :『전서』「가례집람도설」, 393쪽 下
33. 凳圖 :『전서』「가례집람도설」에는 없음
34. 跗圖 :『전서』「가례집람도설」, 393쪽 上左 "銘旌跗"
35. 柩衣圖 :『전서』「가례집람도설」, 393쪽 上左 "柩衣"
36. 梡圖 :『전서』「가례집람도설」에는 없음
37. 玄冒黼殺 :『전서』「가례집람도설」, 394쪽 上右
38. 緇冒黼殺 :『전서』「가례집람도설」, 393쪽 上右
39. 倚廬圖 :『전서』「가례집람도설」, 394쪽 上右
40. 陳大斂絞布衾圖 :『전서』「가례집람도설」, 394쪽 下右 "大斂之圖" 중
41. 大斂之圖 :『전서』「가례집람도설」, 394쪽 下右
42. 立銘旌設靈床及奠之圖 :『전서』「가례집람도설」, 394쪽 下左
43. 裁辟領四寸圖 :『전서』「가례집람도설」, 395쪽 上左
44. 反摺辟領四寸爲左右適圖 :『전서』「가례집람도설」, 395쪽 上左
45. 裁加領圖 :『전서』「가례집람도설」, 395쪽 上左
46. 反摺向前圖 :『전서』「가례집람도설」, 395쪽 上左
47. 裁衽圖 :『전서』「가례집람도설」, 395쪽 上左
48. 兩衽相疊圖 :『전서』「가례집람도설」, 395쪽 上左
49. 加領於衣前圖 :『전서』「가례집람도설」, 395쪽 下右

50. 加領於衣後圖 :『전서』「가례집람도설」, 395쪽　下右
51. 裳制 :『전서』「가례집람도설」, 395쪽　下左
52. 喪服總圖 :『전서』「가례집람도설」, 395쪽　下左
53. 斬衰冠 :『전서』「가례집람도설」, 396쪽　上右
54. 齊衰冠 :『전서』「가례집람도설」, 396쪽　上右
55. 大功冠 :『전서』「가례집람도설」, 396쪽　上右
56. 小功冠 :『전서』「가례집람도설」, 396쪽　上右
57. 緦麻冠 :『전서』「가례집람도설」, 396쪽　上右
58. 盖頭 :『전서』「가례집람도설」, 396쪽　上右
59. 斬衰首絰 :『전서』「가례집람도설」, 396쪽　上左
60. 齊衰首絰 :『전서』「가례집람도설」, 396쪽　上左
61. 斬衰腰絰 :『전서』「가례집람도설」, 396쪽　上左
62. 小功以下腰絰 :『전서』「가례집람도설」, 396쪽　上左
63. 斬衰絞帶 :『전서』「가례집람도설」, 396쪽　上左
64. 齊衰以下絞帶 :『전서』「가례집람도설」, 396쪽　上左
65. 苴杖菅屨 :『전서』「가례집람도설」, 396쪽　上左
66. 削杖疏屨 :『전서』「가례집람도설」, 396쪽　上左
67. 本宗五服之圖 :『전서』「가례집람도설」, 396쪽　下
68. 三父八母服之圖 :『전서』「가례집람도설」, 397쪽　上右 "三父八母服圖"
69. 三殤降服之圖 :『전서』「가례집람도설」, 397쪽　上左
70. 外黨妻黨服之圖 :『전서』「가례집람도설」, 397쪽　下右
71. 妻爲夫黨服之圖 :『전서』「가례집람도설」, 397쪽　下左
72. 出嫁女爲本宗降服圖 :『전서』「가례집람도설」, 398쪽　上右
73. 妾服圖 :『全書』「가례집람도설」, 399쪽　上左
74. 爲人後者爲本宗降服圖 :『전서』「가례집람도설」, 399쪽　下右
75. 弔者入靈座哭奠退弔主人圖 :『전서』「가례집람도설」, 405쪽　下左
76. 聞喪未得行爲爲哭圖 :『전서』「가례집람도설」, 406쪽　上左 "聞喪而未得行則爲位哭"
77. 四脚巾圖 :『전서』「가례집람도설」, 406쪽　上左
78. 掘兆告后土氏之神之圖 :『전서』「가례집람도설」, 406쪽　下右 "掘兆告后土氏之圖"
79. 築灰隔及內外盖圖 :『전서』「가례집람도설」, 406쪽　下左
80. 誌石圖 :『전서』「가례집람도설」, 406쪽　下左
81. 苞圖 :『전서』「가례집람도설」, 407쪽　上右
82. 筲圖 :『전서』「가례집람도설」, 407쪽　上右

　116. 時祭每位設饌圖 :『전서』「가례집람도설」, 412쪽 下右
　117. 尺式 :『전서』「가례집람도설」, 413쪽 下

　이상으로『상례비요』의「구본도설」에 나오는 '그림'을 차례로
『가례집람』의「도설」과 비교하여 보았다. 여기서 차례를 보더라도
순서가『가례집람』에 가서는 바뀌는 것을 알 수 있다. 그리고『상
례비요』의「구본도설」과『성리대전』의「가례」에 나오는 '그림'을
비교하여 보면『상례비요』에 나오는「도설」이 양으로도 네 배에
가까운 것을 알 수 있다. 이러한「도설」에 대한 비중을 보더라도
결국『상례비요』의「도설」이 얼마나「가례」의 그림에 비해서 연구
가 많았는가를 쉽게 짐작할 수가 있다. 그리고『상례비요』의「구본
도설」이 가례집람의 도설을 구성할 때 3분의 2 이상을 차지하고
있음을 알 수 있다. 이와 같이 본다면 상례가「가례」즉 관혼상제
례에 있어서 가장 비중이 크다는 것을 도설의 양으로도 알 수 있
다. 이것은 상례야말로 인간이 인을 실천하는 가장 기본적인 인간
의 마음에서 연유하기 때문이다. 이것은『성리대전』의「가례」에
나오는 도설 29개 중에서 상례에 관계되는 것이 무려 25개라는 것
을 보더라도 상례 자체가 사례 중에서 차지하는 비중을 알 수 있는
것이다. 그렇기 때문에 상례를 평상시에 연습을 하지 않으면 실수
를 범할 수 있게 된다. 또한 그 만큼 절차가 사례 중의 다른 예에
비하여 복잡하기 때문에 상세히 알아두어야 하는 것이다.
　또한『상례비요』에 인용되는 문헌과 인명을 보더라도 사계가 얼
마나 신중하게 제작한 것인지를 알 수 있다. 즉 儀禮, 禮記, 開元
禮, 書儀, 大全, 儀禮鄭註, 丘氏儀節, 國朝五禮儀, 家禮補註 등으
로 세부적인 편명을 든다면 喪大記, 喪大記註, 士喪禮, 士喪禮註,
士喪禮疏, 喪服, 喪服註, 喪服疏, 喪服小記, 喪服小記註, 雜記, 玉藻,
曲禮 少儀, 曾子問, 王制, 問喪, 問喪註, 檀弓, 檀弓註, 語類, 周元陽

祭錄, 程子祭儀, 그리고 戴德, 張子, 퇴계, 율곡 등이 나오고 있다. 특히 이 중에서도 구씨의절이 가장 많이 인용되고 있는 것을 보면 사계가 구씨의절에 대한 의존도가 높음을 알 수 있다. 바로 구씨 의절에 대한 인용이 많은 것은 그만큼 『성리대전』의 「가례」에 대한 문제점이 많이 있는 것으로 볼 수 있다. 또한 당시에 통용되던 국조오례의에 대하여서도 사가에 적용시키기에는 많은 문제점이 있는 것으로 보고 이것의 시정도 동시에 가져올 의도를 갖고 있었던 것으로 보아야 한다.[19] 아울러 사계가 이전에 관계되는 글들을 통하여 철저히 연구한 뒤에 『상례비요』를 만든 것이라는 것을 알 수 있다.

『가례집람』은 사계가 52세인 1559년 9월에 완성한 것으로 사계가 일생을 통하여 꾸준히 작업을 한 역작으로 볼 수 있다. 즉 사계 「연보」의 다음과 같은 말에서 알 수 있다.

> 家禮의 글은 草稿가 亡失된 나머지에서 나왔기 때문에 읽는 자가 깨달을 수 없음을 病痛으로 여겼다. 先生은 諸家의 說을 逐條 解釋하여 그 章句를 辨別하고, 闕略한 부분은 補充하여 책을 이루었으니 家禮輯覽이라 이름하였다. 또한 圖說 一篇을 지어서 卷首에다가 揭載하여 古今의 儀物을 證據할 수 있었으니 마치 손바닥을 가리키는 것처럼 하였다. 마침내 序文을 지어서 붙였다. 이로부터 세상을 떠날때까지 고치지 않고 끝내 冊을 이루었다.[20]

---

19) 이러한 예로 國制에는 아예 없는 것도 새롭게 삽입한 부분이 있다. 즉 "士之庶子爲其母同而爲父後則降"(『全書』, 548쪽)과 같은 것이 그 중의 하나이다.

20) 『全書』「年譜」, 783쪽 : "家禮之書 出於草創亡失之餘 讀者病其未能通曉 先生取諸家之說 逐條解釋 辨別其章句 塡補其闕略 旣成名以家禮輯覽 又爲圖說一篇 揭之卷首 古今儀物之可徵者 如指掌焉 遂作序以弁之 自此至易簀之歲 不住點綴 卒爲成書."

이것은 사계가 주자의 가례에 부족한 상제례를 더욱 보강한 것이다. 그것은 주자 자신이 상제례에 미처 활발히 연구를 하지 못한 부분이 있기 때문이다. 왜냐하면 주자가 만년에 가서 예서를 정리 편찬하는데 많은 정력을 기울였기[21] 때문이다. 그래서 송시열은 가례집람후서에서 다음과 같이 말한다.

晦菴 朱夫子가 家禮, 小學, 近思錄 諸書를 編集하였다. 四書二經과 아래로 周程張邵의 文字는 註釋하여 辨解하지 않은 것이 없었다. 그러나 禮經만은 晩歲에 비로소 功을 들였기 때문에 朱子 스스로 精力이 衰耗하다고 여겨 친구들에게 도와주기를 付託하게 되었다. 그래서 지극히 성실하게 그 編摩한 것이 王朝禮 十四에 그치고 말았다. 이것이 소위 儀禮通解라고 한다.[22]

흔히 『주자가례』라고 하여 주자가 지은 것으로 생각하지만 이와 같은 것을 미루어 보건데 주자가 직접 저술한 것은 아니라고 보는 것이다. 중국에서는 일찍부터 朱子作眞僞問題가 제기되고 조선에서는 주자친작으로 존행하여 고수하였다.[23]

---

21) 『全書』「家禮輯覽後序」, 899쪽 : "常以爲朱子晚年所致意者 惟在禮書."
22) 『全書』, 899쪽 : "晦菴朱夫子 編集家禮小學近思錄諸書 及如四書二經 下至周程張邵文字 無不註釋辨解 而惟禮經則晩歲始得施功 自以精力 衰耗 其所以救助付託於朋友者 極其諄諄然 而其所編摩至於王朝禮十四而止 所謂儀禮通解者 是爾."
23) 盧仁淑, 『「文公家禮」研究』(『儒敎思想研究』 第一輯, 儒敎學會, 1986年), 175~192쪽. 여기서 그는 文公家禮의 僞作與否에 관하여 朱門의 高弟子 諸家의 說과 家禮僞作의 說 그리고 『家禮』朱子親作의 說로 나누어 설명하고 있다. 그러면서 191쪽의 '結論'에서 다음과 같이 말한다. "이상에서 '文公家禮'의 著作 및 版本에 관한 제 문제를 살펴보았거니와 僞作與否는 僞作說의 논거로 가장 대표적이라 할 수 있는 淸의 王懋竑의 說에 대하여 하나 하나 논증하여 반론을 제기해 보임으로써 신빙성이 결여된 것을 알아내었다"고 하여 『家禮』가 朱子親作이 아닌 것을 밝혔다.

이것으로 본다면 주자 자신이 일생을 두고 꾸준히 연구하여 저술한 『가례』로 보기보다는 주자 스스로 만년에 늦게 착수한 것이기 때문에 그만큼 완성을 하기 어려웠던 것으로 이해되어질 수 있다. 그것은 주자가 이기심성설에 대한 소위 성리학의 형이상학화에 대한 연구를 일생을 통하여 주로 하여왔던 것으로 본다면, 미쳐 예설에 대한 연구는 그 만큼 투철하지 못하였다고 볼 수 있는 것이다.

이와 같이 본다면 사계가 저술한 『가례집람』은 『주자가례』보다 더욱 투철한 의식으로 연구를 한 것임에 틀림이 없다. 그것은 『가례집람』의 「도설」을 살펴보면, 사계 자신이 『주자가례』보다 더욱 상제례에 대한 연구를 많이 했다는 것이 발견된다. 무엇보다 『가례집람』의 도설은 『상례비요』에 있던 도설을 대부분 수용하였는데 그것이 『가례집람』에 있는 도설의 대부분을 차지하고 있다. 그러나 『가례집람』에는 상례에 관계되지 않는 관혼제례에 관계되는 것도 당연히 포함되어 있음은 물론이다. 그리고 가례집람도설은 원래 가례에는 없던 것을 사계가 연구하여 삽입한 것이다. 물론 『성리대전』의 「가례」에 전해지고 있는 '가례도'는 너무 양이 적을 뿐만 아니라 작자가 누구인지도 밝혀지지 않았다는 것도 다음의 글에서 알 수 있다. 즉 사계가 「家禮圖」의 그림을 설명하는 소주에서 말하는 다음과 같은 내용에서 알 수 있다.

생각하건대, 문공가례는 5권인데 그림이 있다는 것을 듣지 못하였다. 이제 와서 책의 머리 부분에다가 실으면서 지은 사람을 말하지 않았는데 그림의 주석이 本書와는 상당수가 합치되지 않는다. 이제 그 큰 대목을 헤아려 말한다면, 통례에서는 사당을 세운다고 하였는데 그림에서는 가묘로 한 것이 첫 번째이다. 深衣 緇冠에 冠의 梁이 包武하여 그 끝을 구부리는데 그림에서는 安梁을 武의 위에다 둔 것이 두 번째이다. 本文에는 黑屨인데 그림의 下註에서는 흰 색을 사용한 것이 세 번째이다. 喪禮 襲衣를 진열할 때 質殺을 사용하지 않았는데 그림에서는 그것을 진열한 것이 네 번째이다. 本文 大斂에 布絞의 수가 없는데 그림에서는 그것을 있게 한 것이 다섯 번째이다. 大斂 棺中에 結絞하는 文이 없는데 그림에서는 하주에 棺 가운데를 묶은 것이 여섯 번째이다.[24)]

이 말은『문공가례서』에서 丘濬이 말한 것을 사계가 인용한 것이다. 이것은『주자가례』에는 없던 그림이 이후에 누가 만든 것인지는 몰라도 그림이 삽입되었다는 것과 아울러 그렇기 때문에 사계가 그림에 대한 고증을 통하여 그림과 해설을 다시 정리하게 된 이유라고 볼 수 있다. 무엇보다 위에서 구준이 첫 번째에 지적한 것을 성리대전에 나오는「가례」와 구준의「가례의절」[25)]과 비교하여 본다면 구준의 지적이 사실임을 알 수 있다. 즉『성리대전』의「가례」에 실려 있는 그림의 내용과「가례의절」의 그림과는 너무나 수적으로도 큰 차이가 있기 때문이다. 우선『성리대전』에 나타나는「가례」의 그림을 살펴보면 다음과 같다.

1. 家廟之圖 2.祠堂之圖 3.深衣前圖 4.深衣後圖 5.著深衣前兩襟相掩圖 6.裁衣前法裁衣後法 7.深衣冠履之圖 8.行冠禮圖 9. 昏禮親迎之圖 9.衿鞶篋楎椸圖 10.小斂圖 11. 襲含哭位之圖 12.大斂圖 13. 喪服圖式 14.冠経絞帶圖式 15.斬衰杖屨圖 16.齊衰杖屨圖 17.喪祭器具之圖 18.喪輿之圖 19.本宗五服之圖 20.三父八母服制之圖 21.

---

24)『全書』「家禮圖」, 415쪽 : "(圖의 補註에 曰) 按文公家禮五卷而不聞有圖 今本載于卷首不言作者 而圖註多不合於本書 今數其大者言之 通禮云 立祠堂而圖以爲家廟 一也 深衣緇冠冠梁包武而屈其末 圖安梁於武之上 二也 本文黑履而圖下註用白 三也 喪禮陳襲衣不用質殺而圖陳之 四也 本文大斂無布絞之數而圖有之 五也 大斂無棺中結絞之文而圖下註結于棺中 六也."

25) 本書에서 使用하고 있는 家禮儀節은 高麗大學校 中央圖書館所藏의『晚松文庫』에 있는「繪圖 文公家禮」(上海 : 中原書局出版, 民國 18年)이다.

妻爲夫黨服圖 22. 外族母黨妻黨服圖 23.神主式 24.櫝韜籍式 25.櫝式 26.尺式 27.大宗小宗圖 28.正寢時祭之圖 29.每位設饌之圖로 나타나 있다.[26] 이것을 보더라도 그림의 수가 전술한 『상례비요』의 것에만 비유하더라도 엄청나게 적은 수임을 알 수 있다. 즉 『가례집람』에 나오는 도설은 결국 구준의 『가례의절』을 바탕으로 해서 지은 것임을 알 수 있다. 그것은 구준의 가례의절의 그림과 가례집람에 나오는 그림을 비교하여 보면 충분히 알 수 있는 것이다. 그러나 가례집람의 도설과 가례의절의 도설은 순서나 내용에서 또한 차이가 있음을 알 수 있는데, 특히 가례집람의 도설에 나오는 '三代宮廬圖上' '三代宮廬圖下' '三代器用之圖' '三代服飾之圖'와 같은 것은 구준의 가례의절에는 아예 나오지 않는 것이다. 이것은 사계가 고례에 의거하여 고증한 것으로 보여 진다.

이와 같은 도설에 관계되는 것만 보아도 사계의 『가례집람』은 주자의 가례와는 상당히 거리가 있음을 알 수 있다. 오히려 주자의 가례보다는 구준의 가례의절을 더욱 많이 참고하였음을 알 수 있다.

또한 이것은 사계가 주로 고례에 의거하여 『주자가례』를 재해석한 것으로 볼 수 있는데 다음과 같다.

> 내가 생각하건대, 이 그림의 緇冠은 대개 가례의 본래 주석과 같지 않고, 대전의 그림을 모방하였다. 또한 생각하건대, 그림이 본문과 합치되지 않는 것은 비단 이것만이 아니다. 祠堂 그림 아래에 자손이 序立하는 것은 본문과 상응하지 않는 것이 첫 번째이다. 관례에는 公服과 皀衫 深衣가 東領北上으로 되어 있는데 그림에서는 西領南上으로 한 것이 두 번째이다. 櫛䯼掠을 席左에 두었는데 그림에서는 오른 쪽에 둔 것이 세 번째이다. 혼례에서 주인과 사위가 재배하는 예가 없는데 그림에서는 있게 한 것이 네 번째이다. 상례 襲含時에 尸를 南首로 하였는데 그림에서는 北首로 한 것이 다섯 번째이다. 襲할 때 주인

---

26) 『性理大全』, 曺龍承 影印本, 서울, 1978年, 318~327쪽 參照.

의 자리가 床의 동쪽, 奠의 북쪽에 있어야 하는데 그림에서는 東南으로 정한 것이 여섯 번째이다. 小斂할 때에 衣裳은 卓子를 東壁下에 진열하였는데 그림에서는 北壁下에 진열한 것이 일곱 번째이다. 大斂할 때에 絞布의 수가 布를 벌릴 때에 五條가 되어 있는데 그림에서는 15條로 한 것이 여덟 번째이다. 翣은 二角으로 되어 있는데 그림에서는 三角으로 한 것이 아홉 번째이다. 大轝 橫杠위에 短杠을 設置하고 短杠위에 다시 小杠을 더하였는데 그림에서는 小杠위에다 다시 小杠을 더한 것이 열 번째이다. 祖姑 姑從姉妹가 출가하면 일등을 강복하는데 그림에서는 이등 강복한 것이 열 한 번째이다. 처가 夫黨의 衆子嫡婦를 위한 복이 부장기인데 그림에서는 장기로 하였고, 夫黨姑, 夫黨昆弟 夫從祖姑 모두 無服인데 그림에서는 시마로 한 것이 열 두 번째이다. 본생부모가 위인후자가 된 자식을 위하여 대공으로 강복하는데 그림에서는 부장기로 한 것이 열 세 번째이다. 그리고 여타 본문과 같지 않는 곳이 매우 많다.[27]

이와 같이 고례를 바탕으로 하여 사계 자신의 독자적인 가례를 만들려고 한 것이 또한 오복연혁도[28]에서도 찾을 수 있다. 이것은 당시 통용되던 국조오례의를 위시하여 의례, 가례, 皇朝制(대명률) 등을 철저히 비교하여 오복에 대한 도표를 만든 것이다. 또한 뒤이어 『오복변례도』를 지은 것을 보더라도 『가례집람』의 구성 내용

---

27) 『全書』「家禮圖」, 415쪽 : "愚按此圖緇冠 蓋與家禮本註不同 而依放大全圖 愚按圖之不合於本文 非但此也 祠堂圖下 子孫序立與本文不相應 一也 冠禮公服皂衫深衣東領北上 而圖西領南上 二也 櫛帠掠置席左 而圖 在右 三也 婚禮主人與婿無再拜之禮而圖 有之 四也 喪禮襲含時 尸南首 而圖北首 五也 襲主人爲位坐于床東奠北 而圖次於東南 六也 小斂衣裳以卓子陳于堂東壁下 而圖陣于北壁下 七也 大斂 絞胞之數 裂布爲五條 而圖十五條 八也 翣只二角 而圖三角 九也 大轝 橫杠上施 短杠 短杠上更加小杠 而圖則小杠上更加小杠 十也 祖姑姑從姉妹出嫁 則皆降一等 而圖降二等 十一也 妻爲夫黨衆子嫡婦 不杖朞 而圖並杖 朞 爲夫黨姑夫黨昆弟夫從祖姑 皆無服 而圖並緦麻 十二也 本生父母 爲其子之爲人後者 降服大功 而圖爲之不杖朞 十也 其他與本文不同處 甚多."

28) 『全書』, 399쪽.

을 짐작할 수 있다. 즉 우리의 실정에 맞는 상변례를 찾아서『가례집람』을 만들고자 한 것을 알 수 있다.

　그러한 예로 관례의 경우를 고찰해 본다면 사계가 고례에 의거하여 해석하고 있다. 즉 사계는 관례에 있어서, 관에 대한 설명으로 '二十可冠'29)이라 하여, 20세가 되어야 관례를 행할 수 있다고 하였다. 이것은 사마씨서의의 경우30)와 주자가례의 경우31)를 비교하여 보더라도 그 해석이 다름을 알 수 있다. 주자는 "남자는 나이 15세에서 20세까지 모두 관례를 할 수 있다(男子年十五至二十皆可冠)"고 하였는데, 이것을 사계의 것과 비교하여 보면 사계는 관례를 행할 수 있는 나이를 20세에 국한시켜 놓았음을 알 수 있다. 왜냐하면 관례는 바로 人父가 되는 단서32)로서 일단 관례를 행하고 나면 사실상 성인으로서의 자기의 행위에 대한 책임을 져야 한다는 데에 있다. 그렇게 볼 때 사계의 생각은 예전에 조혼으로 인하여 관례를 행하는 시기가 빨라졌을 것으로 보고, 20세가 되어서 관례를 행하여야 된다고 한 것이다. 이와 같은 사계의 주장은 바로 고례33)를 받아들인 것으로 보아야 한다.

第2節　疑　禮

　『疑禮問解』는 肅宗 24년인 1685년에 왕의 명령에 의해 '문집'으

---

29)『全書』, 434쪽 : "'冠' 二十而冠."
30)『司馬氏書儀』卷二「冠儀」: "男子年十二至二十皆可冠."
31)『家禮』二 (『性理大全』, 336쪽) '冠禮' : "男子年十五至二十皆可冠."
32)『全書』「疑禮問解」, 618쪽 : "(孔子曰) 男子二十而冠 有爲人父之端."
33)『家禮』(『性理大全』, 336쪽) '冠禮' : "'男子年十五至二十皆可冠'에 대한 司馬溫公의 小註에 나온다." : "司馬溫公 曰 古者二十而冠."

로 발간이 될 때 같이 포함된 것으로 전체가 8권으로 구성되어 있다.『의례문해』의 구성은 그의 아들 김집과 문인들이 사계와 더불어 변례나 의심나는 글에 관하여 논의한 것들을 모아 분류하여 편집한 것이다.34) 문집으로 발간되기 이전에『의례문해』는 8권 4책으로 1646년에 간행된 적이 있었다. 이것은 김집이 70세 되던 1643년 봄 아버지의 옛 원고를 교정하고 분류하여 이를 다시 1646년에 간행하였다.35)

우선『의례문해』의 총목별 문항수와 그 예를 물은 사람 및 예를 물은 건수(괄호 속은 %이다)를 보면 다음과 같다.

	가례도	통례	관례	혼례	상례	제례
문항수	8(1.5)	68(12.5)	6(1.1)	12(2.2)	385(71)	63(11.60)

또한 宋浚吉 240(44.3), 姜碩期 78(14.4), 黃宗海 59(10.9), 李惟泰 33(6.1), 宋時烈 22(4.1), 申湜 20(3.7), 李尙馨 14(2.6), 吳允諧 5(0.9), 李以恂 2(0.4), 洪霆 2(0.4), 鄭弘溟 2(0.4), 李敬興 1(0.2), 趙希逸 1(0.2), 未詳 63(11.6) 으로 전부 542(100)개 문항으로 되어있다. 이것으로 보면『의례문해』는 전체 542개의 문항 중 그 80% 이상이 상제례에 관한 것이고, 특히 상례의 문항이 71%나 되는 것을 알 수 있다.36)

『의례문해』에 대한 사계의 학문적 태도와 예에 대한 열의를 단

---

34)『全書』「年譜」, 809쪽 : "人有變禮疑文 必就正焉 文敬公與諸門人裒聚先生所答問者 分類八篇 卽 疑禮問解也."

35) 鄭玉子,『沙溪 金長生의 禮論』「朝鮮後期知性史」, 77쪽 : 또한 그는 疑禮問解를 4卷 4册이라고 하였는데 아마도 8卷 4册을 잘못 인쇄한 것이 아닌가 생각된다.

36) 韓基範,『沙溪 金長生의 禮學思想－「疑禮問解」의 分析을 中心으로－』, 韓國思想史學會 發表文, 1991年 7月 6日.

적으로 표현한 것으로 金尙憲의 서문을 보면 알 수 있다.

　의례문해는 사계 김선생이 찬술한 것인데 胤子인 신독재가 교정하여 편집한 것이다. 대체로 선비가 처신하고 행사하는데는 잠깐이라도 예로 말미암지 않는 것이 없다. 그러나 天秩이 광대하여 고금의 예제를 모두 탐구할 수가 없다. 성인 이하 의심나면 반드시 물음이 있고, 물으면 반드시 기록하여 후세에 이르는 것이 모두 그렇지 않음이 없다. 이미 저술된 경을 또다시 疏하여 繼往開來의 業을 傳하는 것이니 여기서 크게 갖추는 것이다. 오직 우리 箕子의 禮敎가 깨끗하여 盛朝에 까지 미쳤으니 더욱 두텁게 빛날 뿐만 아니라 울창할 정도로 볼만하다. 그래서 전문적인 학으로도 드물게 나타나서 臨事講行하는 사이에 이르러서는 대략 의심나고 잘못된 것이 많기에 간혹 억견과 塗說이 있으면, 그냥 지나치지 못하고 나무라는 것이 선생의 병통이다. 대체로 평일에 문인과 붕우와 왕복문답하는데 빈번히 전대의 예서를 널리 고찰하여 제가의 강설을 두루 뽑은 것이 지극히 상세하다. 더구나 일이 급하고 엄숙하여야 할 곳에서는 품별하여 나누어서 각각 종류대로 펴 보는데 편리하게 하였다. 사람들로 하여금 마음에 의심나는 것이 있거나 일에 있어서 질문할 것이 있으면 聚訟할 것을 기다릴 것 없이, 단번에 책을 펴서 볼 것 같으면 얼음이 녹는 것 같고, 마치 明師나 益友가 가까이 좌우에 있어서 面論하고 구송하는 것 같았다. 비록 궁벽한 시골에서 독학하는 사람이라도, 행동하는데 고루하여 이르지 못하는 우환은 없었다. 예기에 말하기를, 나라를 다스림에 예가 없는 것은, 비유하건대 밤새도록 깜깜한 방안에서 물건을 찾는 것과 같으니, 촛불이 아니면 어찌 보겠는가 라고 하였다. 선생의 이 책이 후인들에게 功이 있다는 것을 어찌 깜깜한 방에 촛불을 밝히는데만 비유하겠는가? 그러나 제작은 하여도 이어서 기술하지 않으면 후세에 전할 수가 없다. 이것은 고인이 繼述하는 것을 중시한 까닭이다. 신독재 같은 사람을 진정 能子라고 할 만하다.37)

---

37)『全書』「疑禮問解序」, 901쪽 : "疑禮問解者 沙溪金先生之所纂述 而胤子士剛氏校讐成編者也 夫士之處身行事 無斯須不由於禮 然而天秩廣大 古今禮制不可悉究 自聖人以下疑必有問 問必有記 以至後世 莫不皆然 旣已著之爲經又復疏而爲傳繼往開來之業 於是大備 惟我箕封禮敎有素 逮于盛朝 益可敦尙 彬彬郁郁 蔚然可觀 而專門之學 亦頗罕見 至於臨事講行之際 率多疑誤 間有億見塗說 不免汰哉之誚 先生爲是之

이제 『의례문해』에 나타나는 사계의 예설을 구체적으로 서술하고자 한다. 전술한 것처럼 사계의 예설은 어디까지나 정통설에 의거하여 주장되고 있다. 즉 그는 삼통 중에서 가통의 측면에서 가의 통서를 바로잡고자 하는 정가통의 기본적인 견해를 취한다.

먼저 "神主皇顯字義"[38)]에 대하여 그의 정가통이 어떻게 적용되고 있는지 살펴보기로 하자.

> (宋浚吉이) 묻기를, 主式에 옛날에는 皇字를 사용하였는데 지금에는 顯字를 使用한다고 말하는데, 皇과 顯은 무슨 뜻입니까? 하고 물었다.
> 通典과 丘說을 살펴볼 만하다.[39)]

여기서 사계는 통전과 구설에 대한 주에서 다음과 같이 말한다.

> 通典에 말하기를, 周制에는 諸侯는 五廟이니 考廟, 王考廟, 皇考廟, 顯考廟, 祖考廟라고 하였다. 註에서 鄭玄이 말하기를, 王과 皇은 모두 君이며 顯은 明이며 祖는 始라고 하였다. 明君始라는 것은 本을 尊崇하는 것이다.
> 丘瓊山이 말하기를, 皇과 顯은 모두 明이라고 하였는데 그 뜻이 서로 通한다.[40)]

病 凡於平日門人朋友往復答問 輒博攷前代禮書 旁採諸家講說 其所致詳 又在於急遽嚴肅之地 彙分品別 各以類從以便繙閱 使人心有所疑事有可質 不待聚訟 一開卷而渙然氷釋 有若明師益友近在左右 面論而口誦之 雖窮鄉獨學 擧無固陋未達之患 記曰 治國而無禮 譬如終夜有求於幽室之中 非燭何見 先生此書有功於後人 豈翅幽室之明燭而已也 雖然作而無述 亦不能傳於後世 此古人所以繼述之爲重也 如士剛氏 眞可謂能子也."

38) 『全書』「疑禮問解」, 597쪽.

39) 『全書』「疑禮問解」, 597쪽 : "問主式舊用皇字 今用顯字云云 皇與顯何義(宋浚吉) 通典及丘說可考."

40) 『全書』「疑禮問解」, 597쪽 : "通典曰 周制諸侯五廟 考廟 王考廟 皇考"

사계는 君과 明과 始는 근본을 존숭하는 것이라고 하였다. 五廟에서 考廟 앞에 붙는 王·皇·顯·祖가 祖父·曾祖父·高祖父 그리고 始祖를 뜻하는 것이다. 이때 굳이 祖父·曾祖父·高祖父·始祖로 표현을 하지 않고 이렇게 王·皇·顯·祖로 표현한 것은 조상에 대한 구체적인 표현이 아닌 유가에서 말하는 일반적인 표현을 첨부한 것으로 이해할 수 있을 것 같다. 왜냐하면 위의 鄭玄의 疏나 丘瓊山의 말을 보더라도 王·皇·顯·始는 모두 같은 뜻을 지닌다고 하였는데 그렇다면 굳이 祖父·曾祖父·高祖父와 始祖를 구별할 필요가 있을까 하는 생각이다. 즉 君明始가 모두 尊本하기 위한 것이라는 것 자체가 앞의 장에서 서술한 것처럼 正統의 문제에서 이본의 혐의를 벗어나기 위한 가장 본원적인 것이라고 볼 수 있는 것이다.

그런데 皇顯字의 차이는 없으나 皇字의 사용을 원나라 때부터 금하였기 때문에 顯字를 덧붙이게 된 것이다. 뿐만 아니라 皇字 자체가 그것을 존중한다는 말[41] 이외에 어떠한 다른 뜻을 지닌 것이 아니고 보면, 本을 존중한다는 의미에서 붙인 것이지 증조부를 규정짓는 말은 아니라고 보아야 할 것이다. 이것은 사계의 전례문답에 구체적으로 상세하게 나온다. 즉 인조 때 전례문제가 제기될 때 사계가 고증하여 밝힌 내용이다.

이와 같이 본다면 단순한 神主의 主式問題가 결국은 조선조의 인조 때에는 전례문제가 제기될 때, 사계가 주장하는 중요한 근거로서까지 대두하게 된다. 이것은 儀禮에 대한 해석의 문제가 오늘날 우리가 생각하는 것 이상으로 상당한 비중을 차지하고 있음을

廟 顯考廟 祖考廟 註鄭玄曰 王皇皆君也 顯明也 祖始也 以君明始者所以尊本也 丘瓊山曰 皇與顯皆明也 其義相通."
41)『全書』, 361쪽 : "夫皇字只 尊之之辭也 元朝禁皇字不用 故加顯字."

알 수 있다.

그러면 사계의 정가통과 관련하여 "위인후자(혹은 出後者)"의 문제에 관하여 살펴보기로 하자. 이것은 「本生親稱號」42)에서 나타난다.

> (姜碩期가) 묻기를, 出繼者가 本生父母의 喪에 있어서 부득이하게 제사를 모시게 되었다면 祝辭의 屬稱을 어떻게 써야 합니까? 하고 물었다.
> 마땅히 程子와 朱子의 말에 依據하여 顯伯叔父로 稱하여야 하며 自稱 從子라고 하여야 한다.43)

여기서 사계는 정자와 주자의 말에 대한 주에서 다음과 같이 말한다.

> 伊川이 中丞의 職에 있던 彭思永이 濮王의 稱親에 관하여 논한 것을 대신하여 소에서 말하기를, 濮王은 폐하의 所生의 父이나 혈족관계(촌수)로는 백부가 되며, 폐하는 濮王의 出繼한 子이나 血族關係로는 姪이 된다. 이것은 천지의 대의이고 生人의 대륜으로 건곤이 定位한 것과 같아서 변역할 수 없는 것이라고 하였다.
> 선유들이 濮議에 대하여 쟁론하는 것을 물었다. 주자가 대답하기를, 여기서 칭친에 대하여서 알고 있지만 당시에 대체로 戾園의 일을 끌어다가 皇考로 칭하려고 한 것이라고 하였다. 또 皇考로 칭하는 것에 대하여 옳습니까? 하고 물었다. 대답하기를, 옳지 않다고 하였다.44)

---

42) 『全書』, 602쪽.

43) 『全書』 「疑禮問解」, 603쪽 : "問出繼者於本生父母之喪 不得已主祀 則 祝辭俗稱 何以書之(姜碩期) 當依程子朱子之言 以顯伯叔父稱之 而自 稱從子."

44) 『全書』 「疑禮問解」, 603쪽 : "伊川代彭中丞思永論濮王稱親 疏曰 濮王 陛下所生之於父 於屬爲伯 陛下濮王出繼之子 於屬爲姪 此天地大義 生人大倫 如乾坤定位 不可得而變易者也 問先儒爭濮議 朱子曰 此只 是理會稱親 當時蓋有引戾園事 欲稱皇考者 又問稱皇考是否 曰 不是."

이것은 위인후자가 本生親에 대하여 皇考로 부르고 싶지만 정
자나 주자의 설을 미루어 본다면 그렇게 하여서는 안 된다는 것이
다. 그래서 사계는 다음과 같이 말한다.

> 명칭이 없을 수는 없지만 아버지로 칭하여서는 안 된다. 예가 마땅
> 히 이와 같은데 다시 다른 논의를 용납할 수 없다.45)

사계가 이것을 인용한 것은 역시 앞의 장에서 서술한 위인후자
에 대한 주장과 마찬가지로 이본의 혐의를 없애기 위한 것이다. 그
것은 바로 그의 정통설에서 나온 것임을 알 수 있다. 그래서 이
본·이존에 대하여 사계는 다음과 같이 말한다.

> 참최삼년의 제도에 있어서, 國朝는 고례를 따라서 無二尊·不二斬
> 의 뜻을 가장 잘 나타냈고, 성현의 가르침을 준수하여 그때의 王制를
> 따랐는데, 다시 무엇을 의심하겠는가?46)

라고 하였다. 이것으로 미루어 본다면 사계의 상례도 결국은 불이
참을 전제로 한 정통설을 그대로 반영하고 있음을 알 수 있다.

第3節 典 禮

전례문답은 사계가 77세 되던 1624년에 이미 여러 사람에게 지
어 보냈던 글과 그것에 따른 예론을 지은 것과 아울러 왕복한 글들

---

45)『全書』「疑禮問解」, 603쪽 : "不可無名稱 又不可以父稱之 則禮當如是
  不可更容他議."
46)『全書』「疑禮問解」, 664쪽 : "斬衰三年之制 國朝從古禮最得無二尊不
  二斬之義 遵聖賢之敎 從時王之制 更何疑耶."

을 차례로 편록하여『전례전서』라고 하였다. 遺稿를 개간할 때에 사계의 증손이자 숙종의 비인 仁敬王后의 生父인 光城府院君 金萬基가 尤菴 宋文正公에게 稟議했으나 감추어 두고 간행하지 않았었다.47) 전례문답은 두 권으로 되어 있는데, 한 권은 사계가 지은 글과 諸公들에게 왕복한 글들을 모은 것이고 나머지는 전례에 대한 고증으로 제가의 설을 인용하여 저술한 것이다.

이것은 仁祖가 즉위한 1623년에, 인조가 所生父인 정원군의 私廟 親祭 때의 축문칭호를 위시해서, 1626년에 있었던 인조의 所生母인 啓運宮 具氏의 상에 있어서의 복제문제와, 1630년에 정원군에 대한 추숭의 논의가 일어나기 시작하여 1631년까지의 추숭논의48)에 대한 전반적인 기록이 바로 전례문답의 내용을 이루고 있다.

먼저 첫 卷의 目錄을 보면 다음과 같이 구성되어 있다.

---

47)『全書』「年譜」, 798쪽 : "先生旣作諸公書 仍以因是禮論著及往復者 次第編錄 名以典禮全書(一本 問答)遺稿開刊時 先生曾孫光城府院君萬基 稟議于尤菴宋文正公 藏棄而不刊行."

48) 정원군을 원종으로 추존하기는 1632년 5월이다. 그리고 1635년 3월에 元宗을 祔廟하였다. 사계가 1631년에 세상을 떠났기 때문에 정원군이 원종으로 추존되는 것은 직접보지 못하였다. 그러나 벌써 私廟親祭時 축문칭호문제에서부터 조정에서 논의되는 것과 그 자신의 임종무렵 추숭에 관한 논의가 조정의 여론을 형성하고 있었기 때문에 그때까지의 자신의 글과 관계되는 글을 모아(소위 전례문답)을 후세에 남기려고 한 것이 아닌가 생각된다.

그런데 정옥자 교수는『사계 김장생의 예론』(조선후기지성사, 82쪽)에서, "1624년(인조 2년)부터 1631년(인조 9년)까지 '8년여'에 걸친 논쟁이었는데"라고 하였다. 그러나 정옥자 교수가 주장하는 것은『사계전서』「연보」에 나와 있는 '전례'에 관한 기록만 가지고 1624~1631년까지라고 하였으나, 사실 인조 원년인 1623년인 癸亥 5월에 벌써 사계가 "論私廟 親祭時祝文屬號疏"라는 상소문을 올리는 것을 보면 정옥자 교수의 주장이 잘못이라는 것을 쉽게 확인할 수 있다.

1. 與右相申敬叔 延平李玉汝 吏判吳汝益 禮判李聖徵 副學鄭景任
   趙飛卿 鄭子容 崔子謙 張持國書(1624年 6月)
2. 書知事李廷龜筵奏後(1624年 10月 23日)
3. 答申敬叔書(1626年 5月)
4. 答申敬叔書(1626年 1月)
5. 答張持國書
6. 答崔子謙示張持國鄭子容書(1626年 여름)
7. 答崔子謙
8. 答鄭子容書
9. 答韓士仰書(1627年 1月)
10. 書宋戶部(憲)禮議後(1630年 11月)
11. 書延平府院君李貴筵奏後(1626年 12月)
12. 與張持國論穆陵緦服事書(逸)(1630年)
13. 與趙飛卿崔子謙張持國鄭子容書(1631年 1月)
14. 答張持國書(1631年)

이상의 14건 중 12번의 빠진 글을 하나 제외하고, 나머지 13건 문답서의 전례에 관한 사계의 주장과 기타 여러 사람들의 주장을 제6장의 왕통확립설에서 구체적으로 살펴보고자 한다.

그러면 이제 『전례문답』의 두 번째 책인 고증부분에 관하여 살펴보고자 한다. 고증부분은 크게 다섯 가지로 분류하여 사계가 제가의 설을 고증하고 마지막으로 각 사례에 대한 사계 자신의 주장을 끝 부분에 평한 것으로 되어 있다. 먼저 그 내용을 간략하게나마 살펴보면 다음과 같다. 즉 儀禮의 天子諸侯 正統旁朞服에 관한 그림은 상복과 補服에 상세히 나타나 있다[49]고 하여 사계는 도표로써 설명을 하고 있는데 이것을 제외하면 다섯 가지가 된다.

1. 상복편의 부장기장에 임금의 부모와 처, 장자, 조부모에 관한 설명이 있다. 傳에서 말하기를, 왜 기년복을 입어야 하는가? 부모와

---

49) 『全書』, 358쪽 : "儀禮天子諸侯正統旁朞服圖 詳見喪服及補服."

장자와 君은 斬衰服을 입어야 한다. 처는 小君이다. 아버지가 세상
을 떠난 뒤에 할아버지를 잇게 되었으면 참최복을 입는다고 하였
다.50) 사계는 이 상복편의 부장기 장에 대한 주를 정현의 주장과 가
공언 소의 설명을 덧붙였다. 여기에 대한 사계의 주장은 신하가 君
의 부모에 대하여 기년복을 입는 것에 관하여 설명을 하고 있다.

> "신하가 임금의 부모를 위하여 입는 복"에 대하여 내가 생각하건
> 대, 앞의 疏와 마찬가지로 始封의 임금을 말하는 것이다. 이와 같이
> 體를 이으면 그 아버지가 폐질이 있어서 왕위에 서지 못하고 지금 임
> 금이 조부에게서 受國하기 때문에 임금은 참최복을 입어야 하고 신하
> 는 기년복을 입어야 한다.51)

이와 같은 것은 사계가 鄭玄의 註를 해석한 것인데 정현의 주를
보면 다음과 같다.

> 이것은 임금을 위해 복을 입는 것이다. "父가 祖父의 喪을 당하는
> 것"은 始封之君을 일컫는 것이다. 이와 같이 體를 잇는다면, 父가 祖
> 父와 같이 廢疾이 있어서 王位에 서지 못하거나, "父卒이라는 것"은
> 父는 君의 孫으로 宜嗣位인데 무卒할 경우에 君은 曾祖父로부터 受
> 國하는 것이다.52)

소위 마땅히 왕위를 이어야 할 자가 왕위에 오르지 못할 경우에
증조부에게서 나라를 물려받는 경우를 고증한 것이다. 그래서 사
계는 마지막으로 평을 달기를 다음과 같이 하였다.

---

50) 『全書』, 358쪽 : "喪服篇 不杖朞章 爲君之父母妻長子祖父母 傳曰 何
　　以朞也 從服也 父母長子君服斬 妻則小君也 父卒然後爲祖後者服斬."
51) 『全書』, 359쪽 : "臣爲君之父母服 按前疏亦謂始封之君也 若是繼體 則
　　其父有廢疾不立 今君受國於祖 故君服斬 臣從服朞."
52) 『全書』, 358쪽 : "鄭註 此爲君矣 而有父若祖之喪者 謂始封之君也 若
　　是繼體 則其父若祖有廢疾不立 父卒者父爲君之孫 宜嗣位而早卒 今君
　　受國於曾祖."

> 내가 생각하건대, 소위 父가 조부와 같이 되는 자는 모두 정통으로
> 宜嗣位인데 폐질이나 혹은 일찍 죽어 왕위에 오르지 못하는 경우를
> 말하는 것이다. 그 나머지 방지로 입계하는 임금은 거론할 필요가 없
> 다.53)

마땅히 왕위를 물려받아야 할 경우를 예로 들어 고증을 하면서
나머지 방지로 입계한 인조의 경우와 같은 것은 거론조차 할 필요
가 없다는 것을 전제로 한 말이다.

2. 通典에서 晉 劉寶가 말하기를, 위인후자란 아들이 되기도 하
고 손자가 되기도 하기 때문에 경에서는 다만 爲人後라고 칭하였
으며 所後의 이름은 열거하지 않았다. 그래서 모든 사람들의 귀천
을 가릴 것 없이 통 털어서 위인후자는 이 예를 사용한다고 하였
다.54)바로 위인후자에 관계되는 글을 고증으로써 사계는 인용하여
해석을 하고 있는데 다음과 같다.

> 내가 생각하건대, 통전의 말은 일일이 준행할 것은 없으나 제왕의
> 가는 兄弟姪孫이 대통에 입계하는 것은 바로 상사이다.55)

제왕의 가에서는 형제나 질손이 대통에 入繼하더라도 모두 위인
후자가 되는 것이니 이것은 일반적인 일이라고 사계는 평하고 있
다. 즉 위인후자는 누가 되던지 간에 위인후자의 측면에서 살펴야
한다는 것이다.

---

53)『全書』, 359쪽 : "愚按 所謂父若祖者 皆指正統宜嗣位 而廢疾或早死
　　不立者而言 其餘旁支入繼之君 則不擧論也."
54)『全書』, 359쪽 : "通典 晉劉寶曰 爲人後者 或爲子 或爲孫 故經但稱爲
　　人後 而不列所後者名 所以通人無貴賤 爲人後者 用此禮也."
55)『全書』, 360쪽 : "愚按 通典之言 不可一一遵行 而帝王之家 兄弟姪孫
　　入繼大統 乃是常事也."

3. 綱目의 漢宣帝 本始 元年(紀元前 73年)에 戾太子와 戾夫人을 追諡하여 悼考, 悼后라고 하고 園邑을 두었다. 勅詔에 말하기를, 故皇太子가 湖縣에 있을 때 諡號와 歲時祠가 있지 않았기에 시호를 논의하여 園邑에다 두었다. 有司가 예에 위인후자는 자식이 된다고 하였다. 그러므로 부모를 강등하여 제사를 지내지 않는 것은 尊祖의 뜻이다. 폐하는 孝昭皇帝의 뒤가 되기에 祖宗의 제사를 이어야 한다고 하였다. 친히 시호를 마땅히 도고라고 하고, 도후라고 하여야 한다고 하여 모두 개장하였다. 漢宣帝 元康 元年(紀元前 65年) 夏五月에 도고를 追尊하여 皇考라고 하였으며 寢廟를 세웠다. 유사가 다시 悼園을 마땅히 尊號를 稱해서 황고라 하고 立廟하여야 한다고 하였다.56)

사계는 이상의 강목에 있는 말 이외에도 여러 사람들의 말을 고증으로써 기술하였다. 여기서 사계의 평을 살펴보면 다음과 같다.

> 내가 생각하건대, 哀帝가 그 所生父를 追崇하여 皇을 덧붙였다. 이 皇字는 황제의 皇이다. 宣帝가 그 私親을 존숭하여 皇考라고 하였는데 여기서 皇字는 바로 大字, 顯字의 뜻이다. 두 가지 황자는 같지 않으나 예관이 稱考하고 또한 황자를 덧붙이는 것은 名位가 너무 융성한 까닭에 정자가 그것을 실례하였다고 하였던 것이지, 考字가 잘못된 것은 아니다. 무릇 황자는 尊重한다는 말이다. 元朝에는 황자를 사용하는 것을 금하였기 때문에 顯字를 덧붙였다.57)

---

56) 『全書』, 360쪽 : "綱目 漢宣帝本始元年 追諡戾太子戾夫人悼考悼后 置園邑 詔曰 故皇太子在湖 未有號諡 歲時祠 其議諡 置園邑 有司奏禮爲人後者爲之子也 故降其父母不得祭 尊祖之義也 陛下爲孝昭皇帝後 承祖宗之祀 親諡宜曰悼考曰悼后 皆改葬焉 漢宣帝元康元年夏五月 追尊悼考爲皇考 立寢廟 有司復言 悼園宜稱尊號曰皇考 立廟."

57) 『全書』, 361쪽 : "愚按 哀帝追崇其所生父 加共皇字 此皇字 乃皇帝之皇也 宣帝尊崇其私親 爲皇考者 此皇字 卽大字顯字之意 兩皇字不同 而禮官爲稱考 又加皇字 名位太隆 故 程子爲之失禮 非以考字爲非也 夫皇字 只尊之之辭也 元朝禁皇字不用 故加顯字."

　이상의 사계의 말은 漢의 宣帝가 황고라고 하였던 것을 정자가 비난한 말을 고증하여 해석한 것인데, 이것은 선제의 경우에는 고를 사용하여도 관계없다는 뜻으로 보아야 한다.

　4. 曹操의 魏나라 太和 三年(229年) 秋七月에, 魏는 後嗣를 諸侯로부터 삼아서 대통에 들어와 받들게 할 경우에는 私親을 돌볼수 없다는 것을 제정하였다. 詔에서 말하기를, 예에 왕후가 無嗣하면 支子를 택하여 大宗을 잇게 세운다면 마땅히 정통을 이어 公義를 받들어야 하는데 어찌 사친을 되돌아보겠는가? 公卿有司에게 前世의 행사로써 깊이 경계하게 하고, 後嗣는 만일 제후로부터 삼아서 대통으로 들어와 받들게 한다면 위인후가 되는 義를 마땅히 밝히고, 함부로 아첨하는 말로써 옳지 못한 호칭을 세우고 정통을 가로막아, 考를 皇으로 일컫거나 妣를 后로 칭한다면 대신들을 죽이고 용서하지 말라. 그리고 金策에다 새기고 종묘에 보관하여 令典에 기록하라고 하였다. 宋 英宗 治平 2년(1065년) 乙巳 4월에, 조칙을 내려 濮王을 추숭하고 받들 전례를 의논하게 하였다.[58]

　이것은 위인후자가 본생부모에 대한 복상과 칭호에 대한 문제를 고증하기 위하여 사계가 증거로 제시한 글이다. 바로 歐陽修가 위인후자는 본생부모에 대한 복상은 강복하여도 부모에 대한 호칭은 그대로 남아있다고 주장한 것이 잘못되었다는 것을 반박하기 위하여 사계가 인용한 글이다. 여기에 대한 사계의 평을 보면 다음과 같다.

---

58) 『全書』, 361쪽 : "曹魏太和三年秋七月　魏制後嗣有由諸侯入奉大統者　不得顧私親　詔曰　禮王后無嗣　擇建支子以繼大宗　則當纂正統而奉公義　何得復顧私親哉　其令公卿有司　深以前世行事爲戒　後嗣萬一有諸侯入奉大統　則當明爲人後之義　敢爲導諛建非正之號　以干正統　謂考爲皇　稱妣爲后　則股肱大臣　誅之無赦　其書之金策　藏之宗廟　著于令典　宋英宗治平二年乙巳四月　詔議崇奉濮王典禮."

　　내가 일찍이 듣건대, 구양수는 일찍이 예서를 읽은 적이 없는데 하
루는 유생들이 독서하는 곳을 지나다가 우연히 儀禮를 들추어보게 되
었다. 그래서 상복편에 이르러 "위인후자는 그 부모를 위하여 삼년복
을 강복하여 기년복으로 하되 부모의 名은 없어지지 않는다는 것"을
服은 강복할 수 있어도 이름은 없어지지 않는 것을 나타낸 것으로 여
겼다. 여기서 전거를 잘못 인식하여 考로 칭하기로 정하였다. 韓琦와
曾公亮과 趙槩도 따라서 和答하였으나 諸儒와 더불어 논의한 것이
맞지 않았다. 마침내 논쟁하는 것이 서로 어그러져서 서로 조정에서
용납하지 못하였으니 후세의 비난하는 논의를 면치 못하는 것이다.
歐公의 박학한 문장으로도 오히려 이런 잘못이 있는데, 박지계의 소
는 말마다 더 深하여 禰廟를 세우고 삼년상을 하고 백관이 從服하여
기년복을 입는다는 데에 이르러서는 어찌 괴이하지 않은가?59)

　　이것은 박지계가 소에 인용한 구양수의 설은 구양수 자신이 예
를 본적이 없이 우연히 『의례』를 보고 해석한 것인 만큼 그것을
박지계가 인용한 것 자체부터가 문제인 것이다. 그래서 사계는 박
지계가 소에서 주장하는 부모의 名이 없어지지 않는다는 것 즉 인
조가 사친인 정원군과 啓運宮 具氏에 대하여 부모의 名이 없어지
지 않는다고 하는 것은 잘못된 것이라고 고증한 부분인 것이다.

　　5. 大明 世宗皇帝가 辛巳(正德 16年, 1521年) 四月 癸卯日에 즉
위하여, 戊申日에 興獻王의 제사를 주관하고 칭호에 대하여 禮部
가 회의하도록 명을 내렸다.60)

---

59) 『全書』, 363쪽 : "愚嘗聞 歐陽修不曾讀禮 一日過幼生讀書處 偶然披閱
　　儀禮至喪服篇 以爲爲人後者 爲其父母降服三年爲期 而不沒父母之名
　　以見服可降而名不可沒也 以此錯認據而爲定 以考稱之 韓琦曾公亮趙
　　槩 從而和之 與諸儒論議不合 遂爲乖爭不得相容於朝 未免後世之非議
　　以歐公之博學文章 尚有此誤 至於朴知誡之疏 一節深於一節 至爲立禰
　　廟爲三年喪 百官從服朞之論 何足怪也."
60) 『全書』, 363쪽 : "大明世宗皇帝辛巳申巳正德十六年四月癸卯即位 戊
　　申命禮部會議興獻王主祀稱號."

여기서 세종의 계보를 보면 다음과 같다.[61]

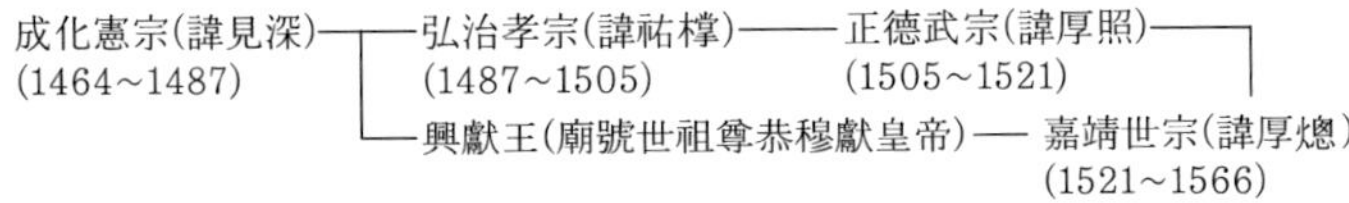

이상의 계보를 중심으로 世宗嘉靖帝의 禮制問題를 살펴보면 다음과 같다. 즉 武宗에게는 아들이 없어서, 그 遺詔에 의하여, 孝宗의 둘째 아우로 호북성 安陸에 封함을 받고 있던 興獻王의 장자가 부름을 받고 제위에 올랐다. 이가 世宗(在位 1521~1566)으로 그 나이 14세였다. 그 측근에서 활약한 거물로는 수상인 楊廷和가 있었다. 遺詔라는 것은 皇帝의 유언인데 실제로는 대개 각신이 초고를 작성하여, 황태후의 인가를 기다려 정식으로 발효되었다. 이때 세종이 뽑힌 것은, 양정화가 皇明祖訓의 "형의 혈통이 끊길 때는 아우의 혈통으로 잇게 한다"는 규정에 따라야 한다는 주장을 하여 皇太后와 정부 수뇌가 이것을 승인하였기 때문이다. 양정화의 활동에 의하여 양양한 전도가 기대되어야 할 새 정부는, 그 중심이 되어야할 세종과 양정화가 충돌함으로써 정국이 일변하였다. 이것을 "大禮의 儀"라고 한다.

제위에 오른 세종으로서 당면한 큰 문제는, 어느 황제의 뒤를 잇는가 하는 일과, 故人이 된 實父 興獻王에 대한 처우를 어떻게 하느냐에 있었다. 典禮와 고사에 밝은 양정화는 정이천의 설을 골자로 하여, 예법의 입장에서 세종의 숙부인 孝宗을 皇考로, 實父인 興獻王을 皇叔父로 호칭하여야 된다고 단언하였다. 한편 세종은

---

61) 『全書』, 363쪽 參照.

그의 개인적 정분에서도 實父를 皇考, 孝宗을 皇伯父로 하기를 원했기 때문에 군주와 정부가 정면으로 대립하여 일보도 양보하지 않았다.[62]

그런데 새로 과거에 급제한 진사로 예부에서 실습하던 張璁이 시랑 王瓚에게 이의를 제기하고 나선 것이다. 바로 제왕이 입승대통하는 것은 위인후가 아니다는 것이다.[63] 마땅히 왕통을 계승하는 것이지 제사를 계승하는 것은 아니라는 것이다. 그러나 양정화는 예에 소후자는 부모가 되고 소생자는 백숙부모가 되기에 대개 강복할 뿐만 아니라 이름도 다르게 되는 것이니 아부하면서 뜻에 따를 수가 없다고 하였다.[64] 양정화는 장총을 南京으로 쫓아 보냈다. 세종은 정상적인 호칭을 회복하려는 자세를 고집했고 양정화는 사직이라는 수단으로 황제를 압박했다. 그런데 세종은 기다렸다는 듯이 양정화의 사직서를 수리해 버리고는 장초을 북경으로 불러들였다. 그 뒤 장총을 한림학사로 승진시킨 다음 바로 재상으로 초고속 승진시켰다.

1524년, 세종은 즉위한지 4년째 되던 해 정식으로 옛날 호칭을 복구한다는 명령을 내렸다. 큰아버지는 큰아버지, 아버지는 아버지로 부르겠다는 것이었다. 도를 따지는 인사들은 발칵 뒤집혔다. 모

---

62) 『明史』卷17,「世宗紀」: "進士張璁言, 繼統不繼嗣, 請尊崇所生, 立興獻王廟於京師. 初, 禮臣議考孝宗, 改稱興獻王皇叔父, 援宋程頤議濮王禮以進, 不允. 至是, 下璁奏, 命廷臣集議. 楊廷和等抗疏力爭, 皆不聽."

63) 『明史』卷196,「列傳 第84, 張璁等傳」: "進士張璁言與侍郎王瓚言, 帝入繼大統, 非爲人後."

64) 『明史』卷196,「列傳 第84, 張璁等傳」: "七月, 張璁上疏謂當繼統, 不繼嗣. 帝遣司禮太監持示廷和, 言此議遵祖訓, 據古禮, 宜從. 廷和曰 '秀才安知國家事體', 復持入. 無何, 帝御文華殿召廷和, 冕, 紀, 授以手敕, 令尊父母爲帝后. 廷和退而上奏曰"; "'禮謂爲所後者爲父母, 而以其所生者爲伯叔父母, 蓋不惟降其服而又異其名也. 臣不敢阿諛順旨' 仍封還手詔. 臣亦皆執前議. 帝不聽."

두들 내일이면 세상이 망하기라도 할 듯이 야단을 떨었다. 양정화의 아들 양신이 가장 격렬했다.

황제는 명령을 내려 가장 크게 통고한 관원 134명을 잡아다 금의위 감옥에 가두게 했다. 그 다음 날 다시 90여 명을 체포하여 전부 정장에 처했다. 불행하게 그 중 16명은 양사의 대우를 받지 못하고 매질에 죽고 말았다. 양신과 양원정은 다행히 죽지 않고 정장을 받은 뒤 변경으로 귀양갔다.65)

이 世宗嘉靖帝의 행위에 대한 사계의 평을 보면 다음과 같다.

> 내가 생각하건대, 張璁과 桂萼의 무리들이 嘉靖世宗皇帝를 引導하여 興獻王에게 稱考하고 위로 憲宗을 잇게 하였으니, 孝宗과 武宗은 世宗에 대하여 서로 접속하지 못하고 昭穆의 밖에 놓이게 되었으니 어찌 悖惡하지 아니한가? 세종이 무종에 대하여서는 비록 從兄弟라고 하지만 이미 대통에 입계하였다면 부자의 도가 있는 것이다. 春秋 四傳 모두 閔公과 僖公이 형제지만 상계하여 부자가 된 것이 이미 정론으로 되어 있다. 漢 광무가 四親에게 따로 칭호를 하지 않은 것을 선유들은 아름답게 여겨 왔다. 장총과 계악이 上意에 아첨하여 맞추어서 부정한 호칭을 사친에게 더한 것은 당시의 비난을 받았고 후세의 웃음거리가 되었으니 어찌 후세 사람들이 귀감으로 삼아 경계하지 않겠는가?66)

이것은 왕통에 입계하면 벌써 부자의 도가 있기 때문에 함부로 사친에게 稱考하면 안 된다는 것을 사계가 고증으로 든 것이다.

이상으로 사계의 『전례문답』의 구성을 간략하게 살펴보았다. 사

---

65) 柏楊 著·김영수 역,『중국사』卷4, 창해, 2005年, 316~318쪽.

66)『全書』, 371쪽 : "愚按張璁桂萼之徒 導家庭世宗 皇帝稱考興獻 上繼於憲宗 則孝宗與武宗 於世宗不相接續 在昭穆之外 豈不悖哉 世宗於武宗 雖曰從兄弟 旣爲入繼大統 則有父子之道焉 春秋四傳 皆以閔僖二公相繼爲父子 己有定論 漢光武於四親 別無稱號 先儒美之矣 璁萼逢迎上意 可不正之號於私親 取譏當時 貽笑後世 豈非後人之鑑戒乎."

계는 전례문답에서 주로 제기되고 있는 왕위에 오른 자가 본생부모에 대한 예를 주로 논의하고 있다. 그것은 소위 본생부모의 사묘에 나아가 제사를 지낼 때의 칭호문제와, 그리고 본생부모를 추숭하는 문제, 그리고 본생부모에 대한 복제문제, 또한 종묘에 祔廟하는 문제 등이 주종을 이루고 있다. 이것은 소위 왕통의 확립과 관련되는 문제로, 주로 사계는 왕통을 바로 잡는다는 생각에서 왕통은 王이 된 자가 지켜야 할 통서로서 바로 국가의 기강을 바로잡는 가장 핵심적인 부분에 해당하는 것이다. 그런데 왕위에 오른 이는 왕위에 오르기 이전의 사친에 대한 예우를 가통의 측면에서 바라보는가 아니면 왕통의 측면에서 바라보는가가 문제가 되는 것이다. 왜냐하면 왕위에 오르기 이전의 사가의 본생부모는 일단 왕위에 오른 뒤에는 왕통을 바로잡아야 한다는 측면에서, 사친을 돌볼 수가 없다는 것이 사계의 주장이다. 이것은 가통과 왕통의 엄격한 구분에서 설명되어 질 수 있다. 즉 통을 바로잡아야 한다는 정통의 사상이 밑바닥에 깔려 있는 것이다. 이러한 통에 대한 설명을 다음 장에서 서술하고자 한다.

第6章

王統確立說

사계 스스로가 당시의 예에 대하여 많은 힘을 기울여 예에 관한 저서를 많이 저술하였음은 이미 밝힌 그대로다. 본 장에서는 그러한 사계의 저술 중에서 『전례문답』을 중심으로 그의 왕통확립설에 관하여 살펴보고자 한다.

사실 사계의 예학은 어디까지나 義를 중시하고 있음을 알 수 있다. 여기서 의라고 하는 것은 전술한 바와 같이 정명 또는 명분사상에 입각한 것으로 각각의 맡은바 직분에 충실함을 뜻한다. 이것은 바로 의로써 맺어진 경우이기 때문에 상호인간관계에서 자기의 직분에 맞는 올바른 행위를 할 것을 주장하는 것이다. 소위 공자의 명분론인 정명사상을 그대로 수용하고 있을 뿐만 아니라 춘추대의의 정신인 인간이 추구하여야할 의리로서의 의를 그의 정통관에 그대로 반영하고 있다.

본 장에서 서술되는 것은 제5장 3절에서 언급한 전례문답의 구성을 전제로 사계의 주장을 서술하고자 한다. 즉 14개의 문답서와 상소문을 위시하여, 다섯 가지의 경우에 해당하는 고증을 근거로 하여 당시의 여러 사람들과의 논쟁에 관한 사계의 주장을 살펴보고자 한다. 즉 인조반정 이후 인조의 私親인 定遠君과 啓運宮具氏(追尊 仁獻王后)에 대한 전례문제가 그 중심이 된다. 물론 사계의 주장대로 된 것은 없으나 많은 학자들과 대신들이 가담하여 논쟁한 것이니 만큼 학문적인 의의도 그 만큼 크다고 본다.

그러면 먼저 이 장에서 서술되는 칭호문제, 복상문제, 묘향(追崇)문제에 관하여 각 주장들을 요약한 박세채의 글을 살펴보더라도, 사계의 주장은 역시 춘추강목설에 의거한 것을 알 수 있다. 즉 박세채가 「章陵稱號尊崇考證」에 관한 '臣僚章疏'를 요약정리[1]한 것

---

1) 『南溪朴世采文集』, 1326~1327쪽.

을 보면 다음과 같다.

	稱號	服喪	廟享	所據
李廷龜, 鄭經世	考	不杖朞	綾原主祀	稱禰位闕 服廟爲人後
金長生	伯叔父	不杖朞	綾原主祀	稱服廟皆主春秋綱目說
朴知誡	考	三年	禰廟	稱服廟皆主儀禮論註說
張維	考	杖朞	別廟	稱爲祖後 服廟爲宗統
崔鳴吉	考	三年	別廟	稱服爲祖後 廟爲宗統
趙翼	考	不杖朞	綾原主祀	稱服廟皆主爲人後

이상과 같이 박세채가 요약하여 정리한 것을 보더라도, 사계의 주장과 박지계의 주장은 전혀 상이함을 알 수 있다. 소위 당시의 주장을 살펴보더라도 박지계는 다른 사람의 주장과는 달리 최고의 예를 갖추기를 주장하는 것을 알 수 있다. 즉 칭호는 고로 하며, 계운궁상의 복제문제에서는 삼년상을 행할 것이며, 추숭문제에서는 禰廟를 세울 것을 주장하고 있는 것이다. 이러한 박지계의 설도 私家에서 실시하고 있는 예에 의거하여 儀禮에 근거를 둔 주장이다. 바로 인조반정 이후 왕권이 강력하게 발휘되던 시기라 왕의 마음에 가장 흡족하게 수용이 될 수 있는 주장이다. 소위 정통으로 왕위에 오른 것이 아닌 인조의 처지에서는 어쩌면 박지계의 주장이 다른 어떤 사람의 주장보다는 더욱 마음이 쏠렸을 것은 당연한 것이다. 왜냐하면 이렇게 하는 것을 본생부모인 정원군과 계운궁에 대한 자식의 도리로 생각했기 때문이다. 그러나 사계의 주장은 인조가 왕이 되기 이전 같으면, 칭호를 고로 할 수 있고 아울러 계운궁상에 대한 복제문제에 있어서도 당연히 삼년상을 지낼 수 있지만 벌써 왕이 된 이후에는 왕가의 예법에 따라 사가를 돌볼 수 없다는 것이다. 그것은 벌써 왕이 되었다면 종묘의 제례를 주관하여

야 할 뿐만 아니라, 삼년상을 지낸다면 국사에 상당히 지장이 있고, 더군다나 대통으로 입계한 임금이 아닌 반정으로 왕위에 올랐기 때문에 사친인 정원군과 계운궁에 대하여서는 비록 정의 측면에서는 동정이 가지만 왕통은 어디까지나 승통을 중요시하기 때문에 돌볼 수 없다는 주장인 것이다. 그래서 왕통을 바르게 한다는 측면에서 私廟親祭 때에 정원군에 대한 칭호문제는 당연히 고로 하여서는 안 되고, 백숙부로 하여야 된다는 것이다. 이것은 정자가 이미 예전에 주장한 것으로 강목에 기술한 것을 사계가 그대로 인용하고 있음을 알 수 있다.

또한 계운궁상에 있어서도 인조가 반정으로 왕통을 이어 받았기 때문에 국사의 막중함과 왕통을 바르게 한다는 측면에서, 부장기를 주장한 것이다. 물론 인조가 왕위에 즉위만 하지 않았더라면, 박지계의 주장처럼 삼년상을 당연히 지내야 한다. 그러나 제왕가에서는 승통을 중시하기 때문에 일단 왕위에 올라 왕통을 이었다면, 본생부모를 돌봐서는 안 된다는 사계의 주장에서는 당연히 용납될 수 없는 것이다.

그리고 정원군을 추숭하는 문제에서도, 인조가 정통으로 왕위에 오르지 않았기 때문에, 추숭²⁾해서는 안 된다고 주장하여 이전의 여러 사례들을 고증하여 예로 들면서 정원군에 대하여서는 사묘에서 그냥 인조의 아우인 능원군이 제사를 주관하면 된다고 하였으

---

2) 여기서 언급되는 인조의 所生父인 정원군에 대한 추숭론의 이전에 세조의 왕세자이자 成宗의 아버지인 暲을 德宗으로 추숭한 적이 있다. 그런데 사계는 정원군의 추숭논의를 주장하는 자들에게 "我朝의 덕종을 끌어다가 증거로 삼아서는 안 된다(『全書』, 340쪽 : "不可以我朝之德宗援而爲據也")"고 하였다. 그것은 덕종의 경우 세자로 책봉이 된 뒤에 죽은 경우이다. 대통을 이은 성종의 경우와 방지로 입계한 인조의 경우는 다르기 때문에 덕종의 경우와 정원군의 경우도 분명히 다르다는 것이다.

나 인조는 받아들이지 않았다. 이것은 인조의 처지에서는 본생부모인 정원군을 선조의 아들이라는 것을 인정하고 동시에 인조 자신도 선조의 손자라는 것을 인정하였기에, 박지계의 주장을 따른 것으로 보아야 할 것이다. 물론 이와 같은 사계의 주장은 하나도 받아들여지지 않았다. 이론적으로는 사계의 주장이 당연하다손 치더라도 그것을 받아들이는 인조의 마음이 결국 박지계의 주장을 선택하게끔 한 것이다.

　이와 같은 칭호문제, 추숭문제, 그리고 入廟 문제에 관하여 사계의 이전의 사례를 고증으로 들면서 크게 다음의 세 가지로 분류를 하고 있다. 즉 첫째로 아예 추숭은 하지 않고 칭고만 한 경우와, 둘째로 추숭은 하여도 입묘하지 않은 경우, 셋째로 입묘까지 한 경우를 예로 들어 세 가지로 분류하였는데 각각의 사건에 관하여 사계가 말하고 있는 것이 다음과 같다.

　　옛날에 商나라 湯의 손자인 太甲과 주나라 平王의 손자인 桓王이 모두 조부를 이어, 왕위에 올랐으나 그 아버지를 추숭했다는 말은 듣지 못했다. 漢昭帝의 종손인 宣帝가 繼立하였으나, 그 所生父인 史皇孫을 追崇入宗廟하지 않고, 단지 皇考라고 칭하였는데도 정자와 범씨와 호씨는 오히려 윤서를 어지럽힌다 하여 배척하였다. 주자는 그것을 강목에다가 기재하였다. 程朱와 諸公의 뜻은 사황손에게 칭고하는 것은 잘못이며 孝昭帝를 잇는 것이 옳다는 것이다. 이것이 조부에게 제사지내는 것이다. 만약 어떤 사람의 말처럼 정주가 논한 선제가 그 조부인 昭帝에게 제사지내는 것을 예의 바름이 아니라고 한다면, 역시 衛輒처럼 하여야 하겠는가? 조부에게 제사지내는 것을 불응한다는 것은 논어를 배척하고 강목을 인정하는 것이다. 정신이 혼미하여 살피지 않으면 일정한 견해가 없게 된다. 또한 晉 元帝의 아들인 簡文帝가 조부의 尊으로 손자를 계립하였고, 齊 鬱林王은 손자로 조부를 이었으며, 元의 魏世祖의 손자인 濬도 손자로서 조부를 이었다. 비록 그 아버지를 존숭하여 帝로 삼으면서도 오히려 입묘하지 않았다. 隋의 煬帝의 손자인 侑는 손자로서 조부를 이었고, 唐의 憲宗의 아들인 宣

宗은 숙부로서 조카를 이었고, 金의 章宗인 璟은 손자로서 조부를 이
었는데 비록 그 아버지를 존숭하여 제로 삼았으나 역시 입묘하지 않
았다. 大明의 世宗은 비록 張璁과 桂萼의 말에 미혹하여 그 소생부를
興獻帝로 삼았으나 입묘하지 않았다. 오직 建文만이 적손으로 太祖를
이었기에 그 아버지인 懿文太子를 추숭하였으며 종을 일으켜 입묘하
였다.3)

　이상의 예를 바탕으로 하여 각 경우에 대한 사계의 주장을 살펴
보기로 하자.

第1節 稱 號

　여기서 칭호에 관한 문제는 인조4)가 사묘친제 때에 부를 축문칭
호에 관한 것을 말한다. 이것은 당시 인조가 장차 사묘에 나아가
친히 제사지내려고 할 무렵, 예조판서 李廷龜와 부제학 정경세가
삼공과 더불어 이 문제를 논의하고 있었다. 이들 모두의 의견은 인
조가 선조의 친손자로 대통을 이어받았으므로, 방지로 다른 사람

---

3)『全書』, 339쪽 : "昔者商湯之孫太甲 周平王之孫桓王 豈繼祖而立 未聞
　追崇其父 漢昭帝之從孫宣帝繼立 不以其所生父史皇孫追入宗廟 雖稱
　皇考而程子范氏胡氏 猶以亂倫斥之 朱子載之於綱目 程朱及諸公之意
　以稱考於史皇孫爲非 以上繼孝昭爲是 此乃禰其祖也 如或者之言 則程
　朱之所論 以宣帝禰其祖昭帝 爲非禮之正 亦如衛輒之所爲乎 禰其祖不
　應 於論語斥之 於綱目許之 惽懵不察 無一定之見也 又如晉元帝之子
　簡文帝 以祖父之尊繼孫而立 齊鬱林王以孫繼祖 元魏世祖之孫濬 亦以
　孫繼祖 雖尊其父爲帝 猶不入廟 隋煬帝之孫侑以孫繼祖 唐憲宗之子宣
　宗以叔父繼姪 金章宗璟以孫繼祖 雖尊父爲帝 亦不入廟 大明世宗 雖
　惑張璁桂萼之言 以其所生父 爲興獻帝 而不爲入廟 惟建文以嫡孫繼太
　祖 追崇其父懿文太子 爲興宗入廟."
4) 仁祖에 관한 璿源系譜를 살펴보면 다음과 같다.

의 뒤가 된 것과는 다르며, 본래의 생친인 정원군에게 있어 두 아
버지가 있게 되는 혐의가 없다고 하여 축호를 稱考·稱子하는 것
으로 결정을 하였던 것이다.5)

그러나 사계는 "論私廟親祭時祝文屬號疏"6)라는 상소문을 올려
칭고·칭자하는 것은 옳지 않다고 하였다. 왜냐하면 사계는 인조
가 반정이전에 사묘에서 친제하던 경우와, 반정이후 왕위에 즉위
하여 사묘에 친히 제사지낼 경우에는 축문칭호에 분명한 차이가
있기 때문이라고 하였다. 그것은 일반서민에게서도 위인후자가 될
경우에는 정보다는 의의 측면에서 자식이 되는 것이며, 임금의 경
우도 마찬가지로 보기 때문이다. 그리하여 사계는 다음과 같이 말
한다.

> 생각하건데 예기에 人後가 된 사람은 그 아들이 되는 것인데, 임금
> 에게 이르면 비록 형이 아우를 잇고 숙부가 조카를 이어도 모두 부자
> 의 도가 있는 것이다.7)

이것은 인조가 선조의 뒤를 이어 임금이 되었으면, 거기에는 부

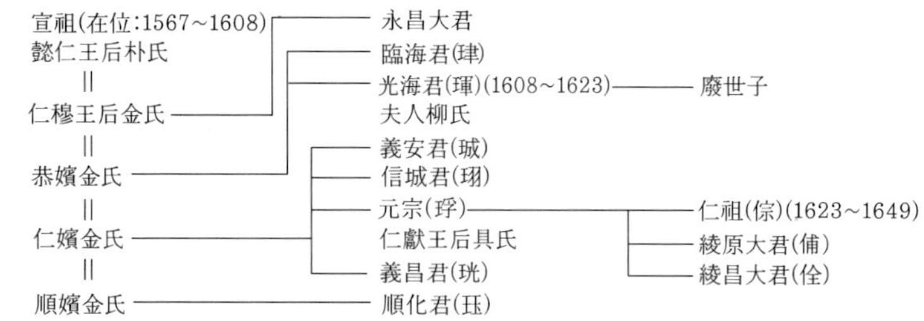

5) 『全書』, 789쪽 : "上將以明日 親祭于私廟禮曹判書李廷龜 副提學 鄭經
　世 與三公議皆曰 主上以宣廟親孫入承大統 與旁支爲人後者不同 於本
　生親無兩考之嫌 祝號以稱考稱子定下."
6) 『全書』, 8쪽.
7) 『全書』, 8쪽 : "按禮爲人後者爲之子 至於人君 則雖兄之繼弟 叔父之繼
　姪者 皆有父子之道焉."

자의 도가 엄연한 것이기 때문에, 사친인 정원군에 대하여서는 칭고·칭자할 수 없다는 것이다. 또한 부자의 윤리가 귀중하다 하더라도 입계한 의가 지극히 엄하기 때문에 감히 범할 수 없다[8]는 주장인 것이다. 즉 천륜으로서의 부자의 정은 비록 뗄 수 없다손 치더라도, 입계한 의의 측면에서는 당연히 부자의 도가 생기기 때문이다. 그렇다면 당연히 사친인 정원군에 대해서는 왕위에 올랐기 때문에 칭고·칭자해서는 안 된다는 것이 사계의 주장이다. 그래서 사계는 다음과 같이 말한다.

> 나와서 인후가 되는 것은 대통을 들어가 잇는 것과, 일은 비록 다르나 사친을 돌보지 못한다는 점에서는 한가지이다. 사대부도 오히려 그러한데 하물며 임금에게 있어서랴?[9]

또한 사계는 칭고·칭자의 부당함에 대하여 다음과 같이 주장한다. 비록 인조가 선조의 친손자로서 왕위에 올랐다고는 하지만, 반정으로 왕위에 오른 것은 承統으로 왕위계승이 이루어진 것이 아니다. 그렇기 때문에 인조가 선조의 친손자이기는 하지만 왕통의 견지에서 본다면 선조와 인조는 부자로서 승계한 것과 같게 된다. 따라서 이정귀나 정경세 등이 논의한 것처럼 칭고·칭자해서는 안 되는 것이다. 이정귀와 정경세 등의 주장은 인조가 선조의 친손자이기 때문에, 아버지의 자리가 비어 있어서 사친인 정원군에 대하여 사묘친제 때에 칭고·칭자하여도 된다고 한다. 그렇지만 사계의 주장은 어디까지나 혈연적인 정의 관계가 아닌 왕위계승에 따른 의리의 측면에서 선조의 자리를 인조가 계승한 것으로 보아 칭

---

8) 『全書』, 340쪽 : "父子之倫　雖重　入繼之義至嚴　不可犯也."
9) 『全書』, 340쪽 : "出爲人後　與入繼大統　其事雖殊　不得顧私親一也　士大夫尙然　況人君乎　父子之倫　雖重　入繼之義至嚴　不可犯也."

고·칭자해서는 안 된다는 것이다. 즉 사계는 선조가 살아있으면서 인조에게 왕위를 물려주는 것과 반정이후 정원군에게 칭고·칭자하는 것과는 전혀 별개의 문제라는 것이다.

> 칭고·칭자의 부당함은 春秋四傳과 杜氏通典에 상세히 나타나 있는데 그것을 미리 참조하였다면 옳았을 것이다. 만약 宣廟가 살아 있을 때 임금이 택하여 元孫으로 삼았다면 宣廟의 뒤가 되겠는가? 아니면 정원군의 뒤가 되겠는가? 이것으로 미루어 보아 정원군에게 칭고·칭자하고 또한 삼년상을 한다는 것은 어떠한가? 또한 인후가 된 사람은 그 아들이 된다는 점에서, 조카가 숙백부를 이었다면 세상에 항상 있는 일이라는 점에서 사람들은 이상히 여기지 않았다. 손자가 조부를 잇는 일에 이르러서는 세상에 드물게 있는 일이므로, 사람들은 그 아버지의 자리가 빈 것을 괴이하게 여겨 사친으로 祖考를 上係하여 繼體의 통 사이를 메우려고 하는 것이니 다만 예의 본의를 잃은 것이다.10)

이것은 인조가 선조의 뒤를 이었기 때문에 정원군에 대하여 칭고·칭자함의 부당함과, 삼년상의 부당함을 거듭 주장한 것인데, 이러한 면에서 사계가 제왕가의 통을 잇는 것을 중요하게 여기고 있는 것11)이니 만큼, 왕위계승 이전의 인륜으로서의 부자의 정은 문제로 삼을 수 없다는 것이다.

또한 이정귀는 인조가 비록 왕위에 올랐다고 하더라도 정원군에 대하여서는 '또한 부모의 이름은 없어지지 않는다'12)고 하였다. 그

---

10)『全書』, 339쪽 : "稱考稱子之非 詳見春秋四傳及杜氏通典 預爲考据至可 設若 宣廟在世時 以主上擇而爲元孫 則爲宣廟之後乎 抑爲定遠之後乎 以此推之 於定遠稱考稱子又爲三年喪如何哉 且爲人後者爲之子以姪繼伯叔父 則世所常有 故人不以爲異 至於以孫繼祖 則世所罕有 故人怪其考位之闕 欲以私親上係於祖考 以間繼體之統 殊失禮之本意也."
11)『全書』, 344쪽 : "帝王家以繼統爲重."
12)『全書』, 341쪽 : "亦不沒父母之名."

러면서 또 인조가 선조에 대하여 부자의 도는 있으나, 부자의 이름은 없는 것이며, 또한 인조가 정원군에 있어 부자의 이름은 있으나 부자의 의가 없는 것이 대체로 이것이라는 것이다.13)

그러나 사계는 위인후자에 대한 이러한 이정귀의 해석은 구양수의 잘못된 해석에서 비롯된 것이라고 하여 다음과 같이 말한다.

위인후자는 본생부모를 위하여 마땅히 기년복을 입어야 하나 부모의 이름은 없어지지 않는다. 이 설은 歐陽修의 잘못된 견해14)에서 나온 것이다.15)

사실 이정귀도 위인후자의 경우에 의리의 측면에서 본다면, 본생부모에 대하여 부자의 의는 없지만은 부자의 이름만은 없을 수가 없다고 본다. 비록 위인후자가 되었다고 하더라도 자연적으로 맺어진 혈연의 정을 완전히 뗄 수 없는 것으로 보는 것이다. 즉 부

---

13)『全書』, 341쪽 : “殿下於宣祖 有父子之道 而無父子之名 殿下於大院君 有父子之名 而父子之義者 蓋爲此也.”

14) 사계는 구체적인 설명을 다음과 같이 말하고 있다. 즉 “내가 일찌기 듣건대, 구양수는 일찍이 예를 본적도 없는데 하루는 유생들이 독서하는 곳을 지나다가 우연히 의례를 들추어 보게 되었다. 그래서 상복편에 이르러 “위인후자는 그 부모를 위하여 삼년복을 강복하여 기년복으로 하되 부모의 이름은 없어지지 않는다는 것”을 복은 강복할 수 있어도 이름은 없어지지 않는 것을 나타낸 것으로 여겼다. 여기서 근거를 잘못 인식하여 考로 칭하는 것으로 정하였다. 韓琦와 曾公亮과 趙槩도 따라서 화답하였으나 제유와 더불어 논의한 것이 맞지 않았다. 마침내 논쟁하는 것이 어그러져서 서로 조정에서 용납하지 못하였으니 후세의 비난하는 논의를 면치 못하는 것이다. 歐公의 박학한 문장으로도 오히려 이런 잘못이 있는데, 박지계의 소는 말마다 더 심하여 禰廟를 세우고 삼년상을 하고 백관이 종복하여 기년복을 입는다는 데에 이르러서는 어찌 괴이하지 않은가(『全書』, 363쪽 참조)?”

15)『全書』, 342쪽 : “爲人後者爲本生父母當服朞 而亦不沒父母之名 此說 出於歐陽修之誤見也.”

자의 이름이 없을 수 없다는 것은 결국 호칭을 어떻게 해야 되는가
가 문제가 되기 때문이다. 그러나 사계의 주장은 명분을 바로잡기
위해서는 호칭을 신중히 해야 된다는 것이다. 만약에 위인후자가
본생부모에게 부모의 호칭을 사용할 경우에는 결국 이본의 혐의를
벗어날 수가 없다는 것이다. 그렇다고 해서 전혀 모르는 사이가 아
니기 때문에 최소한의 혈연적인 정을 따져서 백숙부모로 불러야
된다는 것이다. 이것은 결국 위인후자가 본생부모에 대한 규정을
적용시켜 호칭을 '고'만은 해서는 안 된다는 것이 사계의 주장이
다. 이와 같이 본다면 사계가 주장하고 있는 것은 위인후자의 경우
에 있어서는 어디까지나 의리로 맺어진 관계이기 때문에 그 의리
를 함부로 위배할 수는 없는 것이고, 동시에 혈연적인 관계로 맺어
진 인륜도 인간의 정이라는 측면에서 완전히 버릴 수도 없는 것이
라는 두 가지 면을 함께 지닌 것으로 보아야 할 것이다. 그래서 사
계는 정자의 설을 따라서 다음과 같이 말한다.

> 정자가 말하기를, 위인후자는 所後者를 부모로 부르며, 所生者를
> 백숙부모로 일컫는다고 하였다.16)

바로 위인후자의 그 본생부모에 대한 칭호는 백숙부모가 되는
것을 뜻하며, 이정귀가 말하는 부모의 명은 없어지지 않는다는 것
에 대한 반론으로서 주장한 것이다. 사계의 견해로는 이러한 말은
정자의 주장처럼 천지의 대의이며 사람을 생기게 하는 대륜이라
변역할 수 없는 것17) 이라고 보는 것이다. 또한 백숙부모라 하면
여러 백숙부모와 구별하여, 그 자기를 낳은 부모를 나타낼 수 없는

---

16)『全書』, 342쪽 : "程子曰 爲人後者 謂其所後者爲父母 而謂其所生爲伯
　　叔父母."
17)『全書』, 342쪽 : "此天地之大義 生人之大倫 而不可得而變易者也."

까닭에, 그 文을 세운 것이니, 이는 부득이하다는 것이다.[18] 즉 백숙부모로 할 경우에도 물론 원래의 백숙부모와의 구별에 있어서도 문제가 발생할 수도 있다. 그러나 본생부모에 대하여 부모의 호칭도 사용할 수도 없고, 그렇다고 호칭이 없을 수도 없으니 백숙부모로 부르는 것이 좋다는 것이다. 이와 같이 위인후자가 본생부모에 대하여 부모로 부를 수 없다고 하는 것은 주자의 다음과 같은 표현에 잘 나타난다.

그러나 所生의 義가 至尊하고 지대하기에 비록 정통에 전적으로 유의해야 한다고 하더라도 어찌 사사로운 은혜를 모두 끊을 수가 있겠는가? 그래서 선왕이 예를 제정함에 이미 대의를 밝히고, 그 복을 강등함으로써 통서를 바르게 한 것이다. 그러나 정통의 친소를 모두 재최와 부장기로 구별하는 것은 아니다. 그리하여 그 지극히 중요한 것이 제백숙부와 같지 않다는 것을 밝히는 까닭이다. 선제가 그 자기를 낳은 아버지를 위하여 황고라고 한 것은 윤서를 어지럽히고 예를 잃는 것이 진실로 매우 심하다. 그래서 뒤에 예를 논의하는 자들이 所生의 지극한 은혜를 미루어 존숭의 바른 예를 밝히지 못하고, 단지 髣親尊屬의 고사와 같이 고관대국으로 봉하고자 하는 것은 역시 지당한 논의가 아니다. 중요한 것은 일의 정체를 마땅히 헤아려 따로 다른 칭호를 세워서 "皇伯叔父 某國大王"이라고 해서 그 자손으로 하여금 작위를 세습하게 하고 제사를 받들게 한다면 대통에 있어서 두 가지가 되는 혐의의 실례는 없을 것이며, 자기를 낳은 아버지에 있어서도 존숭하는 도가 지극하게 된다. 그러나 예에 "爲人後者 爲其父母"라고 하여 오히려 부모로 칭하는 것은 왜 그런가? 말하자면, 이미 위인후가 되었으면 자기를 낳은 부모는 이제 백숙부모가 된다. 그러나 바로 백숙부모라고 한다면 여러 백숙부모와 구별하여 소생의 부모를 나타내 보일 수 없기 때문에 할 수 없이 그렇게 文을 세운 것이지 이미 위인후가 되었는데 오히려 자기를 낳은 부모를 부모로 이름할 수 있는 것은 아니다.[19]

---

18) 『全書』, 342쪽 : "伯叔父母 則無以別於諸伯叔父母 而見其爲所生之父母 故其立文不得不爾."
19) 『資治通鑑綱目』卷1, 保景文化社 影印本, 349쪽 : "然所生之義 至尊至

朱子의 이와 같은 주장은 위인후자는 본생부모에게 부모의 호칭을 사용할 수 없다는 것을 잘 보여주는 글이라 할 수 있다. 그런데 『예서』에 爲人後者 爲其父母라고 하여 부모의 호칭을 사용하고 있는 것은 본생부모를 여러 백숙부모와 구별하기 위하여 할 수 없이 부모라는 호칭을 사용한 것이지 어디까지나 위인후자는 본생부모를 부모로 호칭하여서는 안 된다는 것이 주자의 주장이다. 이것은 바로 통서를 바로잡기 위한 것으로 보기 때문이다. 주자의 이러한 "정통서"의 주장을 사계도 그대로 이어받고 있다. 즉 주자가 본생부모를 지극히 존중해야하는 것을 여러 백숙부모와 구별을 하면서도 통서를 바르게 하여야 하는 주장을 사계는 그대로 수용을 하고 있음을 알 수 있다. 즉 주자가 『강목』에서 주장하는 춘추대의의 의리정신을 그대로 수용하고 있음을 볼 수 있다.

그래서 사계는 논의한 사람들의 말과 같이, 이미 인조가 대통을 잇고서 사친에게 칭고한다면 이것은 정통에 전일하지 못하여, 이본의 혐의가 있는 것이니 예를 해치고 인륜을 어지럽히는 것이 심하여[20] 이렇게 된다면 입승한 의가 없다는 것이다.[21] 즉 이미 인후

大 雖當專意於正統 豈得盡絶於私恩 是以先王制禮 旣明大義 降其服
以正統緖 然不以正統之親疏 而皆爲齊衰不杖朞 以別之 則所以明其至
重 而與諸伯叔父不同也 宣帝稱其所生爲皇考 亂倫失禮 固已甚矣 而
後之議禮者 又不能推所生之至恩 以明尊崇之正禮 乃欲奉以高官大國
但如朞親尊屬 故事 則亦非至當之論也 要當揆量事體 別立殊稱 若曰
皇伯叔父 某國大王 而使其子孫 襲爵奉祀 則於大統無嫌貳之失 而在
所生亦極尊崇之道矣 然禮謂爲人後者 爲其父母云者 猶以父母稱之何
也 曰 旣爲人後 則所生之父母者 今爲伯叔父母矣 然直曰 伯叔父母 則
無以別於諸伯叔父母 而見其爲所生之父母 故其立文不得不爾 非謂旣
爲人後 而猶得以父母名其所生之父母也."
20) 『全書』, 8쪽 : "若如議者之說 而旣繼大統又考私親 則是不專於正統 而
爲二本之嫌 其爲害禮亂倫 不亦甚乎."
21) 『全書』, 343쪽 : "旣承大統又稱考於私親 則有何入承之義乎."

가 되고 다시 사친의 아들이 되는 것은 이본이라는 것이다.22) 그리
하여 사계는 다음과 같이 말한다.

> 정주가 漢의 선제가 사황손에게 고라고 칭한 것을 논하여, 윤서를
> 어지럽히고 예를 잃은 것이라 하여 배척하였다. 선제가 손자 항렬로
> 서 대통을 입계하여, 부자의 도가 있는데, 또 한편으로 사황손에게 고
> 라고 칭한다면 두 아버지가 있게 되는 혐의가 있기 때문이다.23)

이와 같은 사계의 말은 가통에서는 비록 부자의 관계로 보더라
도 왕통에서 본다면 손자가 조부를 잇더라도 부자의 도가 있기 때
문에 조부를 잇는다면 조부가 아닌 아버지로 여겨 조부에게 제사
지내는 것이라고 한다. 그렇기 때문에 한의 선제는 소제를 이어 왕
위를 계승하였기 때문에 본생부인 사황손에게 칭고하여서는 안 된
다는 것이다. 이와 같은 사계의 주장은 다음과 같은 말에 또한 나
타난다.

> 이정귀도 정자의 말에는 상세히 미치지 못하여 잘못 말씀드린 것
> 이다. 정경세가 말하기를, 만약 선조를 고로 한다면 이것은 아버지를
> 무시하고 할아버지만 제사지낸다고 하였다. 박지계 등도 할아버지에
> 게 제사지내는 것은 잘못이라 여겼는데 나의 뜻은 그렇지 않다. 주상
> 이 선조를 손자로써 입계하여서 부자의 도가 있다. 그래서 조부에게
> 제사지내는 것이다. 한의 선제가 사황손에게 칭고하였는데 정자가 그
> 르다고 하였다. 정자의 뜻은 선제가 소제의 뒤를 이었기에 조부를 제
> 사지낸다는 것이다. 정자의 말이 이와 같은데 조부를 제사지내는 것
> 이 어찌 안 되는가? 또한 장총과 계악의 말을 인용하여 말하기를, 선
> 제는 형의 손자로써 입계하였기에 당시에 오직 소제의 뒤를 이었다고
> 말할 뿐이다. 그러나 일찍이 자식이 된다고 칭하지는 않았다. 손자되
> 는 것으로 더불어 반드시 一等이 올라가는데 소제에게 고를 칭한다면

---

22)『全書』, 350쪽 : "旣爲人後又爲私親之子　則非二本而何."
23)『全書』, 352쪽 : "程朱論漢宣帝稱考於史皇孫　斥之亂倫失禮者　宣帝以
　　孫行入繼大統　有父子之道焉　又稱考於史皇孫　則有兩考之嫌　故也."

또한 일등이 내려가게 된다. 그러면 사황손을 형으로 하는 그 변석이 지극히 분명한 것이라고 하였다. 이것은 장총과 계악이 예경을 변란 시키고 인륜을 도치시키는 말인데 끌어다가 증거로 삼아서는 안 된다. 제왕의 가는 사대부와 다르기 때문에 다만 통을 계승하는 것을 주로 하고 소목의 계승을 헤아리지 않는 것이 오래되었다. 손자가 조부를 잇는 것은 옛날에도 그 禮는 있었다.[24]

정경세가 주장하는 것처럼 본생부모를 모르는 체하고 조부에게 제사지낼 수 있느냐고 하지만, 사계의 주장은 왕통이라는 측면에서 어디까지나 왕위계승을 왕가에서 중요시하는 것이기 때문에 조부를 이어 왕위에 오르더라도 부자의 도가 있어서 아버지로 여겨 조부에게 제사지내야 하는 것이라고 한다. 이것은 바로 왕통과 가통을 엄밀히 바로잡고자 하는 그의 정통의식에서 기인하는 주장인 것이다. 그래서 사람이 본래의 생가를 나와서 인후가 된다면, 바로 부자의 의와 부자의 도가 있기 때문에 사친을 위하여 고라고 칭할 수가 없다는 것이다.

이와 같이 제왕가에서 통의 문제가 제기되고 있는 것은, 왕가에 다가 가통을 적용시켰기 때문이다. 사실 왕가에서 계통이 제대로 될 경우에는 전혀 문제가 일어나지 않는다. 그러나 예에 있어서 변례가 있듯이 소위 반정으로 왕위를 계승할 경우에는 왕위계승 자체가 문제가 되는 것이다. 이것이 바로 정통성을 유지하고 있는지

---

24) 『全書』, 342쪽 : "李廷龜亦不及詳察程子之言 而誤啓也 鄭經世曰 若以宣祖爲考 則是禰其祖也 朴知誠等亦以禰其祖爲非 愚意不然 主上於宣祖以孫入繼 有父子之道焉 乃禰其祖也 漢宣帝稱考於史皇孫 程子非之 程子之意 以宣帝爲繼昭帝之後 乃禰其祖也 程子之言如是 禰其祖有何不可乎 又引張璁桂萼之言 曰宣帝以兄孫入繼 當時惟言嗣昭帝後而已 未嘗稱其爲子 與爲孫必升一等 而考昭帝 則又將降一等 而兄史皇孫 其辨析極分明矣 此璁萼變亂禮經 倒置人倫之言 不可援而爲據也 帝王之家 異於士大夫 只以繼統爲主 不計昭穆之次 尙矣 以孫繼祖 古有其禮也."

아닌지가 의문인 것이다. 그러나 왕위계승이 제대로 되었던 그렇지 않든 간에 일단 왕위에 오르면 왕으로 간주하게 된다. 그렇다면 사가를 돌볼 수 없다는 것이 사계의 견해이다. 이것은 사사로운 정이야 무시할 수 없으나 종묘사직의 국가안위에 관계되는 막중한 책무를 갖고 있는 왕으로서는 사가를 돌보아서는 안 된다는 것이 의리를 주장하는 사계의 처지에서 본다면 명확한 것이다.

바로 사계가 정자의 백숙부모론에서 그 설을 인용하여 비유하고 있는 것은 그 정을 뗄 수도 없고 동시에 이본·이존의 혐의를 없애기 위해서는 호칭을 다르게 사용하여야 한다는 것이 사계의 주장인 것이다. 결국 이러한 주장은 왕통을 바르게 하여야 한다는 그의 정통관에서 기인하고 있는 것이다.

第2節 啓運宮喪의 服制

사계는 인조의 생모인 啓運宮 具氏인 仁獻王后의 상에 있어서, 당시의 복제를 장기로 결정한 것에 대하여 부당한 것으로 여겨 그의 주장을 밝히고 있다. 그래서 사계는 박지계가 소를 올려 주장한 삼년상의 부당함을 논박하면서 다음과 같이 말한다.

> 내가 생각컨데, 의례와 儀禮圖의 뜻은 正統繼體의 아들이 간혹 일찍 죽거나, 혹은 病으로 그 아들이 자리에 서지 못하여 조부를 잇거나 또는 증조부를 이어서 그 아버지와 조부를 위해 자리에 오를 때 마땅히 참최삼년상을 하는 것이다. 그러므로 정현은 宜嗣位라 하였고, 賈公彦도 또한 조부와 아버지가 합립하여 병으로 서지 못하면, 자기가 마땅히 서게 되는 것이니 이것은 증조부에게서 나라를 받는 것이라 하였다. 이것은 곧 明의 建文帝가 太祖高皇帝의 뒤를 잇는 것과 같은 것이다. 건문제의 아버지가 생존하여 폐질로 서지 못하고 건문제가

즉위함에 이르러 죽었던 것과 같다면, 이에 삼년상을 하는 것이니 방
지로 대통으로 입계한 임금이 아니다. 박지계가 소에 의례의 이 조목
을 인용하여 대원군을 위하여 참최복을 입는 증거로 삼은 것은 잘못
이다.[25]

그리하여 사계는 인조에게 말하기를, "신이 금일에 변례를 간략
하게 나타낸 것이 있는데, 이미 전일에 소장에 진술하였습니다"[26]
라고 하였다. 바로 사계는 인조가 증조부인 명종으로부터 왕위를
물려받은 것도 아니고, 인조가 즉위한 것도 대통으로 마땅히 자리
를 이은 임금과도 다르기 때문이다. 인조가 왕위에 오르지 않았을
경우에는, 소생부인 정원군이 세상을 떠난 뒤가 되기 때문에 당연
히 계운궁상에 있어서 삼년상을 하여야 한다. 그러나 지금은 인조
가 선조의 뒤를 이어 왕위를 계승하였기 때문에 결국 소생모인 계
운궁에 대한 상은 삼년상으로 할 수 없는 것이다. 그리하여 사계의
주장은 박지계의 이러한 인용은 예경의 뜻을 크게 잃었다고 하면
서 다음과 같이 말한다.

대통으로 마땅히 이은 임금과 방지로 대통을 입계한 임금과는 차
이가 있다. 지금의 대원군을 宜嗣位 합립하여 병으로 서지 못하는 것
과는 비교하여 예로 삼을 수가 없다. 성상 또한 자기 자신이 마땅히
서서 증조부에게서 나라를 받은 것과는 저절로 같지 않다. 무릇 경에
말하는 것은 대통에 마땅히 서는 임금을 가리킨 것이며, 그 세는 지금
과는 다른 것이다. 박지계가 소에 인용하여 증거로 삼아서 비교하여
동일한 것으로 여긴 것은 모름지기 예경의 뜻을 잃은 것이다. 바로 박

---

25) 『全書』, 338쪽 : "愚按 儀禮及儀禮圖之意乃正統繼體之子 或早卒 或廢
　　疾 不立其祖 當爲斬衰三年喪也 故鄭注曰宜嗣位 賈疏又曰祖與父合立
　　爲廢疾不立　己當立是受國於曾祖者　是則乃如大明建文繼太祖高皇帝
　　後也　建文之父　若生存廢疾　不得立　至建文卽位　而後死則乃爲三年喪
　　非旁支入繼大統之君也　朴知誡疏引儀禮此條爲大院君斬衰之證　誤矣."
26) 『全書』, 27쪽 : "臣於今日變禮略有所見　已陳於前日疏章."

지계가 소에 인용한 이른바 월광을 가리켜 일광이라고 한 비유와 같은 것이다.[27)

소위 박지계는 인조가 친손자로써 왕위를 조부인 선조에게서 물려받았다고 하지만, 그것은 正統繼體之子가 폐질로 왕위에 오르지 못하거나 일찍 죽거나 한 경우에 말하는 것이지 인조처럼 반정으로 왕위를 계승할 경우에는 문제가 되지 않는다는 것이다. 그렇기 때문에 사계는 박지계가 증거로 삼은 것 자체가 그릇된 것이며, 마땅히 다음의 것을 증거로 삼아야 한다고 주장한다. 즉 "爲人後者는 本生父母를 위하여 마땅히 기년복을 입어야 한다"[28)고 하였다. 즉 인조가 친손자로 왕위를 계승한 경우가 아니라 방지로써 대통에 입계한 것이기 때문에, 이러한 경우는 바로 '위인후자의 경우'에 해당하는 것이다.

사실 역사적으로 친손자(적손자)로 대통에 입계하여 그 소생부인 懿文太子를 추숭하여 입묘한 것은 明의 太祖를 이은 建文帝 밖에 없다.[29) 바로 의문태자는 追崇入廟되어 興宗이 되었다.[30) 이와 같이 본다면 인조가 선조의 뒤를 이어 왕위에 오른 것과 건문제가 태조의 뒤를 이어 帝位에 오른 것과는 엄연히 다르다. 그것은 건문

---

27) 『全書』, 338쪽 : "大統當繼之君 與旁支入繼大統之君 有異 今於大院君 不可與宜嗣位合立 爲廢疾不立者 此而爲例也 聖上亦與已當立受國於 曾祖者 自不同也 凡經所言乃指大統當立之君也 其勢異於當今也 朴疏 引而證之比而同之 殊失禮經之意 正如朴疏所謂指月光爲日光之譬也."
28) 『全書』, 341쪽 : "爲人後者爲本生父母當服朞."
29) 『全書』, 399쪽 : "惟建文以嫡孫繼太祖 追崇其父懿文太子 爲興宗入廟."
30) 「明史」 卷四 「本紀」 第四 "恭閔帝" : 建文元年 二月 追尊皇考曰 孝康 皇帝 廟號興宗(「明史」 上, 55쪽 : 景仁文化社 影印本).
　여기서 建文帝의 系譜를 살펴보면 다음과 같다.

(1) 太祖 洪武帝 ——————— 懿文太子(興宗) ——————— (2) 惠帝 建文帝
　　(在位 1368~1398)　　　　　　　　　　　　　　　　　　　　　(在位 1368~1398)
　　　　　　　　　└——————— (3) 成祖 永樂帝(燕王)
　　　　　　　　　　　　　　　　　(在位 1402~1424)

제가 태조의 적손자로써 제위에 오른 것이다. 즉 정통계체지자인 의문태자가 폐질로써 조졸하였기 때문에 마땅히 그 아들인 允炆 (건문제)이 제위에 오른 것이다. 이것은 건문제가 적손자로서 태조를 마땅히 이어 제위에 오른 것과 인조가 반정으로 왕위에 오른 것은 분명히 다른 것이다. 소위 박지계가 증거로 인용한 것은 정통계체의 아들이 폐질로 왕위에 오르지 못하거나 일찍 죽거나 한 경우를 말하였는데 바로 건문제의 경우에 해당하는 것이다. 그렇기 때문에 박지계가 인용하여 증거로 삼은 것이 사계의 비판이 된 것이다. 이것은 인조가 비록 선조의 친손자로 왕위에 올랐다고 하더라도 어디까지나 방지로써 입계한 것이지 정통계체의 아들이 폐질로 조졸하거나 왕위에 오르지 못한 것에 비유할 수는 없다는 것이 사계의 주장이다. 즉 인조가 선조를 친손자로 왕위를 이었다는 것을 사계는 위인후자의 경우로 보아야 한다는 것이다. 그래서 사계는 주자의 말을 인용하여 다음과 같이 말한다.

> 주자에 의하면 입계한 임금은 소생부모를 위하여 齊衰杖朞를 해야 한다고 되어 있다. 또한 의례와 가례의 入繼大宗한 자는 본생부모를 위하여 齊衰朞를 한다고 하였으니 지금은 마땅히 이것으로 증거를 삼아야 한다.[31]

이와 같이 사계는 자신의 견해에는 명확한 고증을 하여 주장하고 있다는 것을 알 수 있으며, 한편으로 이러한 복제문제는 그의 '정통관' 곧 왕통을 바르게 하여야 한다는 것을 바탕으로 주장하고 있는 것이다.

또한 계운궁상에 있어서의 복제문제는 앞에서 서술한 것과 동일

---

31) 『全書』, 338쪽 : "朱子曰 入繼之君 爲所生父母 齊衰不杖朞 又儀禮及 家禮 入繼大宗者爲本生父母 齊衰朞 今當以非爲據也."

한 것으로 여겨지는데, 이에 대해 사계는 "무릇 위인후자는 함부로 사친이라 하여, 그 사사로운 감정을 펴지 못한다"[32]라고 주장하며 그 부당함을 지적하고 있다.

> 무릇 천자제후가 그 소생모를 위하여 강등하는 것은 이미 종묘사직의 주인이 되어 만약 삼년상을 지낸다면 종묘에 제사를 지내지 못한다.[33]

입계한 임금으로서 종묘사직에 관한 일은 더욱 중요한 것임을 나타내어 보인 것이다. 임금이 나라를 위하여 종묘사직에 제사를 지내야 하는데도 낳아준 어머니를 위하여 삼년상을 지낸다면 국가의 중책을 맡은 상태에서 그렇게 해서는 안 된다는 것이다.

그리하여 사계는 다음의 말로써 매듭짓고 있는 것이다.

> 정은 비록 지극히 무거우나, 삼년동안 조종의 제사를 폐지한다면 미안하지 않은가?[34]

한편으로 사계는, "부장기로 하는 것이 마땅히 후세의 법이 된다."[35]고 주장하면서, "禮家는 본래 스스로 취송하여, 옛부터 이러한 일을 말하였던 것이니, 만일 하나라도 잘못되면 조정에 관련되는 것이 자세하지 않다"[36]고 하였다. 여기에서도 명백히 사계의 정왕통의 주장이 그대로 적용되고 있음을 알 수 있다.

---

32)『全書』, 343쪽 : "凡爲人後者不敢以私親伸其私情也."
33)『全書』, 343쪽 : "凡天子諸侯爲其所生母降等者 旣爲宗廟社稷之主 若爲三年喪 則不得祭宗廟也."
34)『全書』, 343쪽 : "情雖至重 三年廢祖宗之祀 無乃未安乎."
35)『全書』, 343쪽 : "爲不杖朞 當爲後世之法."
36)『全書』, 343쪽 : "禮家本自聚訟 自古言之此 事若或一誤 則其於朝廷所關 非細也."

第3節 追 崇

　당시의 영월군수 박지계가 소를 올려 私廟를 세우기를 청하며, 아울러 禰廟에 대해 삼년상을 지낼 것과 백관이 기년복을 입기를 간하였다. 한편 이의길이 소를 이어서 올려, 추숭의 논의[37]에 힘을 기울이고 있었다. 그 당시에 사계는 환향할 준비를 하고 있었는데, 월사 이정귀가 방문하여 인사하여 말하기를 "사묘에 관한 논의가 한결같지 않아, 임금께서 시비를 알고 싶어하시니, 원컨대 이러한 예를 나타내어 밝힌 것을 모아서 보여 드리지요"라고 하였다. 이에 사계는 경사와 선유의 설을 고증하고 조목조목 차례를 좇아 논변하여 한 통으로 글을 지어 제공에게 보낸 것이 이것이다.[38]

　당시 인조는 박지계와 그의 門人 이의길 등 여러 사람의 건의에 따라, 대원군인 정원군을 추숭하여 立廟하였다. 그리하여 정원군

---

37) 李成茂는 追崇의 論議에 대하여 다음과 같이 말한다. 즉 "反正初期에 李适의 亂 등 謀反 음모가 많이 있을 수 있었던 것도 그 때문이었다. 그러므로 이들이 定遠君을 追崇하려는 것은 政權安保的인 차원에서 기필코 달성해야 할 일로 생각하고 있었다. 그리하여 이 元宗追崇問題 는 反正 直後인 1623年(仁祖 元年) 仁祖가 定遠君 家廟에 告由할 때 (私廟親祭時)에 그 端初를 열어, 1626年(仁祖 4年) 仁祖의 어머니인 啓 運宮 喪服制論爭에서 論難을 벌이다가, 1628年(仁祖 6年) 啓運宮 祔廟 禮를 앞두고 본격적으로 論議되어 1632年(仁祖 10年) 5月에 定遠大院 君을 元宗大王, 啓運宮 具氏를 仁獻王后로 追尊하여 別廟를 설치한 후 3年 뒤인 1635年(仁祖 13年) 3月에 宗廟에 祔廟하므로서 일단락되 었다(『17世紀의 禮論과 黨爭』, 14쪽 ; 韓國精神文化研究院, 『朝鮮後期 黨爭의 綜合的 檢討』, 1992年."

38) 『全書』, 798쪽 : "初 寧越郡守 朴知誡疏請立私廟爲禰廟喪三年百官從 服 又有李義吉相繼投疏 力主追崇之論 當先生還鄉 月沙李公爲禮判來 別曰 私廟論議不一 自 上欲知是非 願集可以發明此禮者以示之 至是 先生考據經史及先儒之說 逐條論辨 爲一通而作書 送示諸公."

은 元宗이 되었다.

사계는 추숭입묘하는 것 자체를 그릇된 것이라 여겨, 박지계가 소에 인용하여 주장하는 것은 아무 근거도 없으며 억지가 담긴 것이라고 비난하였다.

> 박지계가 소에 宣廟는 大宗이고 정원군은 小宗이라 하였는데, 이것은 선유의 대종과 소종의 예를 고찰하지도 않고, 억지로 자기의 견해를 아무런 근거 없이 주장하는 것이며, 근사록에 나오는 이른바 天子建國諸侯奪宗의 설을 끌어다가 부회하여 정원군을 立廟하는 증거로 삼고 있다. 원래 대종·소종이라 하는 것은 제후의 別子가 스스로 대종이 되면 그 支派가 小宗이 되는 것이니, 人君을 가리켜 말한 것이 아니다. 또한 諸侯가 宗을 뺏는다고 한 것은 漢의 蕭何나 曹參의 무리같이 비록 衆子라도 제후가 된다면 長子의 宗을 빼앗아 자기에게 宗을 옮기는 것을 말한다.[39]

즉 여기서 ‘천자건국제후탈종의 설’은 임금에게 적용시키는 말이 아니라고 한 것은, 漢의 蕭何와 曹參과 같이 비록 평민이었으나 한나라 건국에 둘 다 일등공신으로 그 이후 모두 제후가 된 것을 예로 들어 말한 것이다. 이들은 모두 長子가 아닌 衆子이면서도 제후가 된 경우로 소위 ‘천자건국제후탈종지설’을 적용시키는 것을 말하는 것인데, 박지계가 이와 같은 경우를 인조에게 비유하여 말한 것은 잘못이라고 사계는 비판한 것이다. 왜냐하면 제후의 별자가 스스로 대종이 되면 지파가 소종이 된다고 하는 것은 제후의 별자가 새로이 건국을 할 경우에 사용하는 말이다. 그리고 제

---

39) 『全書』, 338쪽 : “朴疏曰宣廟大宗也定遠小宗也　不考先儒大宗小宗之禮 强以己見做出無據之言 引近思錄所謂 天子建國諸侯奪宗之說 傅會定遠立廟之證 夫大宗小宗云者 諸侯別子自爲大宗 其支派爲小宗 非指人君而言之也 諸侯奪宗云者 如漢之蕭何曹參之類 雖衆子旣爲諸侯 則奪長子之宗移宗於己也.”

후탈종지설은 비록 중자라도 제후가 될 경우에는 그 장자의 종을 자기에게 옮기는 것을 말하는 것이다. 그렇게 함으로써 제후가 되어 자기로부터 새로운 종이 시작되는 것을 말한다. 즉 건국을 뜻하는 것이다.

그러나 인조의 경우는 '제후탈종지설'에도 적용되지 않을 뿐만 아니라, '大宗小宗之說'에도 적용되지 않는다. 그것은 인조가 원래 왕가에 속한 것이기 때문에 대종소종지설을 적용시켜 소종을 정원군에 비유하여 말할 수는 없다고 사계는 주장한다. 그래서 사계는 대종소종의 설은 인군을 가리켜 말한 것이 아니라고 하였다. 바로 새로운 왕조를 건설할 경우에 사용하는 말인 것이다. 이와 같은 예로 사계는 또한 다음과 같이 말한다.

> 또한 『통전』의 「奪宗議」를 살펴보면, 漢의 梅福이 말한 '제후탈종'이라고 한 것을 인용하였는데, 이것은 아버지가 土庶이고 아들이 제후에 봉해지면 宗嫡을 빼앗아 제사를 주관하는 것을 일컬은 것이다. 제후에게 있어서도 오히려 奪議가 있는데 하물며 천자에게 있어서랴? 소위 聖庶라는 것은 무왕이 서자로서 聖德이 있어서, 伯邑考(文王의 장자)의 宗嫡을 빼앗아 대신하는 것을 일컫는 것이며 또한 인군이 사친을 입묘하는 뜻을 일컬은 것은 아니다. 박지계가 소에 말하기를, 父兄과 百官의 말을 듣지 않고 단연코 滕文公의 행한 것과 같이 하여야 한다고 하였다. 대체로 사친을 위하여 삼년상을 하고 禰廟를 세우는 것은 천하의 막중한 변례이다. 단지 마음에 품고 있는 것을 진술만 한다면 오히려 그럴 수 있으나, 인군을 인도하는데 이르러 독단으로 자기의 뜻을 기필코 행하려 한다면 공공의 말이 아닐성 싶다. 만약 인군이 부형과 백관의 말을 듣지 않고 매사를 위에서 독단으로 행할 것 같으면 그 폐해가 어떠하겠는가? 아깝구나! 이러한 말이 지계의 입에서 나오다니! 바로 공자가 소위 "이루어진 일은 말하지 아니하며 끝난 일은 간하지 아니하며 지난 일은 탓하지 않는다(成事不說 遂事不諫 旣往不咎也)"이다. 만약 박지계의 논하는 "추숭입묘하여 삼년상을 하고 백관이 모두 기년복을 입는다"는 것을 따를 것 같으면 사람마다 다른 견해가 있다. 위로 삼공부터 아래로 언관에 이르기까지 반드시 간하

는 자가 있어서 그것을 저지할 것이다. 인주가 사람들의 말을 듣지 않고 단연코 행할 것 같으면 반드시 마치 嘉靖 世宗皇帝가 興獻帝를 추숭할 때에, 閣老 6, 7인을 쫓아내고 또한 禮官 십여 명을 면직시켰으며 파직당하고 매 맞은 자와 불평을 말하는 자가 이백여 명이며, 혹은 살육시킨 뒤에 자기의 뜻을 이루는 것과 같은 것이다. 지계의 말은 어찌 이치에 어그러지고 의를 해치는 것이 아니겠는가? 人君에게 권고하여 사친을 종묘에 들이는 것은 장총이나 계악도 하지 않은 것인데 되겠는가? 持國(장유)이 논하는 것도 박지계의 뜻과 대략 서로 비슷하다. 그러므로 그 무리들의 잘못을 알지 못하거나 아주 배척하지 못하면, 뒷날 제공이 반드시 이 일의 可否를 論難할 것이니 소홀히 보아서는 안 된다.[40)]

결국 이와 같은 사계의 비판은 박지계가 일체의 선유의 말을 고찰하지 않고 자기의 사사로운 뜻을 주장하는 것으로 보기 때문에, 사계의 비판은 당연하다고 할 수 있다. 이러한 박지계의 행위에 대한 비판을 사계는 다음과 같이 하였다.

박지계, 이귀, 최명길의 뜻은 宣帝가 방지로 昭帝를 이은 것이 인조가 친손자로 정통에 입승한 일과는 같지 않다는 것이나, 이것은 그렇

---

40) 『全書』, 338쪽 : "通典 奪宗議 引漢梅福云 諸侯奪宗 此謂父爲士庶 子封爲諸侯 奪宗嫡主祭祀也 在諸侯尙有奪議 而況天子乎 所謂聖庶者 謂如武王以庶子有聖德 奪代伯邑考之宗嫡也 亦非謂人君以私親入廟之意也 朴疏曰 不聽父兄百官之言 斷然行之 如滕文公之所爲也 夫爲私親爲三年喪及立禰廟 乃天下莫重之變禮 只陳所懷則猶或可矣 至於導人君獨斷期於必行己志 則恐非公共之言也 若人君不聽父兄百官之言 每事獨斷於上 則其弊何如哉 惜乎 此言出於知誡之口也 正孔子所謂 成事不說遂事不諫旣往不咎也 若依朴之所論 追崇入廟 爲三年喪 百官從服期 則人各異見 上自三公下至言官 必有諫而止之者 人主不聽人言 斷然行之 則必如嘉靖世宗皇帝 追崇興獻時 放黜閣老六七人 又免禮官十餘人 或罷或杖 言者二百餘人 或殺戮而後 乃成己意 知誡之言 豈不悖理害義哉 勸人君以私親入宗廟 張璁桂蕚之所不爲 其可乎 持國之論與朴意略相近 故不知其流之非 而不深斥之 他日諸公 想必以此事論難 其可否不可忽視也."

지 않다. 인조가 비록 친손이라 하나 실제적으로는 소종이다. 소종으로 대통을 계승한 것이 한의 선제와 다를 것이 무엇인가? 다만 소종으로 입승한 것만 살핀 것 뿐 이다. 방지와 친손은 진실로 논의할 것이 못된다. 무릇 대종과 소종은 서로 섞일 수 없는 것이다. 비록 입승하였다 하더라도, 그 소종은 오히려 옛 것이니, 어찌 입승한 까닭으로써 그 소종을 아울러 대종에 합하겠는가?[41]

이것은 박지계, 이귀, 최명길 등이 한의 선제가 소제를 잇는 경우[42]와 인조가 선조를 친손으로 잇는 경우는 다르다고 표현한 것은 한의 선제[43]는 소제의 종손자로써 왕위를 계승한 것이며 인조

---

41) 『全書』, 352쪽 : "朴知誠李貴崔鳴吉之意 則宣帝以旁支上繼昭帝 主上以親孫入承正統 事不同也 此則不然 主上雖曰親孫而實乃小宗也 以小宗而承大統 何異於漢宣乎 只觀其以小宗入承而已 旁支與親孫 固不當論也 夫大之與小 不可相混 雖則入承而其小宗 猶舊也 豈以入承之故而竝與其小宗 而合於大宗也."

42) 李迎春은 漢의 宣帝의 일에 대하여 다음과 같이 사계의 주장을 설명하고 있으나 전술한 것을 고찰하여 본다면 그가 잘못 이해하고 있음을 알 수 있다. 즉 "그(사계)가 최선의 역사적 사례로 들고 있는 漢宣帝와 소제의 관계는 사실 인조와 선조의 관계와는 조금 다른 것이었다. 이 점에 있어서 사계의 叔姪論은 약점을 가지고 있었고 그의 知舊·문인들마저 의문을 가졌던 것이다(이영춘, 「사계사상연구」『사계예학과 국가전례』, 183쪽)"고 하였다.
먼저 여기서 "최선의 역사적 사례"라는 표현은 무엇을 말하는지 필자는 잘 이해가 가지 않는다. 왜냐하면 사계는 선제의 경우를 최선의 역사적 사례로 보지 않았기 때문이다. 그것은 전술한 바와 같이 明의 건문제가 懿文太子를 추숭하여 입묘한 것을 역사적인 유일한 사례로 들고 있는 것을 살펴보았다. 그리고 사계가 주장하는 백숙부모로 불러야 된다는 것은 정자나 주자가 이미 주장한 것이다. 그것은 이본·이고의 혐의를 없애기 위하여 부모라는 호칭을 사용하여서는 안 된다는 의미에서이지 숙부와 조카로 호칭하는데 중점이 있는 것이 아니다. 그것은 이본을 없애기 위하여 할 수 없이 그렇게 한다고 주자도 앞서 언급하였다. 사계가 강조하고 있는 부분이 숙질론에 있는 것이 아니라 이본·이고를 없애는데 있다는 것이 무엇보다 중요한 것이다. 이것은 사계의 정통관에서 본다면 불가피한 것임을 알 수 있다.

는 선조의 친손자로써 왕위를 계승하였다는 것이다.

그러나 사계의 주장은 소종이라는 측면에서 본다면 전혀 다를 것이 없다는 것이다. 왜냐하면 戾太子가 세자로 책봉이 된 이후에 왕위에 오르지 못하고 소제가 왕이 된 뒤에 다시 여태자의 손자인 선제가 왕으로 책봉이 되어 왕위에 오른 경우와 반정으로 왕위에 오른 경우는 엄연히 다른 것이다. 즉 정통의 측면에서 사계의 주장을 본다면, 한의 선제나 인조가 단순히 왕위계승을 한 것만 본다면 다를 것이 없으나 정통을 이어받아 왕위를 계승한 것과 반정으로 왕위를 계승한 것과는 분명히 다르다는 것이다. 소위 박지계를 위시한 여러 사람들의 주장은 소종으로 왕위에 오른 인조이기 때문에 대종에 합한 것과 같다고 주장하지만 사계의 주장은 그렇게 볼 수 없다는 것이다. 이와 같은 것은 주자의 다음과 같은 말에서도 잘 나타난다.

> 范鎭이 말하기를, 선제는 소제에게 있어서 손자가 되기 때문에 그 아버지를 칭하기를 황고라고 하여도 된다고 하였다. 그러나 논의하는 것이 끝내 옳다고 여길 수 없는 것은 소종으로 대종의 통에 합하였기 때문이다.[44]

이것으로 본다면 새로운 왕조 건설을 말할 경우에는 대종소종의

---

43) 「漢書」 卷63 「武五子傳」에서 宣帝의 系譜를 보면 다음과 같다.
　　漢武帝(紀元前 141~187)
　　　├─ 皇太后──── 戾太子 據 ── 史皇孫 ── 宣帝(名, 病已, 紀元前 74-49)
　　　├─ 趙婕好──── 孝昭帝(紀元前 87-74)
　　　├─ 王夫人──── 齊懷王 閎
　　　├─ 李姬────┬─ 燕剌王 旦
　　　│　　　　　└─ 廣陵厲王 胥
　　　└─ 李夫人 ── 昌邑哀王 髆 ──── 昌邑王 賀(紀元前 74-74 : 廢王)
44) 『資治通鑑綱目』, 保景文化社 影印本, 349쪽 : "范鎭曰 宣帝於昭帝爲孫 則稱其父爲皇考 可也 然議者 終不以爲是者 以其以小宗而合大宗之統也."

설을 인용하여 말할 수는 있어도, 지금 여기서 말하는 것은 어디까지나 승통을 말한 것이지 왕위에 오르기 전의 처지가 소종이냐 친손이냐가 관심이 되는 것은 아니다. 그렇기 때문에 소종으로 대종에 합친다는 것을 인조의 경우에는 적용시킬 수가 없다. 또한 한의 선제의 경우처럼 여태자의 손자로서 즉 소제의 종손자라는 측면에서 제위에 오른 것과 인조의 경우가 다르다고 박지계와 이귀, 최명길이 주장하지만 친손자와 종손자라는 것도 여기서는 애당초 문제가 되지 않는 것으로 사계는 보고 있다. 박지계 등이 주장하는 인조와 선제가 친손자와 종손자로서 왕위에 오른 경우가 다르다고 하지만, 사계의 주장은 인조가 방지로 입승한 것으로 본다면 여기서 주장하는 친손자인가 아니면 종손자인가 하는 주장은 별 의의가 없는 것이 된다고 보는 것이다. 왜냐하면 비록 친손자라고 하더라도 이미 정통이 아니면 사친에게 미루어 그 은혜를 보답할 수도 없기 때문에 당연히 선조를 바로 이어야 하는 것이다. 이것은 한의 선제가 효소제의 뒤가 되는 것과 같은 것이기 때문이다.45) 그래서 사계는 박지계 등이 考位가 없는 것을 이상히 여겨 인조의 사친인 정원군을 추존하여야 한다고 한 것을 비판하여 다음과 같이 말한다.

　　박지계와 같은 무리들이 考位가 없는 것을 아버지의 영역(處地)이 없는 것으로 여겼는데, 그렇다면 정주가 왜 漢의 宣帝로 昭帝를 상계하였겠는가? 그렇다면 정주가 논의한 것이 無父의 지경(處地)인가?46)

---

45) 『全書』, 352쪽 : "雖爲親孫而旣非正統 則不得推恩於私親 而當直繼宣祖 如漢宣之爲孝昭後也."

46) 『全書』, 352쪽 : "如朴知誠輩 以無考位爲無父之域 程朱何以漢宣上繼昭帝乎 然則程朱所論爲無父之域乎."

이와 같은 사계의 말을 미루어 본다면 중요한 것은 入承한 義가 중요하기 때문에 입승하고 나서 즉 왕위를 계승하였으면 본생부모인 사친을 돌볼 수 없는 것이 왕가의 도리이기 때문에 의리의 측면에서 논의하고 있는 것을 알 수 있다. 즉 만약 한 몸으로서 대통을 계승하고 다시 本親을 잇는다면 이것은 소종으로 대종에 합하는 것이 된다.[47] 또한 나라를 받는 은혜는 重하고 통을 잇는 義는 嚴하니, 그 임금을 이으면 바로 考位가 되기 때문에 所生天倫은 마땅히 돌아보지 않아야 하는 것이다.[48] 그래서 사계는 인조가 반정한 것을 들어 創業한 경우도 아니며 정통을 이은 경우도 아니라고 하여 다음과 같이 말한다.

> 창업한 예에 합한다고 하겠는가? 繼體正統에 예에 합한다고 하겠는가? 주상이 義擧한 功은 진실로 크나 창업한 것에 견주어서는 안 되며, 대원군은 이미 合立한 사람이 아니기 때문에 일찍이 선조에게서 나라를 물려받은 적이 없는 것이다.[49]

이와 같은 사계의 주장은 곧 인조가 선조를 이었기 때문에 사친인 정원군을 추숭할 수는 없다는 것이다. 그리하여 사계는 또한 다음과 같은 예를 들고 있다.

> 박지계와 李義吉의 말을 보면 다음과 같다. 손자로서 할아버지에게 제사를 지내서는 안 된다는 것을 공자가 衛輒의 잘못에 대하여 논한 것을 인용하였는데, 그것은 공자가 위첩이 그 아버지를 아버지로 여기지 않고 그 할아버지에게 제사지내는 것을 고집했다고 말했으니 잘

---

47) 『全書』, 355쪽 : "若身承大統而復繼本親 則是以小宗而合大宗也."
48) 『全書』, 344쪽 : "大抵 受國之恩重 承統之義嚴 所繼之君卽爲考位 所生天倫有不當顧也."
49) 『全書』, 352쪽 : "謂合創業之禮耶 謂合繼體正統之禮耶 主上義擧之功 固大 而不可與創業者比 大院旣非合立之人 而曾無受國於宣祖."

못인 것이다. 부자의 말은 그 아버지를 아버지로 여기지 않는 것을 말한 것이지 그 할아버지에게 제사지내는 것을 그르다고 한 것이 아니다. 대체로 할아버지에게 제사지내는 것은 예의 상사이다. 만약 위첩이 그 아버지를 아버지로 여기지 않고 그 할아버지에게 제사지냈다면 악이 아주 큰 것이다. 공자가 그르다고 한 것은 이와 같은 것을 일컬은 것이다.[50]

소위 공자가 위나라 영공의 손자인 위첩이의 잘못을 비난한 것을 박지계와 이의길이 잘못 이해하고 인용한 것을 사계가 지적한 말이다. 그것은 위의 첩이 군사를 일으켜 자기의 아버지인 蒯瞶의 귀국을 거부한 것을 공자가 비난한 것이지 할아버지에게 제사지내는 일 즉 할아버지를 考로 인정하는 것을 잘못이라고 비난한 것은 아니라는 말이다. 바로 박지계와 이의길은 이와 같은 공자의 말을 빌어서 인조가 선조에게 아버지로 제사지내는 것은 안 된다고 그 예로 삼았으나 결국 공자의 진의를 제대로 파악하지 못한 것이 사계의 지적으로 드러나게 된 것이다. 또한 공자가 衛輒의 사건에 대하여 말한 것을 보더라도 인조가 선조에게 제사지내는 것을 당연한 것이라는 사계의 반론으로 볼 수 있다. 그리하여 사계는 또한 다음과 같은 고례를 들고 있는 것이다. 즉 인조의 경우처럼 손자의 항렬로서 왕위를 계승하여도 추숭하지도 않았거나 심지어 황고라고 하여 후세의 비난의 대상이 된 사례를 들고 있는 것이다.

옛날에 상나라 탕의 손자인 太甲과 周나라 平王의 손자인 桓王이 모두 조부를 이어, 왕위에 올랐으나 그 아버지를 추숭했다는 말은 듣지 못했다. 한소제의 종손인 선제가 계립하였으나, 그 소생부인 사황

---

50) 『全書』, 339쪽 : "朴知誡李義吉之言 曰 不可以孫禰其祖 引孔子論衛輒
之不父其父 而禰其祖 執而爲言 誤矣 夫子之言以不父其父而言之也
非以禰其祖爲非也 夫禰其祖乃禮之常事也 若衛輒之不父其父 而禰其
祖 則爲惡之大者也 孔子之非之者 如此者之謂也."

손을 追崇入宗廟하지 않고, 단지 황고라고 칭하였는데도 정자와 범씨
와 호씨는 오히려 윤서를 어지럽힌다 하여 배척하였다.[51]

사계는 이의길이 소를 올려 나타내 보인 것은 추숭에 관하여 논
한 것이 두드러지게 나타난다고 하면서, 사친을 추숭하는 것은 역
대로 간간히 행하여지기는 하였으나, 그 공사득실은 다변하지 못
하다[52]고 하였다.

추숭에 관한 이러한 논의는 전술한 복제·칭호문제와 아울러 연
결하여 보면 더욱 뚜렷이 드러나게 된다. 결국 이러한 것은 사계
자신의 정통관의 구현인 것이다. 바로 사계의 '정통'이 그대로 적
용되고 있음을 볼 수 있는 것이다.

지금까지 사계의 정통의 구체적 적용을 살펴 본 바와 같이, 사계
는 예에 대하여 여러 가지 다양한 표현을 하면서도, 결국 역점을
주어 설명하는 것은 '정통' 곧 '統을 바르게 한다' 혹은 '統緖를 바
르게 한다'는 점으로 매듭지어 진다. 곧 '정통'이야말로 그의 예사
상으로 파악할 수 있는 것이다. 이러한 점은 그 자신 인조의 사친
인 정원군의 추숭에 관한 논의에 반대한 점과, 인조가 사묘에 친히
제사를 지낼 때에 축문에 있어 칭고·칭자하는 것을 부당하다고
여긴 사실 등에서도 여실히 드러난다.

결국 이상에서 서술한 칭호문제·복상문제·추숭문제 등은 왕
통과 가통의 문제 사이에서 발생한 것으로 볼 수 있다. 즉 적장자
가 왕통을 승계할 경우에는 애당초 문제가 발생되지 않는다. 그러
나 왕통이라는 것은 꼭 적장자가 왕위를 승계할 수 없는 경우가 있

---

51) 『全書』, 339쪽 : "昔者商湯之孫太甲　周平王之孫桓王　豈繼祖而立　未聞
　　追崇其父　漢昭帝之從孫宣帝繼立　不以其所生父史皇孫追入宗廟　雖稱
　　皇考而程子范氏胡氏　猶以亂倫斥之."
52) 『全書』, 347쪽 : "朴知誠門人李義吉者上疏言－此則顯爲追崇之論　夫
　　追崇私親　歷代雖或行之　而其公私得失　不足多辨."

다. 그러한 例로 이미 서술한 바와 같이 "정통계체지자가 폐질이나 일찍 죽거나 하여 왕위에 오르지 못할 경우" 등으로 왕위계승이 순조롭지 못하게 되어 결국 복잡한 전례문제가 발생하게 되는 것이다. 그러나 사계는 제왕가에서는 승통을 중시하기 때문에 승통하는 것에 따라 위인후자의 예법을 적용시켜, 부자의 도리를 행하면 된다고 한다. 그런 까닭에 대통에 입계하기 이전의 사가의 정에 너무 얽매여서는 안 된다는 것이다. 이것이야말로 가통과 왕통을 엄연히 구별할 뿐만 아니라 왕통을 바로잡는 것이다. 그래서 인조의 경우도 정원군이 비록 선조의 아들이라고는 하나 인조가 선조의 왕위를 계승하였다면 당연히 종묘의 제사를 인조가 주관하여야 하며 사친인 정원군은 돌보아서는 안 된다는 것이 사계의 주장이다. 뿐만 아니라 사묘친제시의 축문칭호도 일체 아버지라고 불러서는 안 되는 것이며, 계운궁상에 있어서나 정원군의 추숭문제에 있어서도 마찬가지로 사계는 일관된 주장을 펴고 있는 것이다.

<h1 style="text-align:center">結 論</h1>

사계는 임진왜란과 인조반정을 거치면서, 국내정세의 혼란으로 말미암아 사회기강이 해이해지는 것을 목도했다. 그래서 사회기강과 국가의 기강을 바로 잡고자하는 의도가 그의 전례문답을 통해서 강하게 작용하고 있음을 보았다. 이것은 무엇보다 소위 국가의 기강을 바로잡기 위해서는 왕통을 확립하여야 된다는 것을 전제로 한 사계의 주장이다. 이러한 왕통의 확립은 어디까지나 정통에 있음을 알 수 있다. 또한 정통은 바로 그의 예에 대한 철학적인 이론의 기초를 바탕으로 형성되는 것을 알 수 있다.

사실 사계는 당연리의 추구에서 본다면 율곡의 적전으로서 인정되었음에도 불구하고, 이의 실재성과 이의 가치성을 인정하여 이를 절대시하는 것을 본다면 율곡의 이론과는 차이가 있는 것을 알 수 있다. 특히 이를 체용으로 나누어서 소이연과 소당연으로 설명하였다. 그래서 소이연은 인간과 사물의 생성에 직접 관여하는 이의 체이며, 인간이 깨닫고 추구하여야할 것은 바로 소당연으로서의 이의 용이라는 것이다. 이것은 바로 사계의 독특한 이론으로 간주하여야 할 것이다. 이 소당연의 이야말로 인간이 예를 실천할 수 있는 근거이며 동시에 인간의 본성으로 규정하고 있음을 알 수 있다.

또한 사계는 인간에게 본구한 선천적인 이를 인정하고 있는 것을 우리는 살폈다. 즉 사계의 본구리의 추구도 정주의 설과 마찬가지로 그의 인식론이라 할 수 있고 동시에 수양을 전제로 한 방법론이라 할 수 있다. 인간이 마땅히 행하여야 할 도리나 규범이 주어지면 그것을 알아야 행할 수 있기 때문이다. 인간에게 주어진 도덕적 행위의 근거가 되는 소당연의 이가 본구적으로 주어져 있기 때문에, 그것을 깨닫는 것이 중요한 것이다.

대체로 그는 당시에 널리 통용된 이자도설에 대하여 부정할 뿐만 아니라 이자도설을 옹호하는 정경세의 청객이객래설도 부정하였다. 그것은 물리가 본래 나의 마음에 갖추어져 있기 때문이며 또한 그러한 물리는 언제나 극처에 있기 때문이다. 바로 사물의 이치가 나의 마음에 갖추어진 것인데, 사람들이 궁구하지 않기 때문에 그 이치를 제대로 밝힐 수가 없는 것으로 생각하였다. 사람이 격물하여 활연관통하게 되면 사물에 있는 이치는 각각 그 지극한 곳으로 나아가는 것이지, 사람이 격물을 한 이후에 사물의 이치가 극처로 나아가는 것이 아니라는 것이다. 특히 객관적인 사물의 이치를 탐구하는 것이 아니라 인간에게 본구한 이의 탐구가 강조되는 것을 알 수 있다. 사물의 이치가 극처에 이르고 이르지 않는 것이 중요한 것이 아니라 인간이 그러한 노력을 하느냐 하지 않느냐가 중요하다는 것이다.

뿐만 아니라 사계는 물격과 지지도 한 가지의 일로 생각한다. 바로 물리가 나의 마음에 본구하기 때문이라고 생각한 사계의 처지에서는 당연한 것이다. 다만 굳이 선후로 따지자면 물격이 지지보다 앞선다고 할 수 있지만 어디까지나 논리적으로 선후가 가능한 것이지 두 가지의 일이 아니기 때문에 나눌 수는 없는 것이다. 이와 같이 본다면 그의 격물치지에 관한 주장은 그의 수양론과 마찬가지로 인간의 부단한 노력을 강조하는 것으로 볼 수 있는 것이다.

뿐만 아니라 이러한 이와 기에 대한 설명은 그의 예의 실천을 전제로 한 수기론에도 그대로 맥락이 이어져서 사단을 理로 보게 되는 것이다. 물론 그는 사단을 칠정과 더불어 별개의 두 개의 정으로 인정하지 않으면서도 사단을 이와 관련 지우고 있었다. 바로 사단을 이와 연계하여 강조하고 있는 것은 분명 율곡과는 다른 경우임을 알 수 있다. 사단을 칠정과 함께 두 개의 정이라고 하지 않으면서도 이의 측면을 강조하는 것은, 퇴계가 주장하는 '사단 이발이기수지'의 사고 유형에서 이발을 어디까지나 인정하지 않으면서도, 이의 가치성을 인정하는 것이며 동시에 이발이라는 모순되는 것을 피할 수 있는 것이다. 바로 이의 독자적인 실재적 가치를 확립할 수가 있게 되는 것이다. 이것은 어디까지나 예를 실천하기 위한 객관적인 규범을 전제로 한, 소당연으로서의 이의 존재를 인정하고 있을 뿐만 아니라 우리의 심성에 선천적으로 존재하는 것으로 본다. 바로 도덕법칙이 객관적으로 존재하며 그러한 것을 실천할 수 있는 근거가 우리 인간에게 선험적으로 부여되어 있다는 논리인 것이다.

이와 같은 사계의 견해는 바로 그가 성선관의 측면에 서 있다는 것을 단적으로 보여 주는 것이 분명하다. 즉 두 개의 성을 인정하지 않으면서 선한 본성으로서의 사단인 본연지성을 인정하고 있는 것이다. 무엇보다 인간의 본성은 선한 것이나, 그것이 겉으로 드러날 때 선악 양면으로 갈라지게 되는 것이니 인간으로서 지켜야할 도리만 제대로 수행할 것 같으면 선한 인간의 모습을 그대로 유지할 수 있게 되는 것이다. 사단칠정이 두 가지 정이 아님을 말하는 것은 율곡의 이론을 이었지만, 한편으로 사단을 이 또는 본연지성과 관련지어 구별하고 있는 것은 결코 율곡과는 다른 사계 자신의 이론으로 보아야 한다. 즉 심성정을 설명하면서 사단에 치중하여 즉 사단을 절대시하는 점이 바로 사계의 독특한 사단칠정설의 특징으로 볼 수 있다.

또한 사계의 인심도심에 관한 것을 살펴본다면, 인간의 내면적인 본연지성이 겉으로 드러날 때 그 선을 그대로 유지하고자하는 그의 수행관이 여기에 그대로 적용된다. 인심은 수양에 의하여 도심으로 될 수 있다는 점에서 그는 인간의 부단한 노력이 수반될 수밖에 없는 것을 강조한다고 볼 수 있다. 반면에 도심이 인심이 되지 않는다고 보는 것은 인간성 자체가 완전히 파괴되어 인간으로서 지켜야할 도리를 도저히 지켜나가지 못할 경우에는 선으로는 나아갈 수 없는 그 자체가 무조건 악으로 될 수밖에 없는 경우를 전제로 한 말로 받아들여야 할 것이다. 심의 용으로서 도심이 될 경우에는 그것은 선이니까 바람직한 것이지만, 인심이 될 경우에는 악한 면을 소멸하고 선한 것으로 유도해야 되는 것이 전제되어 있다. 즉 미발상태에서의 인간의 본성을 수양을 통해 닦아야 할 뿐만 아니라 특히 그것이 표출될 때 선으로 유도하기 위해서는 부단한 인간의 수양이 요구되는 것이다. 나아가서 사계의 도심에 대한 생각은 그의 이기설과 사단칠정설에서 본 것처럼 인간에게 내재한 소당연으로서의 이를 강조하면서 동시에 인간으로서 지켜야할 도덕규범이 성명의리에서 발한 도심이라는 것을 강조한 것으로 볼 수 있다. 즉 인간의 순수한 선한 마음인 도심이야말로 수양을 통하여 확충시켜가야 하는 것이다. 이와 같이 본다면 사단과 관련하여 인심도심설에 있어서도 사계는 도심을 절대시하는 경향을 지니고 있는 것이다. 이러한 점도 율곡의 인심도심설과 구별되는 사계의 견해로 간주하여야 한다.

사계에 있어 학문이란 것도 결국에는 수기를 위한 것이고, 수기는 천리의 정을 획득하는데 있는 것이다. 천리의 정을 인식하고, 체인함으로써 도덕적 행위가 가능하게 되는 것이다. 무엇이 도덕적인 규범으로서 주어지는지를 알아야 만이 일상생활에서의 윤리적인 삶이 가능한 것이다. 이러한 윤리적 행위를 위한 입문서로서 그는 『소학』을 제시하였다. 즉 학문에 있어서 차례도 『소학』『가례』로 부터 시작해야 한다는 것인데, 그러한 학문하는 순서도 결국에는 그의 예사상에서 나온 것임을 알 수 있다.

사실 『소학』은 인륜이나 일용에 매우 절실한 강령들로 이루어져 있어, 수기에 있어서의 기본적인 단계로 보는 것이다. 『소학』은 유학의 근본 목적인 수기·치인에 관련된 성리학적 의리를 실천하기에 가장 기초적인 것으로 취급하고 있는 것이다. 그것은 단순한 일상생활의 행동을 어떻게 해야 되는 것인가를 설명한 것이 아니라, 그러한 행위에 대한 구체적인 근거를 밝힌 것으로 이해할 수 있는 것이다. 즉 입교·명륜·경신이라는 편목에서 잘 나타난다. 다시 말하면 心術之要·威儀之則을 비롯하여 五倫之道의 실천에 이르기까지 주로 수기를 위한 기초적인 글이자, 성리학에서 추구하고 있는 존심양성하는데 있어서도 기본적인 것이 되기 때문이다. 즉 율신에 있어서 가장 기본적으로 중요한 것으로 볼 수 있다. 또한 소학을 통하여 예를 실천해 나가는 것도 궁극적으로 의리를 제대로 실천하기 위한 하나의 기초적인 작업에 불과한 것이다. 이렇게 본다면 결국에는 성리학에서 말하는 존천리해야 함을 강조하는데 불과한 것이다.

여기서 천리의 정을 획득하는 것은 궁리뿐이다. 사계는 천리의 정을 궁리를 통해서만이 얻을 수 있으며, 그것은 또한 '경'으로서 수반되어야함을 본다. 즉 실리로 주어진 객관적인 진리를 인식하여 몸소 행위를 해야 하며, 또한 그것은 궁리에 의해서 획득된 것을 항상 경으로서 유지해 나가는 길 밖에 없다는 것이다. 이렇게 사계가 경을 강조하게된 것은 인간에게 도덕적인 규범으로 실리가 주어진 이상에는 이것을 실천하는 인간의 노력이 수반되어야함을 강조하는 것이다. 즉 경으로써 수양을 하지 않을 수 없음을 주장하고 있는 것이다.

특히 사계는 경 이외에 신독을 강조하고 있음을 본다. 그는 신독을 動時에 적용되는 것이라 하고, 행위가 일어날 때면 항상 신독해야 한다는 것이다. 즉 외형적·형식적으로 드러나는 행위에 있어서 도덕적인 행위를 할 것을 주장하고 있는 것인데, 이것은 인간에게 주어진 소당연의 이를 깨달아 실천하는 것이다.

물론 여기에서 靜時의 수양을 강조하지 않는 것이 아니다. 사실상 계구는 정시뿐만 아니라 동시에도 항상 적용되어야 한다고 한다. 그것은 동시의 행위만으로는 진정한 도덕적인 인간이 될 수 없으며 언제나 내면적으로도 계구를 함으로써 도덕적인 것이 체인된 상태에서 행위할 것을 주장하는 것이다. 즉 겉으로 드러난 형식적인 사실만으로 도덕적인 판단을 할 수가 없다는 것이며 그것은 행위하는 인간의 내면적인 수양도 아울러 수반되어야함을 전제로 하고 있는 것이다.

이렇게 볼 때 사계의 수기론은 내면적인 수양을 전제로 한 동시의 도덕적인 행위를 강조하고 있는 것이며, 그런 의미에서 신독을 강조하고 있는 것이다. 이러한 것은 그의 철저한 예사상에서 본다면 불가피한 것이 아닌가 한다.

사계의 수기와 연결된 예론은 무엇보다 그의 명분을 바탕으로 한 '정통관'과 직결됨은 말할 나위가 없다. 즉 家나 국가에 二本·二尊이 있을 수 없다는 기본적인 생각에서 一本·一尊을 유지시켜 주는 것이 필요한 것이다. 즉 한 가정에 '父'가 둘 있을 수 없으며, 한 국가에 '君'이 둘 있을 수 없다는 것이다. 이것은 바로 정통에 의해서 가능한 것이다. 즉 통을 바르게 하고 그 통을 바르게 유지시키는 것이 인간으로서의 도리이다. 통은 바로 천리로서 나타나는 것이기 때문에, 그것에 두 개가 없음은 당연한 것임에도 불구하고 인간들이 사사로운 감정에 의해서 지켜지지 않을 수도 있음을 배제할 수가 없다. 이렇게 볼 때 천리가 그대로 객관적으로 표출된 것이 예인 이상에는 우리는 그것을 계속 지키는 수밖에 없다.

또한『정통』이 과연 종통, 왕통 그리고 도통에 어떻게 작용되고 있는가를 고찰할 필요가 있게 된다. 사실 家에나 國이나 이본·이존이 있을 수가 없는데 바로 이본·이존이 없는 상태로 하는 것이『정통』의 역할로서 볼 수 있다. 즉 통을 바르게 하는 것은 바로 바른 통을 유지하는 것이기 때문이다. 마찬가지로 도통에 있어서도 성현이 상전한 '도'는 하나인데 다만 전할 때 문자표현만 다른 것이다.

더군다나 사계가 복제문제·칭호문제 그리고 추숭문제를 위해 전거로 삼은 것이 춘추강목인 이상 그가 얼마나 춘추대의의 정신을 존중하는지 모른다. 바로 의리에 투철하고 명분을 바로 세울 것을 강조한 것으로 본다면 그의 예학은 바로 사회질서를 바로 잡기 위한 것으로도 볼 수 있다. 그러기 위해서는 무엇보다 개인의 철저한 수기설이 전제되고 있는 것이다.

그리고 세 가지 통에 대한 유학 자체와의 관련을 생각해 보면, 예학 자체가 유학이 원래 지니고 있는 수기·안인의 이상적인 목적을 그대로 지니고 있으며, 또한 유학의 이상적인 목적을 객관적으로 실현시키려고 노력한 것을 알 수 있다. 즉 예라는 형식을 통하여 외면화시키려고 하는 부분도 인정해야 한다. 그것은 내면화

못지 않은 예의 성격상 불가피한 것으로, 성리학이 도입된 이후 유학에서의 예의 역할이 강조되고 그러면서 예에 대한 실천이 자연적으로 뒤따를 수밖에 없는 것이다.

사실 조선조 유학은 성호 이익이 언급한 것처럼 이학과 예학이 반반씩 차지한다고 하였는바, 여기서 성호의 말을 재음미한다면 예학의 이론적인 뒷받침을 이학이 한 것으로 볼 수 있으며 결국 두 가지가 조선조 유학의 전부라 할 것이다. 바로 이학과 예학이 불가분의 관계에 있으면서 이학이 사실상 예학의 이론적인 기초를 제공했다고 볼 수 있는 것이다.

이러한 면은 조선조 초기, 건국과 동시에 성리학이 관학으로 받아들여지면서 안고 있던 문제이다. 조선 건국 때 국가 통치이념으로서 성리학이 받아들여졌으나, 실제상으로는 단순한 명목상 도입하였고 체제에 관한 것을 우선적으로 하였다. 아울러 불교비판이라는 이론적인 측면도 제기되었으나 성리학의 구체적 적용에 해당하는 수기의 측면은 상대적으로 약했다고 볼 수 있다. 그 이론의 구체적 실천은 없었던 것이다. 다시 말하면 소위 당시 사림파 학자들은 성리학 본원의 목적인 수기를 중시하고, 수기를 위하여 기본적으로 소학을 강독하였으며 동시에 소학에 대한 철저한 실천을 강조하였던 것이다.

사실 성종조에 와서 이들 사림파의 소학과 가례에 대한 성리학적 윤리를 실천하려고 하는 것은, 당시 지배권력을 소지한 자들에게 있어서는 일종의 정치적인 도전과 같은 문제로 대두된다. 그것은 국가통치이념에 대한 구체적인 정치적 실천과 그것의 구현노력이 없이 그냥 권력장악에 안주하던 그들에게, 사림파의 존재란 특별한 의미가 부여되기 때문이다. 결국 많은 사화를 거치면서 퇴계 율곡 시기에 와서는 이론적인 본격적 연구가 감행되는 것이다.

퇴율의 학문적인 업적 이외의 시대적인 상황에서의 그들의 역할은, 바로 이전인 조선조 초기의 사림들의 역할이 인정되었고 아울러 국가통치이념에 상응한 나머지 학문의 활성화가 성숙된 것으로 이해될 수 있다. 즉 이러한 이학적인 이론을 바탕으로 사계는 그 예학의 이론화 작업을 시작하였던 것이다. 이것이 소위 가장 대표적인 것이 그 시대적 상황과 함께 국가 체제의 확고한 틀을 위한 이론적인 제도의 합리화를 모색한 것이 전례문답에서 제기된 것이다.

조선조 초기 사림파들의 주장이 소학과 가례의 보급과 연구에 매진한 것은 바로 수신과 제가에 해당되는 것으로 볼 수 있다. 수신과 제가의 객관적인 것은 바로 외형적인 행위로 주어지는 것은 당연한 것이다. 여기서 이 외형적 형식을 바로 하는 것이 예학에 있어서의 정통으로서의 가통을 바로잡는 것이다. 가통을 바로 잡는 것이야말로, 원래 유학에서 추구하던 학문의 이상과 바로 일치하는 것이다. 이러한 것에 대한 예로 당시 집집마다 '족보'를 만들기에 여념이 없었다. 이것이 가통을 바로 잡으려고 하는 예학적 의식이라고 볼 수 있다.

초기의 정통에 있어서 가통을 바로 잡으려고 하는 분위기였다면, 중기 특히 임진왜란을 전후하여 무엇보다 왜란 이후 계속되는 외세침략의 시기에 가장 문제가 된 것이 국가 존립의 안위에 관한 문제였음은 당연한 것이다. 이러한 국가 전체의 종묘사직에 대한 안위가 해결되어야 할 급선무였다는 것은 얼마든지 추론이 가능한 것이다. 여기서 문제가 된 것이 바로 국통을 바로잡는 일이다. 그러한 국통을 바로 잡아야한다는 의식에서 소위 각종 '전례문제'가 심각하게 논의되었으며 소위 그것을 후기 '예송'이라고 하는 것이다. 이러한 국가가 위급한 상황에 처하여 졌을 때 예학을 연구하던 성리학자들은 무엇보다, 이론적인 합리화가 필요하였으며 요청된 것은 당연한 것이다. 즉 일군의 예학자들에 의한 예송의 논의가 정치적인 문제로 비화하면서 정치적 쟁점으로 대두된 것은 당연한 것이다.

이와 같은 예학의 역할을 정통에서 찾았으니, 그것이 결국은 국통을 바로 잡으려고 하는 경향으로 나타난 것이다. 이것은『대학』에서 소위 말하는 치국에 해당되는 것으로 볼 수 있다. 결국 '전례'에 관한 논의가 치국에 관한 급선무였음은 당연한 것이다. 이후 조선조 말엽에 가면 도통에 관한 의식이 강하게 대두된다. 어쩌면 도통에 대한 의식을 강하게 느끼고, 그것을 주장하였을 때는 성리학자로서의 안인 또는 평천하에 대한 의식의 고양이라고 볼 수 있지 않겠는가? 사실 그들에게 있어서 국가의 존립에 관한 것이 선행되는 문제임에도 불구하고, 국가존립은 어떤 측면에서 더 이상 유지될 수가 없다는 생각에서 도통에 대한 학문적 연구를 자기 당대의 일생을 마감하려고 하는 의식을 가졌을지 모른다. 물론 당시 의병을 위시한 체제 수호적인 유학자가 많이 배출된 것을 우리는 볼 수 있다. 즉 선후문제에서는 국통을 우선적으로 해야 됨에도 불구하고, 국통이 아닌 도통을 주장한 것은 국가권력을 집행하는 자들에 대한 회의와 불만이 가득하였을 것이다. 그것은 조선조 후기 타락한 여러 세도정치에서 나타난 일이 아닌가 한다.

이상으로 본다면 예학에서 주장하는 삼통의 확립은 바로 유학 본연의 자세에서 내세우는 목적과 그대로 합치하면서 다만 어느 유학의 성격보다 외형적 형식을 강조하였다는 것을 인정할 수 있다. 물론 외형적 형식을 강조하였다고 하는 것은 다른 유학에서 예학만큼 형식을 강조하는 것이 없다는 의미에서이지, 그렇다고 해서 예학 자체가 수기에 대한 측면이 없는 것은 아니다. 그것은 철

저한 내면적인 수양을 전제로 하여 외면적인 형식화를 강조한 것
이다.

畿湖學派의 道統意識

第1節 緒 言

儒家는 출발시부터 道를 내세웠다. 그것은 바로 천하를 다스리는 도이다. 그 도가 실현되는 것을 가장 이상적인 것을 생각하였는데, 그것을 다른 말로 평천하라고 표현하였던 것이다. 즉 평천하로서의 기능은 道統의 유지에 있는 것이다. 바로 유가가 인문주의를 내세우고 있는 만큼 평천하는 도를 통하여 이룩하고자 하였다. 이와 같이 본다면 도통이라고 하는 것은 옛날 聖人들이 도를 상전하면서부터 마련된 것으로 모든 사람들을 통솔하는 것으로 볼 수 있다.

원래 도통에 관한 주장은 韓愈로부터 시작한 것을 알 수 있다. 즉 유학에도 불교와 禪에 해당하는 수양에 관한 가르침이 있다고 생각하여 배불의 목적으로 도통의 연원을 밝힌 것이다. 왜냐하면 理學의 근본적인 내용은 윤리사상이기 때문이다. 이학의 윤리사상은 孔孟의 도통을 계승하여, 불교와 도교의 사상을 받아 들여 천리라는 것을 통하여 우주론과 본체론 그리고 도덕의 본원으로 삼은 것이다.[1] 또한 불교의 조사에 해당하는 것으로 유학에서 그 도를 전한 맥락으로 도통을 밝힌 것이다. 이와 같은 표현은 그의 『原道』에 잘 나타나 있다. 즉

> 내가 소위 도라고 하는 것은 노불의 도를 일컫는 것이 아니다. 요가 이것을 순에게 전하였고, 순은 이것을 우에게 전하였고, 우는 이것을 탕에게 전하였고, 탕은 이것을 문무주공에게 전하였고, 문무주공은 공자에게 전하였으며, 공자는 맹가에게 전하였다. 맹가가 죽고 나서 전하여지지 않았다.[2]

이와 같은 한유의 주장을 보더라도, 인간의 삶에 있어서 고금으로 행위의 영원한 기준은 도통에 있다고 볼 수 있고, 그 기준이 되는 내용이 바로 요순으로부터 전해지는 심법의 전수로 볼 수 있다. 즉 ‘人心惟危 道心惟微 惟精惟一 允執厥中’[3] 16자의 심법의 내용 중 12자는 윤집궐중을 설명한 단어에 불과하며, ‘윤집궐중’이야말로 이학가들이 말하는 도통의 실질적 내용이 되는 것이다.[4]

특히 초기 성리학자들이 도통을 내세우면서 천리와 심성문제를 강조하다 보니 현실적인 실천문제는 그만큼 소외될 수 밖에 없었던 것이다. 무엇보다 유학에 있어서 새로운 해석을 하다 보니 더욱

---

1) 朱贈庭 主編, 『中國傳統倫理思想史』, 上海, 華東師範大學 出版部, 1986年, 21쪽 : “理學的主體內容是他的倫理思想 理學倫理思想繼承孔孟道統 汲取佛道的思想成分 提出以天理爲宇宙本體和道德本原.”

2) 四部叢刊正 編, 『韓昌黎先生集』「原道」卷34, 法仁文化社 影印本, 97쪽 : “斯吾所謂道也 非向所謂老與佛之道也 堯以是傳之舜 舜以是傳之禹 禹以是傳之湯 湯以是傳之文武周公 文武周公傳之孔子 孔子傳之孟軻 軻之死不得其傳焉.”

3) 『尙書』卷第二,「虞書」大禹謨.

4) 張立文, 『朱熹思想硏究』, 589쪽.

고차원의 세계를 언급할 수 밖에 없으며 아울러 현실적인 문제는 그만큼 유보시켰던 것이 결국에는 성리학의 약점으로 지적될 수 있는 것이다. 이러한 송명시대의 성리학이 조선조 개국과 더불어 조선조의 통치이념으로 그대로 채택되었던 것이다.

조선조 건국과 더불어 성리학을 국가의 통치이념으로 받아들여지게 되는 배경이 중국(宋)과 흡사하다. 조선조 개국에 앞장선 유학자들이 대부분 신진사대부들로서 불교를 배척하고 새로운 가치이념을 요구하였던 것이다. 그것은 고려조가 국교로 채택하여 통치이념으로 삼은 불교의 체제가 더 이상 사회를 유지할 힘을 상실하였다고 보았기 때문이다. 그래서 불교에 대처될 수 있는 것으로서 성리학을 받아들여졌을 뿐만 아니라 불교보다는 성리학이 낫다는 주장5)이 나오게 된 것이다. 즉 조선조 개국에 즈음하여 불교국이었던 고려의 불교의 영향으로부터 벗어나 새로운 인간사회의 건설을 전제로 하여 유교가 도입되었던 것인 만큼 유학을 통한 새로운 통치이념을 수립하고자 하였던 것이다.

그래서 조선왕조가 건립된 후 최초 100여 년간, 즉 14세기 말부터 15세기 말까지는 새로운 왕조가 성리학을 지도이념으로 정착시키는 동시에 사회개혁과 부국강병, 중앙집권체제의 강화에 노력하였다. 그 결과 조선왕조는 정치상으로 상대적 온정기에 처하여 경제가 번영하고 문화가 발달하여 새로운 왕조의 생기를 나타냈는바 그야말로 '황금기'라 할 수 있다.

그러나 15세기 말 연산군이 통치하던 시기로부터 시작하여 왕조의 발전은 점차 정지상태에 처하여 몰락의 일로를 걷게 되었다.6)

---

5) 代表的인 例로 鄭道傳의 경우를 들 수 있다.
6) 朱七星, 『退溪哲學의 性格과 그의 社會的 役割에 관하여』, 退溪學釜山研究院, 第6回 國際學會 發表文, 1993年, 25쪽.

물론 北胡와 南倭의 외환도 자주 있었지만 특히 조선조 개국 후 소위 훈구파라고 불리는 혁명주체세력은 체제정비를 통한 자기들의 이권 확보에 몰두한 나머지 통치이념으로서의 성리학의 이론적 발전은 등한시할 수 밖에 없었다.

이런 무렵 성리학이 갖고 있는 사회국가의 기강확립과 조선조 개국정신의 확립을 도모한 부류가 바로 사림들이었다. 그들은 四大士禍(戊午士禍 甲子士禍 己卯士禍 乙巳士禍)로 말미암아 기존의 세력들로부터 자기들이 공부한 성리학 이론들을 실현시켜 보지도 못한 체 좌절당하고 말았다. 물론 趙光祖 같은 경우에는 어느 정도 자신의 생각을 실제정치에 적용시켜 보기도 하였으나 결국은 정착도 되기 전에 도태되고 만 것이다.

이런 조선조 개국 후의 사림들의 문제가 이후 퇴율을 위시한 성리학의 학문연구가 이론적 발전을 가져온 동시에 진정한 유학의 이상을 실현할 수 있다는 분위기를 조성하는데 큰 몫을 하였던 것이다.

본고에서 논술하고자하는 기호학파의 도통의식은 高峯 奇大升(1527~1572), 栗谷 李珥(1536~1584), 沙溪 金長生(1548~1631), 그리고 尤菴 宋時烈(1607~1689)을 중심으로 그들이 성리학을 연구한 나머지 각자 자기들이 생각하고 있는 진정한 유학의 이상적인 것이 어떠한 것인가를 피력한 것을 바탕으로, 그 중에서 특히 도통에 대한 각자의 견해를 살펴보고자 한다. 이들은 당대 사림들로부터 덕행이나 학문으로 높이 추앙받던 인물들이자 동시에 도학의 정신을 몸소 체험하려고 노력하였던 것을 미루어 본다면 그들이 도통을 주장하는 것은 우연한 것이 아니라 당연한 것이라 여겨진다.

第2節 고봉 기대승의 경우

고봉 기대승은 가계에서부터 절의정신이 강하게 베어들도록 되어 있어서 성장할 때 영향을 입었다는 것은 주지의 사실이다. 선조가 물었을 때 거론된 것을 보면 고봉의 인물됨을 짐작할 수 있다.

> 선조가 맞이하여 말하기를, 천거하고 싶은 사람이 있는가? 요즈음 누가 학문을 하는 사람인가? 하였다. 滉이 大升 한사람만을 거론하여 대답하기를 通儒라고 칭하였다. 대개 이황은 여러 임금을 섬긴 노신으로써 己卯乙巳 諸賢을 두루 보았고 명종과 선조 두 임금을 거쳐 섬겼으므로 一代의 名賢이 그의 문하에 출입하지 않음이 없었으나 추천함에 있어서는 오직 대승을 우선하였으니 그 중시됨이 어떠하였겠습니까?[7]

퇴계의 표현을 보더라도 고봉의 인품은 짐작할 만하다. 이러한 고봉이 성리학에서 주장하는 治道의 도리를 전개하고 싶었던 것은 당연한 것이다. 그래서 고봉은 무엇보다 도통의 연원을 밝히게 되는데 그 배경이 되는 말로서는 다음과 같은 것이 있다.

> 동방의 학문은 前朝에 鄭夢周가 있었습니다. 權近도 잠시 학문을 하였으나 병폐가 많았습니다. 아래로 金宏弼에 미쳐서는 학문이 매우 방정하였습니다. 조광조는 굉필의 제자였는데 역시 우연이 아닙니다. 이황은 이러한 사람의 학문을 계승하였으니 어찌 우연이였겠습니까?[28]

---

7) 『高峯全集』(成均館大學校 大東文化研究院, 1976年) 「別集」<附錄> 卷二, 581쪽, <請享疏> : "宣祖延問曰 有欲薦者乎 今世孰爲學問之人 滉獨擧大升以對 稱以通儒 蓋李滉以累朝老臣 閱覽己卯乙巳諸賢 而歷事 明宣兩朝 一代名賢 無不出入於門庭 而及其契許推薦 惟大升是先 其見重爲如何哉."

바로 성리학의 절의정신과 성리학에서 내세우는 학문관, 치세의
도리가 그 뒤로 계속 탐구되어 이어지는 것 자체가 우연적인 것이
아니라는 표현이다. 그래서 우리나라 학문의 연원을 고봉은 다음
과 같이 말한다.

> 동방학문이 상전한 차례를 말한다면 몽주가 동방이학의 祖이다. 吉
> 再는 몽주에게서 배웠으며 金淑滋은 길재한테서 배웠다. 金宗直은 김
> 숙자에게서 배웠고 김굉필은 김종직에게서 배웠다. 조광조는 김굉필
> 한테서 배웠는데 각자 원류가 있는 것이다.9)

고봉이 이와 같이 우리나라 학문의 연원에 관하여 정몽주를 으
뜸으로 해서 밝히는 이유는 진정 인간이 살아가는데 알아야할 학
문으로 성리학을 간주하기 때문이다. 그래서 고봉은 그 근거로써
다음과 같이 말한다.

> 우리나라 학문을 箕子 때의 일은 서적이 없어서 고찰하기 어렵다.
> 삼국 때는 사람들의 천성이 비록 순수하고 아름다웠으나 학문을 별로
> 하지 않았다. 고려 때는 비록 학문을 하였으나 주로 詞章에 관한 것이
> 었다. 고려말에 禹倬과 정몽주에 이른 뒤에야 비로소 성리학을 알게
> 되었다.10)

---

8) 『高峯集』「論思錄」(『韓國文集叢刊』 卷40, 民族文化推進會 影印本,
   169쪽) 上 : "東方學問 前朝有鄭夢周焉 權近亦暫爲學問 而多有病處
   下及金宏弼 學問甚正 而趙光祖 宏弼之弟子 亦不偶然 李滉能繼此人
   學問 豈偶然哉."
9) 『高峯集』「論思錄」(『韓國文集叢刊』 卷40, 210쪽), 下 : "以東方學問相
   傳之次言之 則以夢周爲東方理學之祖 吉再學於夢周 金淑滋學於吉再
   金宗直學於淑滋 金宏弼學於宗直 趙光祖學於宏弼 自有源流也."
10) 『高峯集』「論思錄」(『韓國文集叢刊』 卷40, 210쪽), 下 : "我國學問 箕子
   時事 則無書籍難考 三國時 天性雖有粹美 而未有學問之功 高麗時 雖
   爲學問 只主詞章 至麗末禹倬鄭夢周後 始知性理之學."

　　물론 이것은 우리나라의 도통을 말하는 것이며 중국에서 이어져
내려온 도통에 대하여서도 고봉은 언급하고 있다.

> 　　堯舜禹湯文武周公孔子으로 도통이 되었다. 요순 시대에는 皐陶 稷
> 契같은 이가 있었다. 湯 시대에는 伊尹 같은 이가 있었고, 文王 시대
> 에는 太公望 散宜生같은 이가 있었다. 공자에게는 삼천명의 제자가
> 있었는데 顏子曾子가 수제자였으며 그 뒤에 증자의 도통은 子思에게
> 이어졌다. 맹자는 자사에게 공부를 배워 그 제자가 되었다. 맹자가 죽
> 은 다음에 약 천여년 동안 도통이 끊어졌었다. 송나라에 와서 濂溪 周
> 惇頤가 遺經을 통하여 전수되지 않던 도통의 실마리를 이었는데,『太
> 極圖』『通書』를 저술하였고 또 兩程夫子가 나왔다. 兄은 程顥로 明
> 道先生이라고 하였고 아우는 程頤로서 伊川先生이라고 하였다. 明道
> 는 어록을 저술했고 이천은 주역을 저술하여 끊어졌던 도학을 講明하
> 여 후학을 계몽하였다. 斯文에 있어 공은 매우 크다. 그 제자에 龜山
> 楊時와 豫章 羅從彦이 있으며 延平 李侗은 羅從彦에 배웠다. 朱子는
> 이 李侗의 弟子인데 經書의 註를 撰定하여 제유의 것을 집대성하였
> 다. 三代 이상에서는 임금이 스스로 행하여 인솔하였고 후세에는 비
> 록 공이 있다고 하나 모두 학문을 한 일에 불과하다.11)

　　이와 같은 고봉의 말을 미루어 본다면 중국에 있어서도 치세의
도를 실현시킨 성군이 있는 반면에 대부분은 학문만 하는 것으로
그쳤다는 것이다. 이것은 치세의 도를 실현시키지 못한다하더라도
학문을 그 자체만 하여도 그 의의는 충분히 있다고 보는 것이다.

---

11)『高峯全集』, 成大 大東文化研究院, 1976年, 301쪽 : "堯舜禹湯文武周
　　公孔子爲道統而 堯舜之時 則有若皐陶稷契 湯之時 則有若伊尹 文王
　　則有若太公望 散宜生 孔子則有三千弟子 而顏子曾子得其宗 其後子思
　　得曾子之傳 孟子受業於子思之門人 孟子沒後 斯道之絶 千有餘年 至
　　宋有濂溪先生周惇頤 得不傳之緒於遺經 有所著太極圖 通書 又有兩程
　　夫子出焉 兄顥明道先生 有所著語錄 弟頤伊川先生 有所著易傳 講明
　　絶學 啓迪後學 大有功於斯文 其弟子則龜山楊時 豫章羅從彦也 延平
　　李侗學於羅從彦 朱子李侗之弟子也 撰定經書之註 集大成於諸儒矣 三
　　代以上 則自上躬行以率之 後世則雖或有爲而不過爲學者事也."

바로 그 도가 성리학으로 이어져 우리나라에서는 정몽주를 시조로
하여 전해졌다는 것이니 정몽주의 위치는 그만큼 높이 평가할 수
있다는 고봉의 생각이다. 고봉이 정몽주를 평한 말을 보면 다음과
같다.

> 고려 말에 정몽주는 忠孝大節이 있어서, 程朱의 학문을 닦아 동방
> 이학의 시조가 되었지만 불행하게도 고려가 망할 무렵에 殺身成仁하
> 였다.12)

이런 의미에서 고봉이 정몽주를 도학의 시조로 내세운 것은 당
시 사림의 기세가 약화되고 치도의 기준이 명확하지 않은 상태에
서 정몽주 이하 도학자들이 주장하는 것을 토대로 하여 새로운 정
치를 할 것을 주장하기 위한 것임을 엿 볼 수 있다. 왜냐하면 정몽
주의 학을 계승한 김굉필, 조광조 등이 모두 士禍를 통하여 죽임을
당함으로써 그 뜻을 펴지 못하였기 때문에 진정한 학문과 통치의
기반을 이들의 주장을 바탕으로 하여야 한다는 것이다. 바로 도학
자들의 주장을 바탕으로 통치의 기반과 학문의 맥을 이어받아야
한다는 것이다. 즉 왕과 선비의 학문의 목적은 비록 다르다고나 하
지만 그 내용은 다름이 없다13)는 그의 주장에서 본다면 당연한 것
으로 볼 수 있다. 특히 그는 매사에 있어서 是是非非를 분명히 밝
히는 것이야말로 치도의 근본으로 삼고 있다.

> 천하의 일은 시비가 없을 수 없으나 시비가 분명한 뒤에라야 인심

---

12)『高峯集』「論思錄」(『韓國文集叢刊』卷40, 142쪽) 上 : "高麗末 鄭夢周
　　有忠孝大節 以程朱之學爲學 爲東方理學之祖 不幸值高麗將亡之際 殺
　　身成仁."
13)『高峯集』「論思錄」(『韓國文集叢刊』卷40, 167쪽) 上 : "蓋人主學問 與
　　儒者工夫 雖似有異 然大綱領大根本則不異."

이 복종하고 政事가 순조로워진다. 옳고 그름은 인심에서 나올 뿐만
아니라 천리에서도 나온다. 그러므로 일시에 비록 어리석게 가려져서
斬伐하는 일이 있다 하더라도 그 시비의 본심은 끝내 없어지지 않는
것이다.14)

고봉은 치도의 근본으로 시비를 분명히 가려야 한다는 것이다.
善政이라는 것은 나라 안에 시비가 분명히 가려지고 억울한 것이
없는 것으로 본다면 고봉이 생각한 시비에 관한 문제는 어디까지
나 사대사화를 그 예로 들고 있는 것이다. 소위 지치주의를 표방하
고 정치일선에서 왕도를 실현하려고 하다가 죽은 조광조의 경우를
보더라도 그 사회가 시비를 가릴 수 없었던 시대였던 때문에 그러
한 일이 발생한 것으로 본다. 고봉의 생각은 전술한 바와 같이 조
광조는 물론 우리나라 도통을 이은 사람인데 억울하게 아첨배들의
모함으로 죽임을 당하였기 때문에 치세의 도가 나라에 실현이 되
지 않는다고 보는 것이다. 그때의 일을 고봉은 다음과 같이 설명하
고 있다.

중종대왕 즉위한 초에 힘써 정성으로 다스리려고 하여 賢士들을
등용시켰기에 소위 현사로 불리는 사람들도 등용되는 것을 즐거워하
여 唐虞 삼대의 통치가 다시 도래하겠다고 생각하였다. 불행히도 한
번 모함하는 말이 들어가자 모두 대죄를 입었다. 당시 조광조는 善人
으로 사림들을 중용하여 뽑았고 크게 물망에 올랐고, 임금도 마찬가
지로 믿었다. 소인의 무리들이 모함하려고 할 무렵에, 조광조 등은 靖
國功臣들의 외람됨을 논하였는데 이것을 도리어 조광조가 인심을 거
두어 모아서 역모를 꾀한다고 南袞과 沈貞이 罪를 구성하여 어떤 사
람은 죽게 되었고 어떤 사람들은 쫓겨나서 멀리 귀양을 갔다. 중종이
즉각 깨닫지 못하여 이십 여년간 끝내 謫所에 있었던 사람이 많았다.

---

14) 『高峯集』「論思錄」(『韓國文集叢刊』卷40, 141쪽), 上 : "天下之事 不可
　　無是非 是非分明 然後人心服而政事順矣 是非不但出於人心 而出於天
　　理也 故一時雖有蒙蔽斬伐 而其是非之本心 則終不泯滅也."

말년에 이르러 비로소 중종은 그 사실을 알고는 己卯士禍때 죄입은
사람들에게 은혜를 베풀기도 하고 거두어 등용하여 보았다.15)

고봉은 소학의 효과에 대해서도 "소학은 비단 연소자들만이 읽
어야 할 책이 아니라 成人도 또한 읽어야 할 책이다. 그런데 지금
京鄕間에 소학을 읽는 사람이 아주 줄어들었으니 이는 교화가 밝
게 시행되지 않았기 때문"16)이라고 하였다. 그래서 조광조가 지치
주의를 표방하고 왕도정치를 펼칠 때는 사림들이 소학을 근본으로
하였기 때문에 교화에 효과가 있었다고 보고 다음과 같이 말한다.

> 그 때 선비들은 모두 소학을 근본으로 삼았기 때문에 事親事君의
> 도리를 알았다. 오늘날 조정이나 항간에 사친사군하려는 마음이 興起
> 하는 것도 모두 그 교화의 餘風이다.17)

소학을 강조하는 고봉의 주장은 어디까지나 김굉필을 전제로 하
고 있음을 알 수 있다. 그래서 김굉필을 소학과 관련지어 죄를 주
었는데 아래와 같다고 고봉은 말한다.

> 근래에 소인들이 賢士를 해치려고 하지만 죄명이 없었기에 小學之

---

15) 『高峯集』「論思錄」(『韓國文集叢刊』卷40, 141쪽), 上 : "中宗大王卽位
之初 勵精求治 登庸賢士 其所謂之賢士 亦樂爲之用 以唐虞三代之治
爲可復致 而不幸讒言一入 皆被大罪 當時趙光祖善人也 取重士林 大
有物望 自 上亦推誠信 小人之徒 欲爲讒間之際 趙光祖等有靖國功臣
猥濫之論 以此謂光祖收合人心 圖爲不軌 南袞沈貞構成其罪 或致之死
或黜而遠謫 中宗不卽覺悟 二十餘年間 終于謫所者亦多 至於末年 始
知其實 奇妙被罪之人 或蒙恩宥 或見收用矣."
16) 『高峯全集』, 297쪽 : "小學 非但年少人所讀 長成之人 亦可讀也 近來
閭巷之間 讀小學者 絶少 此敎化不明之致也."
17) 『高峯全集』, 297쪽 : "其時爲士者 皆以小學爲本 故知事親事君之道 至
今 朝廷之上 閭巷之間 猶有興起之心者 皆其餘化也."

徒라고 하였다. 소학은 성현의 法言인데 설사 소학을 읽고서 마음이
불정한 이가 있다고 하더라도 이것이 어찌 소학의 죄이겠는가? 대체
로 소학이란 책은 우리나라에 유포된 지가 이미 오래 되었으나 俗儒
들은 존신해야함을 알지 못하였다. 김굉필이 생도들을 모아 소학을
講明하여 세상에 크게 행하여졌다.[18]

고봉은 특히 평천하를 위한 가장 기초적인 작업으로서 선행되어
야할 문제가 言路의 개방으로 보고 있다. 이것은 사림들이 일반적
으로 민심의 수렴에 의한 민본 위민정치를 위하여 전제조건으로
내세우는 것이다. 소위 私利私慾을 위한 사심에서 행해지는 정치
가 아닌 공개적이고 백성을 진심으로 위할 수 있는 정치를 하기 위
하여 언로의 개방을 전제로 하고 있는 것이다. 이것이 물론 당시
사림들의 의지를 뒷받침하는 최대의 힘이 되었던 것은 물론이다.
그래서 고봉은 다음과 같이 말한다.

　　　언로는 국가에 있어서 큰 일이다. 언로가 열려 있으면 국가는 평안
　하고, 언로가 막히면 그 국가는 위태롭다. 바야흐로 오늘날 언로가 열
　려 있는지는 모르겠다.[19]

爲民政治의 표본이 민의를 제대로 수렴할 수 있는가를 엿볼 수
있는 말이다. 소위 재야 사림들의 주장이 정치에 제대로 반영이 되
는 경우이다. 이것은 원래 사림들의 특권이자 사림들이 자기들의
주장을 강하게 표현할 수 있는 것이 언로이기 때문에 언론의 개방

---

18)『高峯全集』, 287쪽 : “頃日 小人 欲害賢士 無可名之罪 則曰 此乃小學
　　之徒 夫小學乃聖賢之法言 設或有讀小學 而心不正者 此豈小學之罪哉
　　大抵小學之書 流布東土 已久 而俗儒不知尊信 自金宏弼聚徒 講明其
　　書 大行於世.”
19)『高峯全集』, 295쪽 : “言路於國家大矣 言路開 則國家安 言路塞 則國
　　家危 方今言路洞開 則未知也.”

이야말로 사림들이 공통적으로 주장하고 있는 것이다.

이상의 고봉의 주장을 보면 圃隱 이후 이어진 사림들의 주장을 그대로 수용하고 있음을 알 수 있다. 특히 포은 이후 도통으로 이어진 사림들의 언행을 고봉이 수용하는 것 자체가 고봉이 생각하고 있는 도통의식이 아닌가 한다.

第3節 율곡 이이의 경우

율곡은 외가에서 태어나고 성장하였다. 당시 外祖父인 申命和가 진사시험에 합격한 뒤 중종 때 賢良으로 추천되었는데도 굳이 사양하고 학문연구에만 몰두하고 있었다. 이후 기묘사화가 발생하였을 때 참화를 모면할 수 있었다. 그래서 신명화의 이러한 학문적 태도가 申師任堂에게 영향을 주었고 이후 율곡에게까지 영향을 끼쳤을 것으로 볼 수 있다.

먼저 도통의 발생에 관하여 율곡은 다음과 같이 말한다.

> 臣이 생각하건데, 上古의 聖神이 하늘의 뜻을 이어 인간행위의 기준을 세운 것이 도통의 시작이다. 문자 창제 이전은 아득하여 헤아릴 수 없지만, 八卦가 만들어지면서 人文이 비로소 나타났다.[20]

그러면서 율곡은 道統의 系譜를 包犧氏－神農氏－堯－舜－禹－湯－文－武－周公－孔子－孟子－朱子까지를 밝히고 있다.[21]

---

20) 『栗谷全書』(『韓國文集叢刊』 卷45, 民族文化推進會 影印本), 63쪽, 「聖學輯要」: "臣按 上古聖神 繼天立極 道統攸始 書契以前 茫乎罔稽 八卦肇畫 人文始宣."

21) 『栗谷全書』 「聖學輯要」 "聖賢道統" 參照.

그리고 도학의 명칭에 대해서는 宋나라때 시작되었다고 하였다.22)
반면에 우리나라의 경우에 대해서는 송시열이 편찬한 『語錄』에서
율곡은 다음과 같이 말한다.

> 우리나라의 학문은 역시 어느 대에 비롯되었습니까? 하고 물었다.
> 율곡이 말했다. "前朝의 말엽부터 비롯되었다. 그러나 권근의 入學圖
> 는 말이 맞지 않는다. 정포은을 이학의 시조라 일컫는데, 그러나 내가
> 보건데 사직을 안정시키는 신하이지 儒者는 아니다. 그렇다면 도학은
> 조정암으로부터 비로소 일어난 것이다. 퇴계선생에 이르러서 유자의
> 모양은 이미 이루어졌다. 그러나 퇴계는 성현의 언어를 준행한 사람
> 이요 자기의 주장을 편 곳은 보이지 않는다. 花潭은 주장한 곳이 있으
> 나 한 모퉁이만 본 사람이다."23)

그래서 율곡은 도학에 관하여 조광조를 다음과 같이 평하고 있
다. 즉 조광조는 어려서 김굉필에게 공부를 배웠는데 천질이 매우
아름다웠으며 지조가 견고하고 확실하여 세도가 쇠미한 것을 보고
서는 慨然히 도를 행할 것을 자기의 임무로 삼았다.24)

> 趙文正의 학문은 비록 미진한 바가 있지만 立朝하였을 때를 볼 것
> 같으면 도를 행하는 것을 임무로 삼아서 三代의 도가 아니면 함부로
> 임금 앞에서 陳言하지 않았다. 이것으로 도학의 이름을 얻게 되었으
> 니 진실로 마땅한 것이다.25)

---

22) 『栗谷全書』(『韓國文集叢刊』卷45), 258쪽, 「語錄」上 : "問道學之名 始
　　於何代耶 先生曰 始於宋朝."
23) 『栗谷全書』(『韓國文集叢刊』卷45), 258쪽, 「語錄」上 : "問我朝學問 亦
　　是於何代 曰 自前朝末始矣 然權近入學圖 似齟齬 鄭圃隱號爲理學之
　　祖 而以余觀之 乃安社稷之臣 非儒者也 然則道學 自趙靜菴始起 至退
　　溪先生儒者模樣已成矣　然退陶似遵行聖賢言語者　而不見其有自見處
　　花潭則有所見 而見其一隅者也."
24) 『栗谷全書』(『韓國文集叢刊』卷45), 109쪽, 「經筵日記」 : "光祖字孝直
　　少從金宏弼學 天質甚美 志操堅確 見世衰道微 慨然以行道爲己任."

율곡의 이와 같은 말을 미루어 본다면 진정 인간으로서 행하여
야 할 도리를 다한 뒤에라야 도학을 했다고 하는 것이다. 이것은
도학의 실천이야말로 인간으로서 지켜야할 도리를 행하는 것이 가
장 우선적이라는 것이다. 인간에게 주어진 도리를 실천하는 것이
야말로 도학을 공부하는 기본적인 태도라는 것이다. 소위 삼강오
륜이라고 하는 실천덕목을 실현하려고 하는 노력이 인간으로서 지
켜야할 도리인 것이다. 그래서 율곡은 그러한 예로 다음과 같이 말
한다.

> 때에 맞추어 善政을 베풀었던 것은 三代에만 나타났다. 삼대 이후
> 에 선정을 하였던 것은 진실로 드물었고 또한 도를 다하지도 못하였
> 다. 대체로 때에 따라 변할 수 있는 것은 법제이다. 고금을 통해 요구
> 되는 것은 변할 수 없는 것은 王道, 仁政, 三綱, 五常이다. 후세의 道
> 術이 밝지 못하여 변할 수 없는 것이 때로 고쳐지기도 했으며, 변할
> 수 있는 것은 때로 굳게 지켜졌다. 이러한 것 때문에 다스려지는 날은
> 언제나 적었고, 어지러운 날은 언제나 많게 되었다.26)

그래서 율곡은 도학의 진면목을 제대로 파악하지도 못하면서 도
학의 성격이 세상에 도가 쇠퇴하면서부터 와전되어 잘못 전하여지
게 된 것이라 하여 다음과 같이 말한다.

> 삼가 생각하건데, 도학의 이름은 옛 것이 아니다. 옛날의 선비는 집

---

25) 『栗谷全書』(『韓國文集叢刊』 卷45) 110쪽, 「經筵日記」: "趙文正之學
   雖有所未盡 觀其立朝 惟以行道爲務 非三代之道不敢陳於王前 此其得
   道學之名固宜矣."
26) 『栗谷全書』(『韓國文集叢刊』 卷44), 99쪽, 「萬言封事」: "隨時善救者
   只見於三代而已 三代以後 救者固鮮 而亦未盡道焉 大抵隨時可變者
   法制也 亘古今而不可變者 王道也 仁政也 三綱也 五常也 後世道術不
   明 不可變者 有時而遷改 可變者 有時而膠守 此所以治日常少 亂日常
   多者也."

안에 들어가서는 효도하고 밖에 나와서는 우애가 있었다. 벼슬길에 나아가면 도로써 임금을 섬겼으며 맞지 않을 경우에는 몸을 받들어 물러났다. 이와 같은 사람들을 일컬어서 선하다고 하였고 이와 같지 않은 사람들을 악하다고 하였다. 도학에 따로 명목을 세우지 않았다. 그런데 후세에 내려갈수록 도는 쇠퇴해져 성현의 통서가 전수되지 못하였다. 악한 사람은 진실로 말할 것도 없지만 소위 선하다고 하는 사람도 단지 孝友忠信만을 알지 진퇴의 의리와 性情의 뜻을 알지 못하였다. 가끔은 행하여도 두드러지지 못하고 익혀도 살피지 못하였다. 이에 궁리하고 正心할 것을 택하여 도로써 出處한 것을 지목하여 도학이라고 한 것이다. 도학이라는 이름을 세운 것은 쇠퇴한 세상에 부득이한 것이었다. 이러한 이름이 서고부터 간악한 사람들이 도학을 꼬집어 배척하여 도리어 세상에 용납되지 못하게까지 하였다. 아아! 슬프다! 도학의 이름은 이미 쇠퇴한 세상에 나왔는데 세월이 갈수록 더욱 비속해져 갔다. 그래서 경서나 읽고 저술이나 하는 사람을 지목하여 도학을 한다고 한다. 심성의 공부와 출처의 大節에는 미쳐 틈낼 겨를조차 없게 되었으니 世道가 변한 것을 보겠다.[27]

바로 인간으로서 지켜야할 도리만 지키면 따로 도학이라는 이름도 붙일 필요도 없다. 그런데 인간들이 진정 선하다는 것이 어떠한 것인가에 대한 정의를 할 수록 진정 도학이라는 측면으로부터는 멀어진다는 것이 율곡의 해석이다. 그렇기 때문에 부득이하여 도학이라는 이름을 붙여도 간악한 자들의 비판은 막을 수가 없는 것이다. 그래서 율곡은 조광조가 이전에 도학의 명분아래 유학의 이

---

27) 『栗谷全書』(『韓國文集叢刊』 卷45), 110쪽, 「經筵日記」: "謹按 道學之名 非古也 古之爲士者 入則孝 出則弟 仕則以道事君 不合則奉身以退 如此者謂之善 不如此者謂之惡 不以道學別立名目 及其世降道衰 聖賢之統不傳 惡者 固不足道矣 雖所謂善者 亦徒知孝友忠信 而不知進退之義 性情之蘊 往往行不著習不察 於是 擇其窮理正心 以道出處者 目之以道學 道學之立名 衰世之所不得已也 此名旣立 姦人或指而斥之 反使不容於世 吁可悲矣 嗚呼 道學之名 旣出於衰世 而世尤降俗又下 則又以能讀經著書者 目爲道學 其於心性工夫 出處大節 有不暇恤者 尤見世道之變也."

상적인 면을 실천하고 구현해 보려고 했으나 결국은 실현되지 못
한 것을 안타까운 심정으로 말하고 있다. 그러면서도 우리나라에
성리학이 전래된 이후에 도학을 그래도 실천한 사람은 조광조를
꼽을 수 있다는 것이 율곡의 생각이다. 그리하여 율곡은 조광조의
도학을 실천한 예로 다음과 같이 말한다.

> 經筵의 자리에서 매번 도학을 숭상하고 인심을 바르게 하고 성현
> 을 본받아 至治를 흥기할 것을 반복하여 啓達하니 말의 요지가 간절
> 하였다. 중종이 귀 기우려 들었다.[28]

뿐만 아니라 도학의 실천은 일시적으로 이루어지는 것이 아니라
꾸준히 실천함으로써 몸에 익혀서 체득할 때 가능한 것이다. 그것
은 인간으로서 지켜야할 도리인 인륜을 자각하지 못한 상태에서의
행위는 비록 잘 행해진 것이라 하더라도 도학의 측면에서는 받아
들일 수 없는 것이다. 그래서 율곡은 다음과 같이 말한다.

> 도학은 본래 인륜 속에 있기 때문에 인륜에 있어서 그 도리를 다할
> 것 같은면 이것이 바로 도학이다. 다만 도를 모르면서 저도 모르는 사
> 이에 합당한 행동을 하게 되면 습관이 되었지만 이치를 살피지 못한
> 자이다. 대체로 도를 안 뒤에라야 신하로서 忠을 다 할 수 있고, 자식
> 으로서 孝를 다하게 되는 것이다. 도학을 깊이 살펴서 인식하지 못하
> 면, 비록 어느 순간에 충과 효가 일시적으로 실행이 되었다하더라도
> 어찌 그 충과 효의 일시적 실천이 모두 도학에 합치되었다고 할 수 있
> 겠는가[29]

---

28) 『栗谷全書』(『韓國文集叢刊』卷45), 109쪽, 「經筵日記」: "經席之上 每
　　以崇道學正人心法聖賢興至治之說 反覆啓達 辭旨勸懇 中廟傾聽."
29) 『栗谷全書』(『韓國文集叢刊』卷45), 258쪽, 「語錄」: "問道學之名 始於
　　何代耶 先生曰 始於宋朝 道學本在人倫之內 故於人倫盡其理 則是乃
　　道學也 但不知道而暗合者 是習而不察者也 大抵知道 然後爲臣盡忠
　　爲子盡孝 如不知道 雖有一段忠孝 豈能所行皆合於道乎."

그래서 율곡은 덕을 이루는 것를 수기라 하고, 敎를 베푸는 것을
치인이라 한다, 수기치인의 實를 다하는 것을 傳道라고 한다.[30] 또
한 수기치인을 성실히 잘 실천하는 사람을 그는 眞儒라고 하여 그
특색을 다음과 같이 말한다.

> 소위 진유라는 것은 벼슬길에 나아가면 일시에 도를 행하여 백성
> 으로 하여금 태평을 누리게 하고, 관직에서 물러나면 만세에 교화를
> 수립하여 학자로 하여금 큰 잠에서 깨닫게 하는 것이다. 進仕하되 행
> 할 도가 없고 퇴직하되 물려줄 가르침이 없다면 비록 진유라 하더라
> 도 나는 못 믿는다.[31]

이와 같은 율곡의 도통의식이 결국 도학에 관한 그의 학문적 정
의로 이루어지게 됨을 볼 수 있다. 그래서 수기의 측면에서는 誠을
목표로 노력하여야 하며 치인의 측면에서는 많은 사회개혁의 이론
들이 그의 저서 전반에 걸쳐 전개되고 있다. 이렇게 본다면 율곡이
생각하는 도통이란 조광조가 그나마 실시한 것을 다시 당시 더욱
철저히 본받아 실현시키려는 의식의 발로에서 비롯되는 것이 아닌
가 한다.

第4節 사계 김장생의 경우

사계는 부친인 大憲公 金繼輝가 당시 권세를 장악한 尹元衡의

---

30) 『栗谷全書』(『韓國文集叢刊』 卷45), 80쪽, 「聖賢道統」 : “以此成德　謂
　　之修己　以此設敎　謂之治人　盡修己治人之實者　謂之傳道.”
31) 『栗谷全書』(『韓國文集叢刊』 卷44), 319쪽, 「論東方道學不行」 : “夫所
　　謂眞儒者　進則行道於一時　使斯民有熙皞之樂　退則垂敎於萬世　使學者
　　得大寐之醒　進而無道可行　退而無敎可垂　則雖謂之眞儒　吾不信也.”

모함으로 외직으로 축출되어 祖父에 의해 길러졌다. 이 사건으로 사계는 성장하여 과거에는 관심을 갖지 않고 오직 聖學에만 깊은 뜻을 두었는데 후일에 학행으로 조정에 천거되어 비로소 벼슬길에 오른 적이 있다.

1613년에 光海君때에 李爾瞻이 永昌大君을 죽이고 大獄을 일으켰는데 사계의 庶弟인 慶孫과 平孫이 죽었다. 이이첨은 이때 연좌형인 逆律을 사계에까지 미치려고 했으나 大臣의 건의로 말미암아 사태는 무사히 일단락 되었다.

사계는 임란 이후 혼란해진 국가와 사회의 기강을 바로 잡으려고 노력하였다. 이러한 그의 노력은 춘추의리정신에 입각한 國家 典禮32)에 관한 문제로 대두되었다. 당시 국가전례에 관한 여러 대신들과는 달리 사계는 주자의 강목에 바탕을 둔 자신의 주장을 전개함으로써 정몽주 이후 道統의 맥락을 이은 사림과 마찬가지로 성리학의 기본적인 이론을 투철하게 인식하고 실천하려는 것을 엿보게 한다.

사계의 글에는 도통의 연원을 밝힌 글은 구체적으로 없다. 다만 송시열이 쓴 사계의 行狀33)에 도통에 관한 언급이 있을 뿐이다. 그러나 사계는 우리나라의 도통에 관하여 포은 정몽주를 비롯하여 그 계보는 밝히지는 않았으나 당시 사림들의 표본이라고 할 수 있는 조광조가 중시한 『소학』에 대해서는 높이 평가하고 있다. 이것을 미루어 본다면 사계 역시 우리나라 도통의 맥락을 잇는 조광조의 뜻을 그대로 이어받았다고 볼 수 있다. 그래서 그는 小學續編의 序文, 小學集註의 跋文, 그리고 소학집주의 앞부분에 小學集註攷

---

32) 앞서 살펴본 바와 같이 國家典禮는 仁祖反正 以後 仁祖의 私親인 定遠君(追尊 元宗)과 啓運宮具氏(追尊 仁獻王后)의 전례에 대한 것이 그 中心이 된다.

33) 『沙溪全書』, 光山金氏文元公念修齋 影印本, 1978年, 867쪽.

訂들을 본다면 己卯名賢들의 여풍을 이어 받았다는 것을 알 수 있다. 이것은 바로 지치주의의 정신을 수용한 것으로 해석할 수 있다.

특히 사계는 학문의 방법에 있어서 소학을 먼저 하여야 한다고 보는 것도 사계 이전의 사림들의 영향으로 볼 수 있을 것이다. 그래서 사계는 다음과 같이 말한다.

> 학문을 하는 데에는 반드시 소학을 먼저 해야 한다. 대체로 소학은 인륜과 일용에 매우 절실하며 강령도 심히 좋다.34)

여기서 그가 특히 강령도 좋다고 한 것은 소학의 편성에 관한 다음의 글에 잘 나타난다.

> 옛날에 사람들을 가르치는 법은 灑掃·應對·進退의 절목 등에 불과하였다. 그러나 曲禮·內則·弟子職 여러 편에 나타날 뿐이다. 그 全書는 秦火를 겪고 나서부터 세상에 다시 나타나지 않았기에 가르치는 것도 경멸하였다. 그러다가 주자가 삼대 이상의 성현들의 입교·명륜·경신에 관계되는 언행을 수집하여 소학 내편으로 하였으며, 또한 한당 이하 여러 사람들의 언행을 모아 외편으로 하였다.35)

이와 같이 보더라도『소학』은 일상생활에 있어서의 단순한 행동을 위하여 이루어진 것이 아님을 알 수 있다. 바로 가르침의 근본을 세우고 인륜을 밝힐 뿐만 아니라 항상 삼가 행동해야 하는 연원을 살필 수 있도록 한 것으로 볼 수 있는 것이다. 그래서 사계는

---

34)『沙溪全書』, 153쪽 : "凡爲學必以小學爲先 蓋小學甚切於人倫日用綱領甚好."

35)『沙溪全書』, 17쪽 : "古者敎人之法 不過灑掃應對進退之節 而但見於曲禮內則弟子職諸篇 其全書則自經秦火 世不復見 而敎亦蔑矣 惟我朱子蒐輯三代以上聖賢言行之關於立敎明倫敬身者爲小學內篇 又取漢唐以下諸人言行爲外篇."

『소학』의 구성이『대학』의 단계와 같다36)고 한 것도 수신·安人에 관계되는 팔조목과 그 구성면에서 관련지어 생각하면 알 수 있는 것이다. 즉『대학』에 있어서의 명명덕을 本으로 보고 親民을 末로 보는 것에서 충분히 알 수 있는 것이다. 그러면서도『대학』과 『소학』이 구성면에서는 그 단계가 같다고 하더라도 그 내용에 있어서는 차이가 있다. 즉 구조면에서『소학』은 입교·명륜의 순으로 나아가는 것이며,『대학』은 명명덕·신민의 순서이다.『소학』의 경우에 있어서 입교·명륜의 순서로 되어 있는 것은 우선 그 대상이 유아이기 때문이다. 유아 즉 미성년자들에게 있어서는 사회의 윤리규범을 먼저 몸소 익히도록 하는 것이다. 그것은 객관적인 사회통념이라고 할 수 있는 기초적인 교육으로서의 윤리교육을 먼저 익힌 뒤에 스스로 자기의 교육으로 나아가게끔 유도하는 것이다. 즉 타인들과의 교섭에서 지켜야 할 행위를 익히는 것을 우선적으로 하는 것이『소학』의 목표라고 할 수 있다. 반면에『대학』의 경우는 인간이 도덕적인 행위를 하게 되는 이유나 그 까닭을 탐구하는 것으로 이해할 수 있다. 즉 成人을 대상으로 하는 교육과정이니 만큼『소학』보다는 당연히 높은 수준에 놓여 있는 것이다. 그렇게 본다면 미성년자와 성인을 대상으로 하는 교육 내용의 차이로 이해할 수 있는 것이다. 그리하여 사계는『소학』의「讀法」에 있어서의 '상면에 나아가 자세하게 강구한다(就上面 講究委曲)'37)에 대하여 다음과 같이 말한다.

---

36)『沙溪全書』, 17쪽 : "爲大學之階梯."

37) 이것은 小學集註總論에서 朱子가 말한 것의 일부분인데 다음과 같다. "又曰 古之敎者 有小學有大學 其道則一而已 如事君事父兄等事 大學 是發明此事之理 就上面 講究委曲 所以事君事親等事是如何(『小學集 註增解』, 震友會編輯發行 影印本, 서울, 1983年, 27쪽)."

上面이라는 것은 『小學』의 上面이다. 事親 등을 궁구하는 것은 『대학』의 일이다. 鄭景任이가 말하기를, '『小學』 時에는 단지 그 섬기는 것을 익히며 그 所以然은 窮究하지 않는다. 소위 일용하지만 그 까닭은 알지 못하는 것을 말한다. 『대학』 때에는 人事上에 나아가서 천리를 궁구하는데 소위 상면이라는 것은 각각의 사건마다의 상면을 가리킨다'고 하였다. 어떤 사람이 말하기를, '『소학』은 비록 그 事를 몸소 행하는 것을 主로 하지만 이미 학이라고 한다면 먼저 알고 나서 행하여야 한다'고 하였다. 朱子가 吳晦叔에게 答書한 것을 본다면, 『소학』에서 알고 행한다는 것은 淺小한 것을 일컫고 『대학』에서 알고 행한다는 것은 深大한 것을 일컫는다고 하였다. 이것은 소위 백성이 일용하여도 그 까닭을 알지 못한다는 것과는 같지 않다. 소위 상면이라는 것에 대한 景任의 생각이 옳은 것 같다. 그러나 어류에 말한 것을 살펴본다면, '『소학』은 어버이를 섬기는 것을 배우는 것이고 어른을 섬기는 것을 배우는 것이며 또한 바로 그 일을 이해하는 것이다. 『대학』은 상면에 나아가 曲盡하게 그 이치를 상세히 궁구하는 것이니, 事親하는 까닭이 무엇이며 事長하는 까닭이 무엇인지를 궁구하는 것'이라고 하였는데 말의 뜻이 더욱 분명하다.38)

사계가 생각하는 『소학』과 『대학』의 차이는 사친 등과 같이 구체적인 행위를 일상적으로 어떻게 하여야 하는 것인가를 구체적으로 익히는 것이 『소학』의 주된 과제이며, 『대학』에서는 사친 등과 같은 행위를 해야만 되는 까닭이 무엇인지를 알아야 한다는 것에서 구별이 된다. 즉 사친할 때는 孝로써 해야만 하고 事兄할 때는 제로써 해야 한다는 것은 事의 일이며, 효와 제를 해야만 하는 이

---

38) 『沙溪全書』, 161쪽 : "上面者 小學之上面也 窮究事親等 乃大學之事也 鄭景任云小學時 但能服習其事而不究其所以然 所謂日用而不知也 到大學時 乃就人事上窮得天理 所謂上面者 指各件事事上面 或曰 小學雖主於服行其事 而旣曰學矣 則當先知而後行之 觀朱子答吳晦叔書 以小學知行謂之淺小 以大學知行謂之深大 則與所謂百姓日用而不知者 似不同矣 其所謂上面則景任之見 恐得之 按語類曰 小學時學事親學事長 且直理會那事 大學時就上面委曲詳究那理 其所以事親是如何 所以事長是如何 語意尤分明."

유가 바로 理인 것이다.39) 바로『소학』은 사에 관한 것을 주로 하고 있으며『대학』은 理에 관한 것을 대상으로 하여 구성된 것으로 볼 수 있다. 그렇기 때문에 주자도, "여기서 소학의 일은 얕은 것을 알고 조그만 것을 행하는 것이며, 대학의 도는 깊은 것을 알고 큰 것을 행하는 것이다(此小學之事　知之淺而行之小者也－此大學之道　知之深而行之大者也)"40)라고 하였던 것이다.

이러한『소학』의 중요성은 이전에도 벌써 학자들이 인식하였을 뿐만 아니라 행하여졌음을 다음과 같은 사계의 글에서 엿볼 수 있는 것이다.

> 中宗時 儒臣인 조광조 등이 이 책을 尊信하여 경연에 나아가 강의하였으며, 민간에 간행하여 유포시켰으니 반드시 학자로 하여금 먼저 익히게 한 뒤에 행하게 하였다.41)

사계의 표현을 빌리면 중종시에 소학의 중요성을 인식한 나머지 경연에서 강의하였을 뿐만 아니라 민간에까지 유포된 것으로 볼 수 있다.

이와 같이 본다면 15세기 후반에서 16세기 초반, 사림파 학자들이『소학』을 중요시한 시기로, 사림들이 유학의 근본 목적인 '수기・치인'에 관련된 성리학적 의리를 이전의 어느 때 보다도 적극 실천하려 할 때인 것이다. 성리학적 의리를 실제 구현하려는 정신이 이전의 어느 때보다도 높았던 것으로 해서, 이시기는 성리학의 이른바 '도학화(실천철학화)'에 해당된다.

---

39)『朱文公文集』卷42,「答吳晦叔書」: "事親當孝事兄當悌者事也　所以當孝所以當悌者理也(卷52, 四部叢刊正　編, 法仁文化社　影印本, 706쪽)."
40) 四部叢刊正　編,「答吳晦叔書」『朱文公文集』卷42, 707쪽.
41)『沙溪全書』, 17쪽 : "中廟朝儒臣趙光祖等　尊信此書進講於經筵而又刊布民間　必使學者先習而行之."

중종시에 일어난 도학정신이 『소학』에서 일어났다가 기묘사화 (1519년)로 말미암아 그 풍교가 가라앉게 되었던 것이다. 그렇지만 이러한 것은 다시 그 이후에도 그대로 이어진다고 봐야 할 것이다. 그것은 사계의 다음과 같은 말에서 알 수 있다.

> 臣의 스승인 臣 이이는 선조 재위시에 또한 이 책을 강명하여, 기묘사화시의 여풍을 따르고자 하였습니다. 諸家의 註를 纂集하는데 이르러서는 절충을 하여 후학들을 가르쳤으니 풍화의 기반으로 삼은 것입니다.[42]

이것으로 미루어 보더라도 기묘사화 이후에도 계속 『소학』은 강조되어 행하여졌음을 알 수 있다. 바로 사계가 『소학』에 대한 열의는 소학집주에 나타나 있다. 즉 사계의 『소학』에 대한 주장은 소학집주의 앞부분에 「小學集註攷訂」를 통하여 알 수 있다.[43]

그리하여 사계는 이전에 행하여졌던 것을 상기하면서 『소학』의 효과에 대하여 인조에게 다음과 같이 말한다.

> 전하는 이 책과 이이가 주설을 정한 것에 潛心하셔서 경연에 進講하여 風行草偃의 효과를 거두시면 그 이상의 다행이 없겠습니다.[44]

이것으로 미루어 보건대 사계가 얼마나 『소학』을 중요시하였는가를 알 수 있다. 그렇지만 무엇보다 안타까운 것은 『소학』 가운데에 주자 자신의 언행이 없는 것이니, 사계는 그것을 서운하게 생각하였다.

---

42) 『沙溪全書』, 17쪽 : "臣師臣李珥在 宣廟朝亦講明是書 以追己卯之餘風 至於纂集諸家之註 爲之折衷以敎後學 以爲風化之基矣."
43) 『小學集註增解』, 震友會 影印本, 1983年, 19~22쪽.
44) 『沙溪全書』, 17쪽 : "殿下潛心此書並以李珥所定註說 進講於經筵以收 風行草偃之效焉 不勝幸甚."

다만 소학은 주자가 찬술한 것인 까닭에 주자언행이 그 가운데 편집되지 아니하였기 때문에, 후학들이 얻어 볼 수 없는 것이 진실로 한이 된다.45)

뿐만 아니라 당시 韓嶠가 편집한 『소학속편』의 서문에서도 소학의 중요성은 잘 나타난다.

眞西山이 소위 "책을 펴서 숙연이 나의 마음을 섬긴다(開卷肅然 事我天君者)"라고 한 것이 어찌 따로 『心經』 한 책일 뿐이겠는가?46)

바로 『심경』 못지 않은 『소학』의 중요함을 역설하는 것을 본다. 즉 『소학』은 학동과 같은 초학을 위한 입문서이다. 그러나 주의해야 할 것은 이것은 단순한 유학의 입문서가 아니라는 점이다. 이것은 心術之要·威儀之則을 비롯하여 오륜지도의 실천에 이르기까지 주로 '율신적 수기'를 위한 입문서요, 그 율신적 수기가 '위기지학'을 지향하는 성리학의 존심양성관에 뒷받침된 성리학적 수기서임을 알아야 할 것이다.

하물며 심술과 위의 두 가지 항목을 수집하여 기록한 것인데 심학을 전하는 것이 아님이 없다?47)

그래서 사계는 다음과 같이 말한다.

---

45) 『沙溪全書』, 17쪽 : "但小學是朱子所撰故朱子言行則不編於其中 使後學不得取則誠可恨也."
46) 『沙溪全書』, 80쪽 : "眞西山所謂開卷肅然事我天君者 豈獨心經一書而已哉."
47) 『沙溪全書』「小學續編序」, 80쪽 : "況心術威儀兩款之所輯錄 無非心學之傳也."

　　대체로 선생(율곡)은 평일에 예로서 수신함에『소학』한 권으로 다했기 때문에, 이와 같이 밝게 알고 상세하게 택한 것이니 학자가 알지 않으면 안 되는 것이다.48)

　　사계는 먼저 소학을 통하여 수신할 것을 강조하였다. 어디까지나 수기에 있어서는 소학만큼 앞서는 것이 없다고 보았기 때문이다.

　　그래서 사계는 유학이 전통적으로 갖고 있는 수기치인의 도에 있어서도 그 도를 전함에 있어 각각 표현만 다를 뿐 같은 것으로 생각하였는데 다음과 같은 그의 말에서 알 수 있다.

　　이것은 堯舜이 말한 惟精惟一, 공자가 말한 克己復禮, 子思가 말한 恐懼謹獨, 맹자가 말한 收放心擴充四端, 周子가 말한 誠無爲幾善惡 이라는 것으로 옛날부터 聖賢들이 뜻을 相傳한 것이 대략 이와 같은 것이다.49)

　　바로 학문을 통하여 의리의 精粹를 모든 일에 체험함과 동시에 私欲을 버리고 천리의 바른 것을 얻어야 한다는 것이다. 즉 성현들이 전한 도는 바로 천리의 바른 것을 얻어야 한다는 것이다. 즉 성현들이 전한 도는 바로 천리의 바른 것을 몸소 체험하는 것에 있는 것이다. 그러한 사계의 주장은 다음과 같이 나타난다.

　　제왕이 나라를 다스리는 요령은 학문보다 선행하는 것은 없다. 학문의 도는 다른 것이 없으니 성현의 말을 토론하여 그 의리의 정수를 구하여 반드시 몸과 마음으로 체험하면 일이 없을 때에도 이러한 마

---

48)『沙溪全書』, 81쪽 : "蓋先生平日 以禮律身盡一部小學 故其知之明擇之 詳如此 此學者所不可不知也."
49)『沙溪全書』, 31쪽 : "此堯舜所謂惟精惟一 孔子所謂克己復禮 子思所謂 恐懼謹獨 孟子所謂收放心擴充四端 周子所謂誠無爲幾善惡 千古聖賢 相傳旨詣 其大略不過如此."

음은 渾然히 두려움도 없이 애매한 것도 없으며, 조용한 것이 止水와
같게 된다. 아울러 염려하는 생각이 발하더라도 公私에 있어서 의리
와 私欲의 分守를 살펴서 사사로운 것을 극복하기를 엄하게 하여야
하며, 擴善하기를 넓게 하여야 한다. 그러면 日用云爲하는 사이에 스
스로 천리의 정을 얻게 될 것이다.50)

제왕의 一心이야말로 국가의 기강을 확립하는데 있어서 무엇보
다 중요하다고 하여 사계는 다음과 같이 말한다.

> 신이 듣건데 천하국가에는 반드시 근본이 있어야 한다고 합니다.
> 바로 人主의 한결같은 마음입니다. 堯舜禹가 精一執中을 상전하여
> 成湯王과 周武王의 盤盂와 几杖에 기필코 銘戒한 것이 모두 이 근본
> 을 세우기 위한 까닭입니다.51)

이와 같은 사계의 말을 보건대, 요순 이후 전해져온 심법전수도
결국은 유학에서 주장하는 수기치인을 전제로 한 것임을 알 수 있
다. 이러한 것이 사계의 경우에서는 수기와 학문을 통한 도의 깨달
음이 중요하다는 것을 알 수 있다. 그렇다면 사계에 있어서 도통의
식이란 결국은 성리학에서의 '滅人欲存天理'를 강조하는 것으로
볼 수 있을 것이다. 그렇기 때문에 도통으로서 전해지는 내용은 사
계의 주장으로 본다면 표현은 다르나 내용은 같다고 보는 것이다.

---

50) 『沙溪全書』, 30쪽 : "帝王爲治之要 莫先於學問 學問之道 無他 討論聖
　　賢之言 求其義理之精 必須體之於身 驗之於心 無事之時 此心渾然惺
　　惺不昧 澹若止水 及其念慮之發 察其公私理欲之分 克私猶恐不猛 擴
　　善猶恐不廣 則日用云爲之間 自得天理之正."
51) 『沙溪全書』, 15쪽 : "臣聞爲天下國家者 必有其本 人主之一心是也 堯舜
　　禹以精一執中相傳 成湯周武於盤盂几杖 必有銘戒者 皆所以立此本也."

第5節 우암 송시열의 경우

우암은 주자의 학문을 바탕으로 하여 춘추대의의 의리정신을 강조하였다. 또한 우암은 전술한 학자들과 마찬가지로 우리나라 도통에 관한 계보를 인정하고 있다.

> 대개 圃隱의 시대에 程朱의 문자가 비로소 우리나라에 들어왔다. 포은은 한결같이 이것을 宗旨로 삼아 그 설명한 것이 이치에 맞지 않은 것이 없었으니 그가 東方理學의 시조가 된다는 것은 아마도 분명할 듯하다.52)

뿐만 아니라 우암은 포은이 우리나라의 학문에 끼친 영향에 대하여 다음과 같이 말한다.

> 저 고려 말엽에 포은 정선생이 나와 국사를 담당하여서는, 世道를 차츰 끌어올려 한결같이 禮義로 舊俗을 바꾸었다. 또한 중국에서 주자의 글을 얻어와 우리나라에 그것을 가르쳤다. 그 뒤로는 학문이 점차 밝아져서 회재·퇴계·율곡·우계에 이르러서는 도학이 세상에 크게 밝아졌다.53)

그리고 우암은 포은의 역할에 대해 일반인들이 잘못 생각하고 있는 것을 지적하여 다음과 같이 말한다.

---

52) 『宋子大全』(保景文化社 影印本, 1985年)(四), 473쪽, 「或答人」: "蓋圃隱之世 程朱文字 始至國中 圃隱一以此爲宗 其橫說竪說 無不當理 其以爲東方理學之祖者 恐不誣矣."

53) 『宋子大全』(四), 652쪽, 「雜錄」: "奧自麗末 圃隱鄭先生出而當路 蔚然出幽遷喬 一以禮義 變其舊俗 而又得朱子書於中州 以敎於國中 自後道學漸明 以至於晦退栗牛 則道學大明於世矣."

　　내가 생각해보니, 선생을 높이고 칭찬하는 말은 선인들의 서문과
발문에 이미 지극하니 또 무슨 말을 보태겠는가. 다만 세상에서 선생
을 안다는 사람들 중에는 단지 선생이 강상을 바로잡은 것만을 알고
斯文을 천명한 공은 모르는 사람들이 있으니 이는 殷師같은 현명한
사람으로서 周에 항복한 것만을 생각하고 그가 洪範과 九疇를 진술
하여 후세에 도통의 연원을 열어준 것은 모르는 것과 같다.[54]

즉 "우리나라는 지금은 大國이 되었으나 上世에는 대체로 보잘
것 없는 변방 민족이었는데 殷太師가 홍범의 도를 가지고 와서 八
條의 가르침을 베풀면서 삼강이 밝아졌고 구주가 바로잡혔다. 그
후 수천 년 만에 우리 포은선생이 麗季에 태어나시어 임금에게 충
성을 다해 섬기다가 나라가 망하자 목숨을 바쳤으니 그 윤리를 밝
힌 공은 천지처럼 크고 일월처럼 빛난다"[55]는 것이다.

　　강상과 윤리야말로 인간의 삶에 있어서는 필수불가결인 것이다.
우암은 그 공을 포은에게 돌리고 있음은 물론이다. 그렇지만 인간
이 실천해야할 삼강오륜의 도도 대체로 인간의 삶에 있어서 없어
서는 안 될 것이나 시대에 따라서 도가 실현되지 않을 수가 있다.
그것은 인간의 부단한 노력을 통해 실천할 때만이 가능한 것인데
어두운 세상일수록 도는 그 세력을 떨치지 못하고 인간의 생활은
그만큼 타락하기 마련이다. 그렇기에 우암은 포은이 학문을 한 것
은 조선조 개국과 동시에 조선에게는 영광이라는 것이다. 그래서

----

54) 『宋子大全』(五), 4쪽, 「圃隱先生詩集序」: "余惟前人之序跋　其所以追
　　尊稱美者　至矣盡矣　又何說可贅哉　惟是世之知先生者　但知其扶植綱常
　　而其闡明斯文之功　則或有所不知也　此何異但以罔爲臣妾　爲殷師之賢
　　而顧昧夫陳範敍疇　以啓萬世道統之源也."
55) 『宋子大全』(五), 3쪽, 「圃隱先生詩集序」: "惟我東方　表爲大國　上世
　　蓋貿貿而夷也　自殷師以洪範之道來設八敎　而三綱明九疇敍矣　其後數
　　千餘載　而我圃隱先生　挺生麗季　盡忠所事　畢命改社　其夫倫立彝之功
　　固足以軒天地曜日月."

다음과 같은 찬사의 말을 하고 있다.

> 도가 천하에 있어서 없어진 적이 없으나, 사람에게 依託되어서는 끊어지고 이어지는 것이 있다. 그러므로 도가 세상에 행하여지는 데는 밝고 어두움이 없을 수 없다. 이는 바로 朱夫子가 소위 "이 천명이 행하는 것이지, 사람의 智力이 미칠 수 있는 것이 아니다."는 것이다. 아, 선생같은 이가 어찌 그런 분이 아니겠는가?[56]

그래서 우암은 포은의 학문이 구체적으로 어떻게 적용되었는지 다음과 같이 말한다.

> 가례를 遵用하고 祠堂을 세워 제사하는 예가 바르게 되었다. 北虜를 물리치고 義主에게 돌아가니 춘추의 법이 밝아졌다. 대체로 그 宏大한 강령과 운용이 모두 귀신에게 질정해도 의심이 없으니, 백세를 기다려도 의혹이 없을 것이다. 그러므로 本朝의 제유가 근본을 미루어 뜻을 해석하였다. 그 道學淵源과 典章文物에 있어서, 정주의 학에 오가고 殷周에 빠져드는 이가 다 선생을 본받았다. 그 治道를 制定하여 나라를 보존하고, 忠을 다하여 仁을 이룬 것은 사실 선생의 餘事이다.[57]

바로 포은이야말로 儒者의 학문을 자신의 임무로 삼아 그 학문을 하는데 반드시 주자를 본받아, 후세의 배우는 이로 하여금 모두 敬을 주장하여 근본을 세우고 이치를 궁구하여 지식을 배양하고

---

56) 『宋子大全』(五), 378쪽, 「圃隱鄭先生神道碑銘」 : "道之在天下者 未嘗亡 而惟其託於人者有絶續 故其行於世者不能無明晦 此正朱夫子所謂 是豈天命之所爲 非人智力之能及者也 嗚呼 若先生者 豈非其人歟."
57) 『宋子大全』(五), 378쪽, 「圃隱先生神道碑銘」 : "用家禮立祠堂 而祭祀之禮正 拒北虜歸義主 而春秋之法明 蓋其宏綱大用 皆可以質鬼神而無疑 俟百世而不惑矣 是故 本朝諸儒 得有以推本演繹 其道學淵源 典章文物 沿泝乎洛建 而浸淫乎殷周者 皆祖於先生 則其制治保邦 盡忠成仁者 寔先生之餘事也."

자신에게 돌이켜 실천할 줄 알도록 하였으니, 이 세 가지는 성학의 요체58)라는 것이다.

　다음으로 우리는 우암이 조광조에 대한 평을 본다면, 인력으로 가능한 것이 아니라 하늘이 계시하여 조광조의 도학이 나타났다고 극찬하고 있음을 볼 수 있다. 그의 다음과 같은 말에서 나타난다.

> 　그가 포은을 동방이학의 祖宗으로 삼은 것은, 대체로 포은이 맨 처음 정주의 설로 우리나라를 계도했다. 그가 말한 것이 바로 어긋남이 없이 들어맞는 것을 이학의 조종이라 이른 것이니 또한 마땅하지 않은가? 司藝 金淑滋에 이르러서는 포은의 學이 冶隱에게 전해진 것이 그 아들 畢齋에게 전수되고, 金文敬公에게 이르렀다가 마침내 선생에게 미치게 되었다. 생각하건데 공부해 보면 바꿀 수 없는 定論일 것 같다. 선현이 수수한 통서를 후학이 감히 논의할 것은 아니나, 여러 老先生의 尙論과 선생의 風旨를 言論한 것을 본다면, 중간에 몇 군자는 특히 그 단서를 드러냈을 뿐이다. 오직 文敬公에게서 受學했다는 것만은 속일 수 없다.
>
> 　대개 선생은 특출한 자질로 奎明한 기회를 만나 師傳없이 혼자서 도의 오묘함을 터득했다. 濂洛關閩의 학문으로 대학·논어·맹자·중용의 뜻을 구하니, 규모가 정대하고 공부가 엄밀하여 순수한 성현의 도와 제왕의 法이었다. 비록 일시에 행하여지지는 못했으나 후세에 전해졌으니 오래되어도 폐단이 없을 만 하였다. 아, 이것이 어찌 인력의 간여할 것이겠는가. 하늘이 실제로 계시한 것이다.59)

---

58)『宋子大全』(五), 379쪽,「圃隱先生神道碑銘」: "唯其以儒者之學爲己任
　　而其爲學也 必以朱子爲宗 使後之學者 皆知主敬以立其本 窮理以致其
　　知 反躬以踐其實 此三者 爲聖學之體要."
59)『宋子大全』(五), 150쪽,「龍仁縣深谷書院講堂記」: "其以圃隱爲東方理
　　學之宗者 蓋圃隱始以程朱之說 啓牖東土 其橫竪說話 直契無違 則其
　　謂之理學之宗者 不亦宜乎 至其以金司藝淑滋 爲傳圃隱之學於冶隱 以
　　授其子畢齋 以至於金文敬公 而遂及於先生 則竊工夫得爲不亦之定論
　　也 先賢授受之統 非後學所敢議 然竊以諸老先生之尙論及 以先生言論
　　風旨觀之 則竊謂中間數君子 特以發其端而已 惟受學於文敬公者 不可
　　誣也 蓋先生負特立之姿 膺奎明之會 不由師傳 獨契道妙 由濂洛關閩

또한 우암은 학문의 연원이 주자에 근원하는 것이라 하여 다음
과 같이 말한다.

> 고려 말기에 포은 鄭文忠公이 천년이 지나 뒤에 奮起하여 이에 皇
> 極의 단서를 탐구했는데, 그 학문은 실상 주자의 글에 근원하였다. 당
> 시 주자의 글이 비로소 동래하였으나 사람들이 알지 못하였는데 포은
> 만이 홀로 그 근원을 궁구하여 그 학파에 遊泳했다. 本朝 寒暄堂에게
> 이르러서는 오로지 소학으로써 수기하고 남을 가르치는 방법으로 삼
> 았으니, 학문의 본령을 체득한 湖學과 비길만 하였다. 또 한번 전하여
> 정암선생에게 이르러서는 타고난 천성이 순수하여 조금의 하자도 없
> 었고 일찍부터 성현의 학문 연원을 체득하고는 "학문이 아니면 도를
> 알 수 없고 도 아니면 다스림을 할 수 없다."고 하였으며, 그 학문은
> 오로지 近思錄을 주로 하였다.[60]

그리고 학문의 요령도 敬을 주로 하는 것 이외의 다른 것이 없다
고 하여 다음과 같이 말한다.

> 소위 학문이란 다른 것이 아니라 경을 주로 함으로써 (본성의 선함
> 을) 보존하고 강학으로써 그것을 밝혀 조용히 虛閒·精一한 가운데서
> 함양하고, 學聚·問辨하는데서 幾微를 분석하는 것이다. 보고 듣기
> 전에 계신공구하는 것이 엄숙할수록 털끝만큼도 기울어짐이 없는 곳
> 에 이르게 된다. 이것이 主敬의 효과인데 존천리하는 근본이다. 萬變
> 을 수작하는 곳에서 그 선악을 삼가는 것이 정밀할수록 털끝만큼의

之學 上求乎大學語孟中庸之旨 規模正大 工夫嚴密 粹然聖賢之道 而
純乎帝王之法矣 雖未能行之於一時 而傳之於後者 可以愈久而無斁矣
嗚呼 此豈人力之所與哉 天實啓之也."

60) 『宋子大全』(五), 55쪽, 「靜庵先生文集序」: "麗氏之季 圃隱鄭文忠公
奮起千載之後 聿尋皇極之書 而其所以爲學 則實源於朱子之書 當時朱
子之書 始來于東 人莫知之也 獨公遡其源而游其波 以至于本朝之寒暄
則專以小學 爲修己教人之方 擬之於湖學之得其本者也 又一傳而至靜
菴先生 則天姿粹美 瑩澈無瑕 早聞聖賢之淵源 常以爲非學無以知道
非道無以爲治 其爲學專主於近思錄."

어그러짐이 없는데 이르게 된다. 이것은 강학의 효과인데 遏人欲하는 일이다. 先聖들이 상전하는 심법이 이 두 가지를 벗어나지 않기 때문에 堯禹의 惟精惟一과 공자와 안자의 극기복례 모두 이것을 밝히려고 한 것 뿐이었다.61)

결국 우암이 말하는 유정유일, 극기복례의 류는 학문의 요체를 밝히는 것으로 볼 수 있고 학자들이 모름지기 主敬과 講學을 통하여 체득하여야 함을 강조하는 것으로 볼 수 있다. 즉 성인들이 상전한 심법도 결국은 학문을 통한 수양으로써 가능한 것으로 본다.

이상으로 우암의 도통의식을 본다면 주자의 학문을 계승하고 있음을 알 수 있다. 또한 주자의 학문이 조선조에 포은 정몽주에게 이어져 우리나라 도통의 시조가 되었다고 전술한 학자들과 마찬가지의 생각이다. 그러면서도 우암은 조광조의 도학을 높이 평가하고 있음을 알 수 있다.

第6節 결 론

기호학파들이 주장하는 도통의 연원은 대체로 일관된 것이다. 즉 포은 정몽주를 이학의 조로 보는 것과 김굉필이 소학을 강조한 것 그리고 조광조의 왕도정치를 표방한 지치주의를 모두 인정하고 있다는 것이다. 그 중에서 특히 조광조가 실시하려고 한 개혁정치

---

61) 『宋子大全』(一), 187쪽, 「己丑封事」: "所謂學問者無他 主敬以存之 講學以明之 從容涵養於虛閒靜一之中 剖析幾微於學聚問辨之際 則不睹不聞之前 而戒愼恐懼者 愈嚴愈肅 以至於無一毫之便倚者 此主敬之效 而所以存天理之本也 酬酢萬變之處 而謹其善惡者 惟精惟密 以至於無一毫之差謬者 此講學之效 而所謂遏人欲之事也 千聖相傳之心法 不出此兩端 故舜禹之精一 孔顔之克復 皆所以明此而已."

야말로 가장 사림에게 여파가 큰 것이며, 치세의 도를 실현시키고 자 하는 의도가 강한 것으로 보고 있다. 그것은 당시 권력에 붙은 아첨배들의 모함이 악랄했으며 사대사화 중에서 기묘사화 때의 조광조의 죽음을 가장 애통해 하고 있는 것을 본다면 그것은 윤원형의 사림에 대한 탄압이 지독하였다는 증거일 것이다.

어떤 면에서는 기호학파 학자들 모두 윤원형에게 직간접적으로 피해를 입은 사람들이고, 또한 그들 모두 도학의 제창자로 보는 조광조가 화를 입었다는 것에 대한 분개일 것이다. 물론 사대사화 이후 사림들의 언로가 그만큼 이전 못지 않게 개방이 되고 퇴율이 나오면서부터 성리학이 더 활발히 연구되었던 것 또한 도통의 맥락을 이은 士林들의 업적으로 돌려야할 것이다.

또한 포은으로부터 도통을 설정함으로서 새로운 시대의 새로운 사상의 토착화를 꾀한다는 의미도 있다. 그것은 중국에서 주자이후 양명학이 성행하면서부터 원래 전통적으로 내려오던 도통의 맥락이 조선조로 넘어 왔다고 하는 의식을 전제로 하고 있으며 그 정신을 조선조에서 실현할 수 있다는 의식을 전제로 하고 있다. 유학에서 이상시하고 있는 도덕적인 통치인 덕치를 전제로 하여 비록 법치 즉 힘에 의한 정치가 시행된다손 치더라도, 선비들에게 있어서 이상시되고 있는 것은 어디까지나 덕치이며, 아울러 도덕적인 정치에 바탕을 두려고 하는 사림들의 숨은 의도가 엿보인다고 할 수 있다.

마찬가지로 조선시대 선비 정신이라고 하는 것도 결국에는 절의정신을 표방한 도학의 분위기였으며, 정몽주를 위시한 길재·김굉필·조광조 이후에 많은 선비들이 목숨을 버리면서도 국가를 위하여 죽을 수 밖에 없었던 것은 바로 도통에 대한 의식이 아니었겠는가? 도통의 보존과 도통에 대한 투철한 정신이 바로 절의정신에서 나타났다고 볼 수 있다. 이러한 춘추의리정신 또한 주자학으로부터 이어받은 것으로 기호학파 학자들이 공통적으로 갖고 있는 것이다.

뿐만 아니라 인간을 선한 존재로 생각하여 이상적인 인간을 유도하기 위한 기본적인 방향설정을 도통을 통하여 더욱 확고히 하였다고 본다. 이것은 물론 왕도정치·인정·삼강오륜을 바탕으로 한 새로운 도덕적인 의식의 진작인 것이다.

補 論

尤菴 宋時烈의 禮訟觀

第1節 서 언

조선조 건국과 더불어 성리학이 통치이념으로 도입이 되면서 유교에서 중시하는 예서의 보급과 함께 예속화가 도모되었다. 그것은 주로 조선조 초기 士禍 이후 사림들에 의하여 활발하게 전개되었다.

이러한 예에 관한 문제는 예서의 보급과 예론의 연구가 활발할수록 자연히 다양한 의견을 개진할 분위기가 성숙되어 질 수밖에 없다. 이와 같은 것이 특히 퇴계율곡 이후, 사림에 의한 언로가 개방되면서 결국 예송의 싹이 텄다고 보아야 할 것이다.

인조반정 이후 임진왜란을 거치면서 사회적 기강이 해이해지는 현상이 나타난다. 그러한 여러 현상들 중 특히 왕권확립의 문제와 관련하여 왕통의 문제가 그 중에서 가장 대표적인 것이라 할 수 있다. 왕통의 확립에서 논의되는 것은 어디까지나 학문적인 논쟁이지 정치적인 논쟁은 아닌 것이다. 예송의 각파는 정치적 다원화의

면에서 정치가 활성화되었던 시기에 주로 활동한 것으로 개방된 정치체제에서의 자유로운 학문에 대한 논쟁으로 보아야 할 것이다. 물론 그 이전에는 생각하기 어려운 것을 과감하게 쟁론하게 될 수밖에 없었던 시대적 상황으로 받아들여야 할 것 같다. 이와 같이 본다면 예송이야말로 학문에 대한 자유스런 개방과 정치적 다원화로 말미암은 자유스런 논쟁으로 인식된다. 이것은 예송과 관련하여 보아도 마찬가지일 것이다. 다만 전례에 관한 각자의 처지가 엄연히 다르다 보니 그것을 선택 결정하는 과정에서 파벌이 조성되는 것 같으나 사실은 전례문제를 통한 각자의 학문관으로 나타난 것이다. 즉 정통과 관계되는 주장은 어디까지나 학문적 탐구이자 논쟁이지 정치에 관여한 것은 아니다.

이와 같은 예송에 관한 전제로부터 尤菴 宋時烈(1607, 宣祖 40 ~1689, 肅宗 15)의 예송관을 살펴보고자 한다. 그러나 본 논문에서는 우암의 방대한 예학사상 가운데 소위 '己亥禮訟'이라고 하는 己亥年에 발생한 仁祖의 繼妃인 慈懿大妃인 趙大妃의 服制問題에 관한 그의 주장을 살펴보고자 한다.

1659년 기해년에 발생한 기해예송에서 주로 논의가 된 적장자의 문제와 왕위계승문제를 가통과 왕통의 측면에서 고찰할 필요가 있다. 그것은 제왕가의 경우 적장자가 일반적으로 왕위를 계승하는 것이다. 경우에 따라서 적장자가 아닌 자가 왕위에 오르는 경우가 있는데 그것은 바로 가통의 측면에서 적장자의 의미와 적장자는 아니지만 왕위를 계승했을 경우를 달리 고찰할 수 있기 때문이다. 그래서 먼저 통에 대한 의미를 살펴본 뒤에 기해예송에 대한 우암 송시열의 주장을 고찰하고자 한다.

第2節 統의 문제

예는 천리의 절문이요, 인사의 의칙이다. 바로 천리가 구체적·형식적으로 드러나는 원리로서 볼 수 있으며, 모든 인간 행위의 준칙이 되는 것이다. 그러한 예의 근본은 역시 이기설에서 말하는 것처럼 형이상의 근거로 주어진 행위의 준칙을 뜻한다. 즉 천리는 인간의 마음에 내재한 것이며 동시에 인간사의 규범적인 법칙으로 볼 수 있다. 그런 의미에서 인간의 심성론적 탐구도 이 규범적인 예를 실천하기 위한 것으로 볼 수 있다. 뿐만 아니라 예학은 이학에서 말하는 존천리를 통해 천리의 절문을 밝혀 사회적으로 실천화시키는데 그 목적이 있다고 볼 수 있다. 왜냐하면 성인이 인정에 기인하여 예를 제정한 것이 천리의 정에 근본을 두고 있기 때문이다. 특히 조선조 예학에 있어서는 예가 절대시되는 경향과 더불어 예의 실천을 통한 천인합일의 경지를 도모했다고 볼 수 있다. 그것은 理가 인간에게 내재되어 있고, 또한 객관적인 규범으로서 천리의 절문이 주어질 때 그것의 일치가 나타날 수 있으니 말이다. 바로 천리의 절문인 예의삼백·위의삼천 또는 경례삼백·곡례삼천이라고 하는 것이 인간으로서 지키고 행하여야 할 도덕적인 규범이다. 禮儀三百이라는 것은 冠禮·昏禮·喪禮·祭禮·士相見禮·鄕飮酒禮와 같은 부류를 총칭한 것이고, 威儀三千이라는 것은 進退·昇降·拜伏하는 것들을 말하는 것이다. 물론 三千·三百이라는 수가 굳이 이와 같지는 않지만 행위에 있어서 곡절이 많은 것을 총체적으로 말하면 그렇다는 것이다.

이상과 같은 깃을 바탕으로 하여 통을 가통·왕통·도통의 삼통으로 분류하여 논하고자 한다. 아울러 正三統으로서의 정통을 제가·치국·평천하와 관련지어 보고자 한다. 왜냐하면 正家統은 제가와 관련하여 볼 수 있고, 正王統은 治國과 관련지어 볼 수 있으며 正道統은 平天下와 관련지어 볼 수 있다는 생각이다. 이것은 주대부터 시작된 종법사회를 바탕으로 제가·치국·평천하의 구체적인 방법이 제시되지 않았다고 볼 때 정삼통이야말로 제가·치국·평천하를 객관화시킬 수 있는 방법이 아닌가 한다. 또한 여기서 말하는 정삼통은 소위 예학에서 내세우고 있는 천리의 절문으로서 객관화된 형식이라는 것을 배제하지 않는 전제에서 가능한 것으로 본다. 물론 유학 자체의 성격상 인간의 내면적인 수양을 전제로 한 것이다. 왜냐하면 예가 인간의 정에 기인한 것이기 때문에 수기가 전제되지 않을 경우에는 정삼통의 확립이 어렵다고 볼 수 있다. 바로 수기를 전제로 하여 정삼통이 강조·중시되었다고 볼 수 있다. 또한 예학에서 소위 말하는 정삼통은 명분론적인 사고가 중시되며, 인간의 존엄성 그리고 인간의 도덕성을 강조하는 것으로 볼 수 있다. 여기서 명분론적인 사고라고 하는 것은 공자가 말한 '君君臣臣父父子子'와 같은 正名分의 사고로 결국 정통과 관련된 것으로 볼 수 있다. 예로 명분론적인 사고는 "繼後者(爲人後者)"의 경우를 들 수 있다. 또한 계후자(위인후자) 이외에도 "父母同時俱歿者(竝有喪)"를 들 수 있는데 이것도 명분에 입각하여 二尊을 없애려고 하는 예사상임을 잘 드러내 주는 경우라 할 수 있다.

1. 家 統

원래 씨족사회에 있어서 각 족마다 종이 있었으며, 그 종을 계승하는 법도 생겨나게 되었다. 더군다나 사회조직의 기본단위가 씨족에서 가족제로 변화하게 되고 특히 부권적 가족제도가 점점 발달해짐에 따라 승계법이 나타나게 된 것이다.

씨족의 유대는 어디까지나 혈계에 있었으며, 동일의 혈계 혹은 소급하면 모두 하나의 시조에 근원을 두고 있다. 시조로부터 그 아래로 근간이 되는 것은 대종이 되고 支族은 소종이 되며, 대종과 소종 모두가 동일한 本族인 것이다. 또한 합족의 방법은 조상에게 제사를 지낼 때로서 가장 엄격하고 정연하게 된다. 이렇게 제사를 지낼 때 동일한 族이지만 각각 그 종계에 따라서 존비의 순서대로 하였다. 바로 제사를 지내기 위해서 바깥으로부터 여러 族人이 오게 되며, 거기에서 각각의 명분이 정해지는 것이다. 즉 父·母·子·婦 등으로 名分이 정해지는 것이다.[1] 이러한 면에서 공자가 저술한『춘추』도 따지고 보면 '정명분'을 서술한 것으로 볼 수 있으며, 명분이라는 것 자체가 절대적으로 고정된 것으로 보는 것이다.[2] 즉 명분이라는 것은 종법사회에서는 어디까지나 혈연을 바탕으로 하기 때문에 출생과 더불어 이미 정해지는 것이다. 바로 출생과 더불어 자기 자신의 역할이 정해지는 것과 마찬가지다. 여기서 말하는 역할이란 어디까지나 혈연사회인 종법사회에서의 자기에게 주어진 명분에 따라 행위하는 것을 말한다. 종법사회에서의 종통은 바로 宗을 유지하는 것으로서 부자가 서로 잇게 되는 것이니 嫡子로서 相承하여 大宗을 잇는 것을 뜻한다. 여기서 대종은 인간의 근본으로서 尊의 統을 말한다.[3] 즉 統을 이루기 위해선 尊을 갖고 있어야 한다는 것이니, 대개 尊 中에서 至尊한 것은 父·天子(君)·長子·夫(妻爲夫의 경우)·君(妾爲君의 경우) 등으로 分類

---

1) 陶希聖,『中國政治思想史』第1册, 45~47쪽 參照.
2) 范文瀾,「中國經學史의 演變」『中國哲學』第一輯, 三聯書店, 55쪽.
3)『通典』卷96, 新興書局影印, 1963年, 515쪽.

가 된다.4) 「五服沿革圖」에 소위 斬衰三年에 해당하는 것이다. 그러한 것으로 ‘子爲父’·‘父卒爲祖承重’·‘父爲長子’·‘爲人後者爲所後父’·‘爲人(後者父卒爲所後祖承重)’·‘妻爲夫’·‘妾爲君’을 말한다. 다만 여기서 長子는 至尊이 될 가능성을 지닌 것이기에 斬衰三年을 한다. 소위 ‘繼體之子’로서 가통을 이어갈 것이기 때문이다. ‘계체지자’로서의 장자를 위하여 부모가 삼년상을 한다는 것이 바로 예학이 지닌 특징의 하나이다. 이것은 혹자들이 비난하는 복종윤리로서의 예가 아니라, 가통의 보존과 가통을 바로잡기 위한 예학의 학문적 성격으로 제시된 것으로 보아야 한다. 바로 계급적인 상하귀천과 같은 논리가 아니라 어디까지나 가통이라는 측면에서 ‘정통’을 위한 노력의 일환으로 보아야 한다. 이와 같이 본다면 繼體之子로서의 장자를 제외한 나머지 대상들은 ‘尊’이라는 측면에서 쉽게 이해가 된다. 그렇지만 장자를 위하여 斬衰三年을 한다는 것이 과연 尊에 들어가는 것인가 하고 의문이 갈 수 있지만, 어디까지나 가통을 계승할 것이라는 측면에서 ‘존’의 영역에 들어가는 것이다. 이것은 유가가 孝를 제시하는 것에서부터 나타나는 것이다. 즉 가통의 계승을 위하여 대를 잇는 것이야말로 먼 위 조상으로부터 먼 후손에게까지 자신이 하여야 할 도리이기 때문이다. 體를 잇는 것이야말로 가통의 계승과 가통을 바로잡기 위하여 무엇보다 중요한 것이다.

이와 같이 가통을 형성하기 위해서는 여러 가지 요소가 작용되고 있음을 알 수 있다. 그러나 그러한 요소 중에서도 ‘父’가 가장 중요한 것이다. 바로 삼강중 父爲子綱과 夫爲婦綱을 포함하는 것으로서, 인간관계의 기본적인 삼강 중 이강이 여기서 나오게 된다. 특히 父에 대한 孝는 모든 행위의 근원이니 만큼 인간의 행위의 근

---

4)『儀禮』, 藝文印書館印行, 346~347쪽.

본은 '父'에서 기인함을 할 수 있다. 親親도 父를 重히 여기며 恩을 주된 일로 삼는 것이다. 父에 대한 恩惠는 君에 대한 義보다 앞서는 것이다. 부자의 관계는 군신의 관계보다 선행하여 있는 것으로, 인간 관계에 있어서 가장 기본적인 것이다. 즉 君에 있어서의 義도 사실상 恩에서 나오기 때문이다.[5]

　이러한 가통의 보존과 정가통을 위한 노력으로 조선조에 들어와서 족보의 발간을 예로 들 수 있다. 족보라는 것은 조상을 숭배하고, 가계를 존속하며 동족을 단결하고 세족의 繫世를 정하며 昭穆을 辨하는 等 宗族集團의 본질을 如實히 구체현한 것이다.[6] 즉 이와 같은 족보의 발간은 문벌중심의 안정된 사회 체제가 시간이 지나가서 분렬과 몰락이 생겨질 때 그것을 유지하고 싶어하는 그런 욕구에서 족보가 나온 것이다. 왜냐하면 한창 일어날 때는 그런 것의 필요를 별로 느끼지 않고 반대로 허물어져 갈 때 이래선 안 되겠다는 뜻으로, 그것을 강조하는 데서 족보를 만드는 것이다. 바로 족보의 발간은 임진왜란 병자호란 등의 난을 통한 혼란한 사회에서 가통을 확립하고 보존하여야겠다는 정통의식이 강하게 작용했다고 볼 수 있는 것이다. 이런 현상은 조선전기에는 별로 없고 오히려 후기에 나타난 현상인 것이다.[7]

　가통에 있어서 통서를 바르게 하는 데는 반드시 嫡長者로서 부자가 상전하는 것이다. 또한 은혜를 입고 있는 까닭에 孝를 전제하고 있다. 동시에 인간이 마땅히 행하여야 할 가장 기본적인 도리가 생기는 바탕이기도 한 것이다. 그렇지만 이러한 기본적인 구조도 간단하지는 않다. 三父·八母라는 것으로부터 복잡한 인간관계까

---

5) 『儀禮』, 346쪽 : "父至尊也　釋曰－忠臣出孝子之門　義由恩出　故先言父也."
6) 김두헌, 『한국가족제도 연구』, 61쪽.
7) 이우성, 『한국의 선비문화』, 158쪽.

지 나타난다. 물론 자신을 낳게 한 부모는 단 하나 밖에 없으나 인간의 삶에서는 그렇게 단순한 것만 있는 것이 아니다. 소위 常禮로부터 變禮가 생겨남을 알 수 있는 것이다. 특히 이러한 문제는 喪祭禮에 있어서의 복제문제에서 많이 나타난다. 적장자로서 父의 恩을 입고서 傳重될 경우에는 문제가 없지만 그렇게 되지 않는 경우에선 문제가 된다. 바로 '繼後者(爲人後者)'의 경우를 들 수 있다.

원래 계후자(위인후자)가 될 경우 바로 자식이 되는 것으로, 父가 별세하면 마땅히 삼년복을 입게 된다. 반면에 본생부모에 대해서는 기년복을 입는 것이다. 즉 비록 자기를 낳아 준 父母의 恩惠는 무거우나 일단 다른 사람의 후계자가 될 경우에는 그러한 은혜는 감소되기 마련이다. 뿐만 아니라 계후자(위인후자)는 본생부모에게 부모라는 名도 없어지게 된다. 이렇게 본다면 공자의 명분에 의한 정명사상이 예에 강하게 작용하고 있음을 알 수 있다. 어쩌면 이것이 예가 지닌 성격인지도 모른다. 바로 명분에 의해서 각각 그에 해당하는 도리를 다하면 된다. 비록 본생부모에 대한 名은 없어지는 반면에 계후자(위인후자)가 됨과 동시에 또 다른 부모를 얻게 되는 것이니, 결국은 이본이 없게 되는 것이다.

또한 父母同時俱歿者의 경우에서는, 葬事는 輕한 사람인 어머니부터 먼저 지내고 重한 사람인 아버지는 나중에 장사를 지내는 것이니 바로 先輕而後重이라는 것이다. 왜냐하면 葬事를 지내는 것은 情을 뺏는 일이기 때문에 먼저 어머니부터 한다. 또한 奠을 올리는 것은 重한 사람인 아버지에게 먼저 음식을 드리고 輕한 사람인 어머니에게는 나중에 드리는 것이니 바로 先重而後輕인 것이다. 이 奠을 올리는 것은 봉양하는 일이기 때문에 먼저 아버지께 올리는 것이다. 즉 家無二尊이라는 원칙에서 본다면 당연한 이치인 것이다. 이러한 부모동시구몰자(并有喪)는 물론 '變禮'인데 『예기』의 「曾子問」과 「雜記」 그리고 「杜氏通典」에 나타난다. 마찬가지로 『禮記』의 「父在爲母齊衰朞」를 들 수 있는데, 이것도 家無二尊이라는 원칙에서 나온 것이다.

정통은 바른 가통을 유지하기 위한 것이다. 그것은 물론 恩이나 情, 친근함 등과 같이 인간의 常情이 우선적으로 적용되고 있음에도 불구하고, 정통에 있어서는 의리가 더 강조됨을 알 수 있다. 바로 二本·二尊을 없게 해야 하며 아울러 조직체 속에서 행위를 하는 데는 명분과 의리가 전제되는 것을 말한다. 바로 춘추의리정신과 상통하는 것이다.

2. 왕 통

왕통이라고 하는 것은 바로 국통 이라는 말과 같다. 한 왕조에 있어서 왕가의 통은 바로 국가에 해당한다고 볼 수 있기 때문이다. 왕통은 국가를 보존하는데 있어서 가장 중추적인 역할을 하고 있다고 봐야 한다. 그러면서도 무엇보다 왕통에 있어서 중요시되는 것은 왕위계승문제이다. 왕위계승을 통해서 통을 바로 확립할 수 있기 때문이다.

대체로 조선조에서 논의된 복제문제는 바로 왕위계승에서 그 문제의 싹이 트고 있었다고 봐야 할 것이다. 즉 승통함에 있어서 부자의 관계로서 왕위를 계승한 것보다는 부자의 관계가 아닌 경우로 계승한 것이 많다. 父가 子에게 직접 왕위를 넘겨주지 못하게 되는 경우이다. 그래서 왕위를 계승하여야할 자가 왕위를 계승하지 못하고 부득이한 경우에 그 다음에 王位에 오르는 자는 실제로는 祖와 曾祖를 잇게 되는 것이지만, 왕위의 승계에 있어서는 父가 되는 것이다. 그러니까 승계에 있어서 왕위를 누구로부터 잇게 되느냐에 따라 삼년상과 아울러 참최복을 입어야 하는 것을 말함이다. 조부나 증조부에게는 원래 참최삼년상을 입지 않는 것이나 승통에 있어서는 다른 것이다. 이것은 바로 왕위계승에서는 승계를 우선적으로 생각하기 때문이다. 즉 제왕의 가에서는 승통을 주로 하기 때문이다. 그래서 비록 숙부가 조카를 계승하거나 형이 동생을 계승하거나 역시 부자의 도가 있게 되는 것이니 참최삼년상을 입게 되는 것이다.

이러한 예로『의례』상복편에서 나타나는 것을 살펴보기로 한다.

> 아버지가 맏아들을 위하여 복을 입을 경우에 주석에 이르기를, 어째서 삼년복을 입어야 하는가. 조상의 정통을 이은 몸에서 난 아들이기 때문이며 또한 조상의 제사를 받들기 때문이라고 하였다(父爲長子 傳曰 何以三年也 正體於上 又乃將所傳重也).

이것은 부모의 喪을 당할 경우에도 삼년복을 입지만, 장자가 죽었을 경우에도 父가 장자를 위해 삼년복을 입어야 하는 것이다. 그것은 비록 자식이지만 장자는 조상에 대한 正體로서 傳重하는 것이기 때문에 삼년복을 입는 것이다. 장자에 대하여 삼년복을 입는 것은 또한 先祖의 正體를 重하게 여기기 때문이며, 아울러 장차 자기를 대신해서 종묘의 제사를 주관하게 되기 때문이다.8) 반면에 승중을 했어도 삼년복을 입지 않는 경우로 賈公彦이 다음 四種을 들고 있다.

첫째, 正體이면서도 傳重할 수 없으니 嫡子가 폐질이 있어 종묘를 도

---

8)『儀禮』, 346쪽 : “庶子不得爲長子三年不繼祖也 ‘註’此言爲父後者 然後爲長子三年重其當先祖之正體 又以其將代己爲宗廟主也.”

맡아 주관해 내지 못하는 것을 말함이다(正體不得傳重 謂嫡子有
廢疾不堪主宗廟也).
둘째는, 傳重은 했어도 正體가 아니어서 庶孫이 후계자가 된 것이 이
것이요(傳重非正體庶孫爲後 是也),
셋째는, 體이나 부정한 것으로 서자가 후계자가 된 것이 이것이요(體
而不正 立庶子爲後 是也),
넷째는, 正이나 體가 아니어서 嫡孫을 세워서 후계자로 삼은 것이 이
것이다(正而不體 立嫡孫爲後 是也).

바로 '正體'의 해석 문제가 조선조 예송에서 나타나게 되는 것
또한 당연한 귀결인지도 모른다. 뿐만 아니라 嫡子에서의 '嫡'字
해석도 문제가 되는 것은 당연한 것이다. 이와 같이 '字'句의 해석
부터가 예송문제에 대두되는 것은 정통을 위하여 불가피한 것이
다. 바로 禮는 바로 정확하게 적용되어야 하기 때문이다. 그러나
이상의 네 가지도 따지고 보면 두 가지의 일로 볼 수 있다. 즉 正體
와 傳重의 두 가지 일이다. 뿐만 아니라 정체와 전중은 참최의 大
義가 되는 것이며 장자는 참최의 정명이 되는 것이다.9)

이와 같이 본다면 복제문제는 복잡해지지 않을 수가 없다. 비록
왕위를 계승하였다고 치더라도 어떻게 계승했는가에 따른 문제가
있는 것이다. 이것은 바로 입계하였을 경우를 말하는 것이다. 물론
일반 사람들에게 있어서의 계후자(위인후자)의 경우나, 왕가에 있
어서 왕통을 잇는 경우나, 모두 경우는 같은 것이나 특히 왕가에서
는 어디까지나 승통을 중요시하는 것이다. 바로 하늘에 태양이 두
개가 있을 수 없고 한 집안에 이본이 없어야 하듯이 모두 통을 바
르게 하기 위해서다. 즉 공자가 지은 춘추도 결국은 통을 바로잡기

---

9)『南溪朴世采文集』, 民族文化社 影印本, 1298쪽 : "蓋長子者所以斬衰
之正名也 − 正體傳重者所爲斬衰之大義也 − 四種然其義則或正體或傳
重二事而已矣."

위한 왕통을 중심으로 언급하였다고 볼 수 있을 것이다. 의리를 중
시하는 것 자체가 통을 기준으로 했을 때 나타나는 것으로 이해할
수 있다.

3. 도 통

유가는 출발시부터 도를 내세웠다. 그것은 바로 천하를 다스리
는 도이다. 그 도가 실현되는 것을 가장 이상적인 것을 생각하였는
데, 그것을 다른 말로 평천하라고 표현하였던 것이다. 결국 예학에
서 내세우는 평천하로서의 기능은 도통을 바르게 유지하는데 있
다. 바로 유가가 인문주의를 내세우고 있는 만큼 평천하는 도를 통
하여 이룩하고자 하였다. 이와 같이 본다면 도통이라고 하는 것은
옛날 성인들이 도를 상전하면서부터 마련된 것으로 모든 사람들을
통솔하는 것이라 하였다. 예로 조선시대 선비 정신이라고 하는 것
도 결국에는 절의정신을 표방한 도학의 분위기였으며, 정몽주를
위시한 길재, 김굉필, 조광조 이후에 많은 선비들이 목숨을 버리면
서도 국가를 위하여 죽을 수밖에 없었던 것은 바로 도통에 대한 의
식이 아니었겠는가? 도통의 보존을 위하여 도통에 대한 투철한 정
신으로 말미암아 그러한 절의정신이 나타났다고 볼 수 있는 것이
다. 이와 같은 의리정신의 실천은 바로 학문을 통하여 의리의 정수
를 모든 일에 체험함과 동시에 私欲을 버리고 천리의 바른 것을 얻
어야 가능한 것이다.

원래 도통에 관한 주장은 한유로부터 시작한 것을 알 수 있다.
즉 유학에도 불교와 선에 해당하는 수양에 관한 가르침이 있다고
생각하여 배불의 목적으로 도통의 연원을 밝힌 것이다. 왜냐하면

理學의 근본적인 내용은 윤리사상이기 때문이다. 이학의 윤리사상
은 공맹의 도통을 계승하여, 불교와 도교의 사상을 받아 들여 천리
라는 것을 통하여 우주론과 본체론 그리고 도덕의 본원으로 삼은
것이다.10) 또한 불교의 조사에 해당하는 것으로 유학에서 그 도를
전한 맥락으로 도통을 밝힌 것이다. 이와 같은 표현은 그의『原道』
에 잘 나타나 있다.

> 내가 소위 도라고 하는 것은 노불의 도를 일컫는 것이 아니다. 堯
> 가 이것을 舜에게 전하였고, 순은 이것을 禹에게 전하였고, 우는 이것
> 을 湯에게 전하였고, 탕은 이것을 文武周公에게 전하였고, 문무주공
> 은 공자에게 전하였으며, 공자는 孟軻에게 전하였다. 맹가가 죽고 나
> 서 전하여지지 않았다.11)

　이와 같은 한유의 주장을 보더라도, 인간의 삶에 있어서 고금으
로 행위의 영원한 기준은 도통에 있다고 볼 수 있고, 그 기준이 되
는 내용이 바로 요순으로 부터 전해지는 심법의 전수로 볼 수 있
다. 즉 '人心惟危 道心惟微 惟精惟一 允執厥中'12) 16자의 심법의
내용 중 12자는 윤집궐중을 설명한 단어에 불과하며, '윤집궐중'이
야말로 이학가들이 말하는 도통의 실질적 내용이 되는 것이다.13)
바로 도통론의 의의는 결국 송유들이 내세우는 자기들의 학설과

---

10) 朱贈庭 主編,『中國傳統倫理思想史』, 上海, 華東師範大學出版部, 1986
　　年, 21쪽 : "理學的主體內容是他的倫理思想 理學倫理思想繼承孔孟道
　　統 汲取佛道的思想成分 提出以天理爲宇宙本體和道德本原."
11) 四部叢刊正 編,『韓昌黎先生集』「原道」卷34, 97쪽 : "法仁文化社 影
　　印本) : 斯吾所謂道也 非向所謂老與佛之道也 堯以是傳之舜 舜以是傳
　　之禹 禹以是傳之湯 湯以是傳之文武周公 文武周公傳之孔子 孔子傳之
　　孟軻 軻之死不得其傳焉."
12)『尙書』卷第二,「虞書」大禹謨.
13) 張立文,『朱熹思想硏究』, 589쪽.

주장이 독자적인 성격을 지니고 새롭게 탄생한 것이 아니라 요순 이래 전해지는 도의 맥락을 지니고 있다는 것이다. 소위 繼往聖開來學으로 표현되는 것이다. 이것은 자기들이 주장하는 이론이 어디까지나 새롭게 전개되는 것임에도 불구하고, 불교계에 대항한 성리학 자체가 원시유학에서부터 있어 왔다는 것을 강조하기 위한 의도에서 도통을 내세운 것으로 볼 수 있다.

이렇게 본다면 정가통을 위하여서는 가묘를 세워야 하는데 그것은 제가를 위해서 하는 것으로 본다. 그리고 정왕통을 위해서는 종묘를 세워야 하는데 그것은 나라를 다스리기 위한 노력의 일환으로 볼 수 있으며, 정도통을 위하여서는 문묘를 세워야 하는데 결국 平天下를 이상적으로 추구하고 있음을 알 수 있다.

따라서 정삼통을 확립하기 위한 방법은 바로 이본·이존이 없게 하는 것인데, 天無二日·土無二王이라는 표현과 마찬가지이다. 이것을 가통의 측면에서 본다면 二父가 없는 것이며, 왕통의 측면에서는 二王이 없는 것이며, 도통의 측면에서는 두 가지의 도를 없게 하는 것이다. 그렇기 때문에 삼통에 있어서 그 통의 바른 확립을 위하여서 삼통에 대한 인식이 필요하다. 즉 삼통에 대한 인식은 삼통의 존립문제와 관련이 있기 때문이다. 바로 가통에서는 가무이 존이어야 한다. 이것은 유학의 본래 정신인 종법체제의 확립을 위하여서는 가통이 올바르게 유지되어야 한다. 그렇지 않으면 그 家는 亡한 것과 같은 것이다. 마찬가지로 왕통에 있어서도 왕통이 바르게 수립되지 않으면 국가의 존립과 관련지어 국가의 기강이 제대로 확립될 수가 없다. 그러한 까닭으로 전례문제에서는 국가의 정통성 확립을 위하여 예의 문제가 논의된 것이다.

第3節 己亥禮訟

孝宗은 재위 10년째 되던 해인 己亥年(1659年) 五月에 승하하였다. 이때 인조의 繼妃이자 효종의 繼母인 慈懿大妃(趙氏)가 효종을 위하여 상복을 어떻게 입을 것인가가 문제가 된 것이다. 그것은 조대비가 이미 昭顯世子가 죽었을 때 소현세자를 위하여 장자의 상복을 일년동안 입었다. 그런데 또 둘째 아들인 효종이 서거하였는데 효종을 왕통의 측면에서 인조의 대를 이은 왕위계승자로 대하여 상복을 입을 것인가 아니면 가통의 측면에서 계모로서 상복을 입어야 할 것인가가 문제가 된 것이다.

효종이 승하하였을 때 禮曹에서는 복제문제를 두고서 國朝五禮儀에는 그에 관한 明文이 없고 또 古禮는 잘 모른다고 하면서 明나라의 제도에 따라 기년복을 입자고 하였다. 이에 이조판서인 송시열도 별 다른 의견이 없다고 하면서 朞年制를 찬성하였다. 물론 삼년상을 주장한 사람도 없지 않았는데 그 중에 한 사람이 白湖 尹鑴였다. 윤휴가 斬衰三年服을 입기를 주장하자 領議政 鄭太和는 송시열에게 문의하니 四種之說로 답변하였다. 이것으로 송시열이 기해예송에 깊숙이 관여하게 되었고 사종지설이 기해예송의 핵심적인 논제로 등장하게 된 것이다. 그 송시열의 주장은 다음과 같다.

禮法책에는 천자로부터 사대부에 이르기까지 맏아들이 죽고 嫡妻의 둘째아들이 대를 이은 경우에는 그에 대한 상복도 역시 맏아들과 같이 입어야 한다고 하였다. 그러나 그 아래에 가서는 또 네 가지 설명이 있는데 지차아들(庶子)이 조상의 대를 이은 경우에는 삼년상을 입지 않는다고 하였다. 古禮로 말한나면 嫡妻의 둘째아들도 역시 지차의 여러 아들(서자)인 것만큼 위아래의 설명이 이렇듯 서로 모순된다.14)

고 하였다. 그러면서 송시열은 전술한 사종지설을 가지고 효종을
평하기를 정통이 아니기 때문에 趙大妃가 기년복을 입어야 한다는
것이다. 즉 정통이면서 몸에서 난 아들이 아닌 것(正而不體)과 몸
에서 난 아들이면서 정통이 아닌 것(體而不正)을 설명하면서 孝宗
을 體而不正에다 비유하여 정통이 아닌 不正에다 비유한 것이다.

　　　仁祖를 놓고 말한다면 소현세자의 아들이 정통이면서도 몸에서 난
　　아들이 아닌 경우이고 돌아간 임금은 몸에서 난 아들이면서 정통으로
　　는 되지 못하는 것이다.15)

　　그런데 정태화는 송시열의 위와 같은 표현은 적절하지 못하다고
하였다. 즉 "예법이 아무리 그렇다 하더라도 소현세자에게 지금 아
들이 있는 형편에서 누가 감히 그런 주장을 들고 나와 예법이라고
논증할 수 있겠는가? 禮經의 심오한 뜻을 나는 잘 모르긴 하지만
우리 왕조는 역대로 내려오면서 아버지가 아들을 위해서는 모두
기년복을 입었다는 것만을 들었을 뿐이다. 나는 우리 왕조에서 시
행해 오던 제도를 따르고자 한다"16)고 하면서, 사종지설에서 말하
는 체이부정은 애당초 언급할 수 없고 "父於子喪皆服朞年"이라는
문구에 의거하여 기년복을 입자고 하였다. 물론 송시열도 "대명률
의 상복조항에도 역시 이렇게 기재되어 있어서 지금 준용하더라도

---

14)『顯宗實錄』卷一(『朝鮮王朝實錄』卷36, 上左, 國史編纂委員會 影印
　　本, 205쪽) : "禮有之 自天子以至士夫 長子死而次適立 則其服亦與長
　　子同 而其下文有四種之說 以爲庶子承重則不服三年 以古禮言之 次適
　　亦庶子也 上下之說 自相矛盾如此."
15) 上同 : "至正而不體體而不正 時烈曰 以仁祖言之 昭顯之子 是正而不
　　體也 大行大王 是體而不正也."
16) 上同, 205쪽, 上左 : "禮雖如此 昭顯今有子 雖敢以此說爲議禮之證乎
　　禮經奧義 吾固昧昧 國朝以來 父於子喪皆服朞年 嘗聞之矣 吾意欲用
　　國制耳."

안 될 것이야 있겠느냐?"17)라고 하였다.

그래서 정태화는, 우리 국법에 부모가 아들을 위해서 장자건 차자건 구분하지 않고 모두 기년복을 입는다고 하는 것에 근거하여 자의대비가 돌아간 임금인 효종을 위하여 기년복을 입을 것을 결정한 것이다.18)

원래 상복제도에 있어서 자식을 위하여 복을 입는 다는 것은 유가의 특징이라고 볼 수 있다. 자식이라 하여도 오늘날과 같은 개체 중심적인 사고방식에서 본다면 자식의 죽음에 대하여 부모가 삼년이나 일 년씩 상복을 입을 필요가 없을 것이다. 그러나 전통적인 유교의 사고방식에서 본다면 바로 孝와 직결된 사상이기 때문에 자식의 죽음에 대해서도 상복을 일정기간 입어야 하는 것이다. 그것은 자식은 조상의 대를 잇는 몸이자 동시에 조상의 제사를 물려받은 자이기 때문이다. 대를 이을 후계자를 두는 것이야말로 내 자신이 조상을 위해서 할 수 있는 가장 인간적인 도리로 생각하기 때문이다.

특히 장자를 위하여 상복을 입는 것은 앞서 언급한 것처럼 장자가 尊의 대상에 해당하기 때문이다. 소위 여기서 존이라고 하는 것은 유교에서 주장하는 각 사회조직체내의 조직의 중추적인 역할을 담당하는 대상이 존귀한 존재가 되는 것이다.

원래『의례』와『예기』에는 부모가 장자를 위해서 삼년복을 입는 것으로 되어 있으나 사실 조선조 건국이래 장자를 위하여 삼년복을 입은 경우는 관례로는 없었기 때문에 사실상 장자인 효종을 위하여 자의대비가 삼년복을 입는다는 것은 어떤 의미에서 엄청난

---

17) 上同, 下右 : "大明律服制條 亦載此制 今日遵用 亦何不可."
18) 上同 : "國制 父母爲子 不分長次 皆服朞年者 定爲慈懿王大妃爲大行大王服朞年."

고통일 수 있다. 뿐만 아니라 이론적으로도 문제가 되지 않는 것은 아니다. 자의대비가 효종의 계모로써 인조의 계비이기 때문에 적장자를 위하여 삼년복을 입는다는 의례의 문귀에 비추어 보아도 자의대비와 효종의 관계가 적장자에 해당되지 않을 수도 있다. 즉 효종의 친형인 소현세자가 죽었을 때 적장자를 위하여 자의대비는 기년복을 입었다.

　바로 효종이 서거함으로서 예에 관한 문제가 생기게 된 것은 첫째로 효종이 원래 장자로서 왕위를 이어 받은 것이 아니고, 둘째는 장자였던 소현세자가 동자로 無卒한 것이 아니라 成娶한 후에 서거했고, 셋째로 왕세자로 책립된 후에 돌아갔고, 넷째로 王孫을 두게 된 후에 죽었기 때문에 효종의 대우문제에 대해서 의견이 갈라서게 된 것이었다. 그것은 長王孫을 두고 次子인 효종이 대통을 계승했기 때문이다. 비록 차자이지만 대통을 이어 받았기 때문에 왕통으로는 인조의 후계자요 장자의 자격을 취득했던 것이다. 그런데 이렇게 왕이 된 다음에도 차자로 대우하게 된다면 먼저 죽은 장자 소현세자는 역시 장자의 자격을 보유하게 된다. 장자가 둘이 될 수 없으니 효종은 차자의 자격을 갖게 된다. 그렇게 되면 장자의 자 즉 장손은 왕위 계승권을 갖게 되는 셈이다.[19] 더구나 자의대왕대비는 소현세자의 상에 이미 인조와 더불어 장자를 위하여 입는 복을 입었으니 그 의를 어떻게 오늘날에 와서 변경할 수 있겠느냐[20]고 송시열은 반문한다. 이것은 송시열이 소현세자가 죽었을 때, 인조와 자의대비가 장자를 위하여 복을 입었다는 주장이다.

---

19) 姜周鎭,「禮訟과 禮論政治思想」『韓國思想大系』3, 成均館大學校 大東文化研究院, 168쪽.

20)『宋子大全』(一)(保景文化社 影印本 1985年), 548쪽, 下左, '大王大妃服制議' : "況大王大妃於昭顯之喪　旣與仁祖大王同爲長子之服　則其義何可變於今日也."

이와 같이 자의대비의 상복을 기년제로 정하여 상복을 입던 중에 소상이 다가오면서 허목 윤휴 등이 다시 삼년복을 입기를 제기하게 되었는데 이에 송시열은 또 다시 기년복의 합당함을 주장하게 되었다. 송시열이 주장한 내용이 무엇인지 두 가지로 나누어 살펴보고자 한다.

1. 體而不正

체이부정 즉 몸에서 난 아들이면서 정통이 아니라는 말인데, 전술한 바와 같이 의례 '父爲長子'의 조항에 있어서 賈公彦이 四種으로 분류하여 해석한 것에서 유래한다. 가공언은 체이부정은 庶子가 후계자가 된 것이라고 하였는데 송시열은 효종을 이 경우에다 비유하여 효종을 '不正'으로 본 것이다.

그런데 송시열이 효종을 서자에다 비유한 것은 서자라는 것이 첩의 자가 아니라 장자가 아닌 여러 아들들을 일컫는 말이라고 한다. 그리하여 송시열은 다음과 같이 말한다.

이른바 庶子는 진실로 妾子를 말한 것이기는 하오나 次嫡 이하로부터는 비록 임금의 母弟라도 그를 서자라 하는 것이므로 주소에, "서자는 첩자의 칭호인데 적자의 第二子도 한가지로 서자라 명명한다." 하였다. 그렇다면 효종대왕께서 인조대왕의 서자가 되는 것이 해로울 것이 없다. 그것은 庶란 말이 賤稱이 아니요, 바로 衆字의 의미이기 때문이다.[21]

---

21) 『宋子大全』(一)(保景文化社 影印本 1985年), 547쪽, 下右, 「大王大妃服制議」: "夫所謂庶子者 固謂妾子也 然自次嫡以下 則雖人君母弟 亦謂之庶子 故疏曰 庶子妾子之號 嫡子第二者 同名庶子也 然則 孝宗大王不害爲仁祖大王之庶子也 庶非賤稱也 乃衆字之義也."

　　뿐만 아니라 송시열은 가공언의 주소 자체가 모순점을 안고 있다는 것이다. 둘째 아들을 장자의 자리에 세울 경우에는 삼년복을 입어도 庶子는 아무리 조상의 제사를 이어받더라도 삼년복을 입지 않는다는 것은 가통의 측면에서 문제가 된다고 보는 것이다. 사실상 장자라는 것도 가통을 이을 가능성이 가장 높다는 측면에서 존귀한 존재로 인정하는 것이다. 바로 가통을 누가 잇는가가 중요한 것인데 서자가 이을 경우에는 삼년상을 하지 않는다는 것은 말이 되지 않는다고 보는 것이다. 다음과 같은 그의 말에서 알 수 있다.

　　　주소에 이미 "次長을 세워도 삼년복을 입는다." 하였고 그 아래에 또 "서자는 승중을 하더라도 삼년복을 입지 않는다." 하였으니, 이 두 말이 서로 모순이 된다.22)

　　또한 장자가 죽었을 경우에 후계자가 없을 경우에는 부득불 서자라도 이어야 한다면 가공언의 주소는 조상의 제사를 잇는 것에 대한 설명이 아닌 것으로 봐야 한다는 것이다. 그리하여 송시열은 다음과 같이 말한다.

　　　가공언의 주소에는 다만 제일자가 죽은 것만을 말하고 제일자가 후사가 없이 죽은 것에 대해서는 말하지 않았으니, 이것은 아마도 바로 성인이 못되어 죽은 자를 말한 듯하다.23)

　　또한 조상의 제사를 이어받는 것이 얼마나 중요한 것인가를 張橫渠의 말을 인용하고 있다.

---

22) 『宋子大全』(一), 548쪽, 上右, 「大王大妃服制議」: "疏說旣 曰立次長亦爲三年 而其下 又曰庶子承重 不爲三年 此二說自相矛盾."
23) 『宋子大全』(一), 548쪽, 上右, 「大王大妃服制議」: "賈疏只言第一子死 而不言第一子無後而死 則此恐是未成人而死者也."

張子는 다음과 같이 말한다. 禮에 일컫기를, 모친이 장자에게 참최
삼년복을 입는다고 하였는데 이 도리는 편치 않다. 아버지가 생존해
계시면 자식은 어머니를 위해 기년복을 입는데 어머니는 어찌하여 장
자를 위하여 참최복을 입어야 하는가? 이것은 아버지에게는 다만 장
자가 죽으면 대가 끊어지게 되어 더 큰 슬픔이 없는 까닭에 참최복을
입는 것이다. 이와 같지 않다면 어찌 참최복을 입을 수 있겠는가?[24]

특히 嫡子와 庶子의 구분에 대하여 賈公彦의 疏說을 보면 잘 알
수 있다는 것이다. 즉 제이장자도 서자라 일컫는다고 하는 것은 대
개 제이적자는 모름지기 첩자와 구별할 경우에는 적이라 일컫고,
장자와 구별하고자 할 경우에는 서라 일컫는 것[25]이라고 한다. 바
로 적자냐 서자냐의 구별이 아니라 장자인지 서자인지의 구별에
나타난다고 보는 것이다.

그러니까 서자라는 것은 첩자와 차적을 통털어 일컫는 것이 아
니며, 첩자는 어디까지나 적자와 구별할 경우에 사용하는 용어이
기 때문에 서자는 결국 차적으로 간주하여야 한다는 것이다. 바로
서자라는 것이 체이부정에 해당하는 것이라고 송시열은 주장하고
있는데 다음과 같은 말에서 알 수 있다.

다만 이 서자를 이미 첩자와 차적의 통칭이라고 말한다면, 아래에
소위 체이부정이라고 말한 서자에는 다만 첩자만 일컫고 차적은 포함
되지 않는다는 뜻을 볼 수 없다. 그러므로 이른바 "체이나 정이 아닌
서자로 후사를 삼는다"고 말한 것은, 대체로 이 서자는 위에서 말한
서자와 일관된 내력인데 만약 첩자의 칭호일 뿐 차적이 포함되지 않
는다면 가씨가 여기에 반드시 다른 말로 분별했을 것이고, 마땅히 위

---

24)『宋子大全』(二), 676쪽, 上右 : "答李幼能 張子曰禮 稱母爲長子斬三年
　　此理未安　父存子爲母朞　母如何却服斬　此爲父只一子死　則世絶　莫大
　　之戚　故服斬　不如此　豈可服斬."
25)『宋子大全』(二), 549쪽, 下左 : "第二長子同名爲庶子云者　蓋第二嫡子
　　須別於嫡子　則謂之嫡　欲別於長子　則謂之庶."

의 조목과 뒤섞어 한 문단으로 만들어서 후인들의 의혹을 일으키지는 않았을 것이다.26)

송시열이 체이부정을 서자라고 주장하는 것은 賈疏의 것을 인용하고 있는데, 가소의 설명을 모순되는 것으로 그는 받아들인다. 그러면서도 가소의 설을 殤年에 죽은 것으로 간주하여 합리화하려고 한다. 그는 당시 그것을 설명해 주는 법전이 없다는 것을 애석하게 여기고 있다. 주로 대명율에 의거하거나 국조오례의에 의거해야 할 것인데 두 군데 모두 명문화되지 않은 것이 결국은 새로운 해석을 바라게 된 것이다.

2. 繼　統

계통이라는 것은 통의 측면에서 대를 잇는 것을 말한다. 송시열은 통을 잇는 것이 중요하다면 첩의 자식이 대를 잇더라도 삼년복을 입어야 된다고 하면서 다음과 같이 말한다.

임금은 왕위를 이어받는 사람을 정통으로 쳐야 하므로 효종대왕은 이미 宗社를 주관하였기 때문에 삼년복을 입지 않을 수 없다고 말한다면 또한 그렇지 않다고 본다. 이렇다면 하필 둘째아들에게만 한정되겠는가? 비록 첩에게서 태어나도 모두 삼년복을 입어야 한다.27)

---

26) 『宋子大全』(一), 548쪽, 下左 : "但此庶子旣 曰妾子及次嫡之通稱 則下所謂體而不正之庶子 未見其獨爲妾子而次嫡不與之義也 所謂體而不正庶子爲後云者 蓋此庶子 與上所謂庶子一串 來歷若是 獨爲妾子之稱而次嫡無與焉 則賈氏於此 必有轉說以辨之 不當與上條 衰爲一段 以起後人之惑也."

27) 『顯宗實錄』卷二(『朝鮮王朝實錄』卷36, 246쪽, 上左) : "帝王當以卽位者爲統 而 孝宗大王旣主宗社 不得不爲之三年云 則亦恐不然 如此則

원래 庶子를 세워서 대를 잇는다고 하더라도 삼년상을 하지 않는다는 것을 송시열이 모를 리 없지만 통을 잇는 것이 중요하다면 서자라도 三年服을 입어야 하는 것이 아니냐고 하였다. 이와 같은 송시열의 주장은 당시에 장자가 죽어 第二長子를 세워도 참최복을 입어야 한다는 것에 대한 반론으로 제기한 것이다. 그는 다음과 같이 말한다.

> 소위 "장자가 죽어서"라는 것은 그가 어느 시기에 죽은 것을 말하는지 모르겠다. 그러나 이미 成人이 되어 죽었다면 그 아버지는 이미 그를 위하여 참최 삼년복을 입었을 것이며, 그 다음에 또 차적을 세워 그를 장자라 일컬었을 텐데 그 차적이 죽어도 그를 위하여 참최 삼년복을 입어야 하느냐. 이와 같다면 '무이통불이참'의 의리가 어떻게 되겠는가. 아니면 그가 어린 나이에 죽어서 飯含도 하지 않고, 贈諡도 하지 않고, 신주도 모시지 않았으며, 그 아버지가 그를 위하여 참최복을 입지도 않아서 적자가 될 수 없었고 그 후에 차적을 세워 후사로 삼고 그를 장자라 하다가 그 장자가 죽으면 곧 삼년복을 입는다는 것인가.[28]

장자가 어느 때에 죽느냐가 문제가 된다는 것이다. 만약 장자가 어려서 죽었을 경우 그 밑으로 차례로 계속 장자가 되었다가 또 죽고 또 그 다음 아들이 장자가 되었다가 죽으면, 그때 그때마다 장자를 위하여 삼년복을 입어야 한다고 한다면 얼마나 많은 시간을 상복을 입다가 보내야 할지 모른다는 것이 송시열의 주장이다. 이것은 또한 장자가 죽고 나면 누군가 그 자리를 비워둘 수 없으니

何必次嫡 雖妾勝之所生者 皆可三年也."

28) 『宋子大全』(一), 547쪽, 上右「大王大妃服制議」: "夫所謂長子死者 未知其死於何等時耶 謂已成人而死 其父旣爲之服斬三年 然後又立次嫡 謂之長子 而其次嫡死 又爲之服斬三年耶 如是則其於無二統不二斬之義 何如也 抑以爲死在幼稚之年而不含 不贈 不立主 其父不爲之服 不成爲嫡 然後立次嫡爲嗣 而爲之長子 此長子死則乃服三年耶."

장자의 자리에 올라야 한다고 한다면 지차 아들 뿐만 아니라 서자
까지도 장자의 자리에 올라야 한다는 것이 송시열의 주장인 것이
다. 서자가 장자의 자리에 올라서는 안 되지만 대를 잇는 것이 중
요하다면 서자가 장자가 되는 것을 부정할 수도 없다는 것이다.

이와 같이 삼년복을 입을 경우에는 전술한 바와 같이 통에는 二
統이 없듯이 장자를 위한 참최복도 두 번 입을 수 없다는 것이 송
시열의 주장이다. 또한 삼년복을 입게 되면 다음과 같은 경우도 발
생할 수 있다는 것을 생각해 볼 수 있다는 것이다.

> 그리고 또 세종대왕으로 비유해 말한다면, 가령 성수가 무강하시어
> 불행히 문종대왕이 먼저 승하하셨다면 세종대왕께서 마땅히 참최복
> 을 입어야 하고, 첫째대군을 세워 적자로 삼았다가 첫째대군이 또 불
> 행하게 되면 또 참최복을 입고 또 둘째대군을 세워서도 이와 같이 하
> 여 八大君에 이르도록 다 참최 삼년복을 입었다고 한다면, 이것은 문
> 종과 세조 두 대왕을 아울러 아홉 차례의 삼년복이 되어 삼구 27년인
> 데, 비록 사서인이라 하더라도 마땅히 이와 같지는 않을 것이다.29)

물론 이와 같은 일이 실제로는 발생하지 않았지만 "장자가 죽어
서 제이장자를 세워서 장자라 하고 참최복을 입는다"고 주장하는
사람들의 경우를 그대로 인정할 경우에는 잘못하면 27년씩이나
상복을 입을 수 있다고 송시열은 주장한다. 또한 왕위를 계승하였
다는 것을 중요시할 경우에도 다음과 같은 문제가 일어난다고 말
한다.

---

29) 『宋子大全』(保景文化社 影印本, 1985年)(一), 548쪽, 上左, 「大王大妃服
制議」: "世宗大王言之 假如聖壽無彊 文宗大王 不幸先陟 則世宗大王
當服斬 而立一大君爲嫡 一大君又不幸 則又服斬 而又立二大君 如是
以至於八大君 皆服斬三年 則是幷文宗世祖兩大王 爲九三年矣 三九二
十七 雖士庶人 亦不當如是."

더구나 제왕은 지존한 분이고 그 정통은 지엄한 것인가. 이것은 반
드시 그렇지 않을 것이다. 만약 말하기를, "제왕은 마땅히 즉위한 자
로 정통을 삼아야 한다. 그러므로 효종대왕이 이미 종사를 주관하였
으니 하는 수 없이 그를 위하여 삼년복을 입어야 한다."고 한다면 아
마도 그렇지는 않다. 만약 이와 같다면 어찌 반드시 차적뿐이겠는가.
비록 후궁의 소생이라도 다 삼년복을 입어야 할 것이다.[30]

그래서 송시열은 장자가 죽는 경우를 두 가지로 나누어 설명하
면서 삼년복에 대하여 다음과 같이 말한다.

아마도 첫째 아들이 어렸을 때 죽었거나 혹은 몹쓸 병이 들었거나
하여 그의 아버지가 그를 위해 삼년복을 입지 않은 조건에서 둘째 아
들을 들여세우면 역시 장자라고 부르면서 삼년복을 입는다는 것을 가
리킨다고 본다. 만일 첫째 아들이 조상의 제사를 받들다가 죽은 관계
로 그 아버지가 삼년복을 입은 조건에서는 설사 둘째아들을 들여세워
왕통을 잇게 한다 하더라도 역시 맏이 아닌 衆子라고 부르면서 삼년
복을 입지 않게 된다.[31]

이와 같이 본다면 嫡妻第一子는 영원한 고정된 제일자가 아니
라, 정체로서 傳重을 할 경우에 한하여 말하는 자리임을 알 수 있
다. 즉 제일자라 하여도 정체로서 전중하지 못한다면 삼년상을 할
수 없는 것은 전중의 가치를 인정하기 때문이다.

이것은 유가에서 말하는 대를 이어 조상에게 제사를 지내는 것

---

30) 『宋子大全』(保景文化社 影印本, 1985年)(一), 548쪽, 下右, 「大王大妃服
制議」: "況帝王之尊 而其正統至嚴者乎 此則必不然也 若曰帝王 當以
卽位者爲統 而孝宗大王 旣主宗社 不得不爲之三年云爾 則亦恐不然
如此則何必次嫡 雖妾勝之所出者 皆可三年也."
31) 『宋子大全』(一), 549쪽, 下右 「練服變改及許穆圖說辨破議」: "恐指第
一長子 死於殤年或廢疾 而其父不爲三年 然後立其第二子 則亦名爲長
子而三年者也 若其第一長子 當傳重而死 而其父爲之三年 則雖立第二
嫡承統 亦謂之庶子而不得爲三年也."

이야말로 생명의 연속성을 전제로 한 효로 간주하는 것이다. 그렇기 때문에 인간으로서 지켜야할 가장 큰 의미의 도리인 것이다. 그것을 전중이라고 보기 때문에 효를 다하지 못하는 자식은 결국 불효와 같은 경우이니 적장자로 태어났다 하더라도 전중하지 못할 경우에는 적장자로서의 자기 자신의 의무를 다 수행하지 못하였기 때문에 삼년상을 하지 않는 것이다.

第4節 결 어

이상과 같이 자의대비가 효종을 위하여 삼년복을 입느냐 아니면 기년복을 입느냐는 물론 당시 기년복으로 결정되어 행하여졌다. 그런데 가통의 측면이 아니라 왕통의 측면에서 본다면, 왕위 계승이 중요한 문제가 된다. 왕위의 승계가 바로 부자와 같은 도리를 지닌다고 할 수 있다. 이것은 숙부가 질을 계승하던 형이 동생을 계승하던 왕위의 계승이 중요한 의미를 지닌다는 것이다. 이와 같은 본다면 왕위의 계승이 제왕가에서는 사대부와는 달리 부자의 도리와 선왕의 제사를 받들 의무가 있기 때문에 실제의 가통에서 말하는 촌수 관계는 중요하지 않다고 볼 수 있다.

그런데 송시열의 주장은 자의대비가 소현세자가 죽었을 때 장자로 대하여 복을 입었다. 뿐만 아니라 당시 소현세자를 위하여 복을 입을 때 왕위 계승을 전제로 한 세자로서 복을 입었기 때문에 비록 왕위는 계승하지 않았지만 왕위를 계승하기 위한 세자의 자리에 있었기 때문에 가통의 측면에서는 장자요, 왕통의 측면에서는 왕위계승을 전제로 하였기 때문에 자의대비가 입은 복에 대하여서는 더 이상 언급할 것이 없다. 자의대비가 소현세자를 위하여 복을 입은 것은 비록 삼년복은 아니지만 이전까지의 조선조 개국 이후에 적장자를 위하여 삼년복을 입은 적이 없을 뿐만 아니라 명나라 예법도 기년복으로 되어 있어서 별 이의가 없었다.

반면에 기해년의 경우에는 상황이 좀 달라졌다고 할 수 있다. 그것은 반정으로 오른 인조가 소현세자의 죽음에 대하여 기년복을 입을 때 감히 누가 삼년복을 주장할 수 있었겠는가. 바로 인조에게 삼년복을 입을 것을 주장할만한 분위기가 아니었다고 본다. 이것은 인조가 소현세자가 죽은 다음 장손과 중손마저 제주도로 유배시키고 또는 사사시켰을 뿐만 아니라 소현세자의 부인 강씨마저 사사케했다.32) 이런 상황에서 참최 삼년복을 입기를 주장한다는 것은 애당초 있을 수가 없다고 보아야 할 것이다.

그런데 시간의 흐름과 함께 인조가 서거하고 또한 사림의 언로가 이전보다 훨씬 더 개방되면서 이전과는 전혀 다른 분위기가 형성되었다고 보아야 할 것이다. 그것이 바로 윤휴나 허목과 같은 주장을 내세우게 할 수 있었을 것이다. 참최삼년복을 입는 주장을 할 수 있는 분위기 였다고 하지만 실제로 송시열의 처지에서 본다면 그렇지 않는 것이다. 자의대비가 소현세자가 죽었을 때 기년복을 입었는데, 다시 차자인 효종을 위하여 삼년복을 입기를 주장할 수 있겠는가? 그것이 바로 27년간이나 복을 입을 수 있다는 예를 든 것처럼 현실적으로 힘든 것으로 간주하여 기년복을 주장하게 된 것으로 보아야 한다.

송시열의 주장은 어디까지나 현실적인 문제를 전제로 하여 일을 해결하고자 하였다는 점에서 그 주장의 의의를 찾을 수 있다고 보아야 한다.

---

32) 강주진, 『예송과 예송정치사상』, 169쪽.

參考文獻

1. 원전류

『沙溪全書』, 光山金氏文元公念修齋 影印本, 1978年.

『退溪集』(『韓國文集叢刊』 卷29, 卷30), 民族文化推進會 影印本.

『退溪全書』, 大東文化研究院, 1978年.

『栗谷全書』, 大東文化研究院, 1978年.

『寒岡全書』, 景仁文化社 影印本.

『高峯集』(『韓國文集叢刊』 卷40), 民族文化推進會 影印本.

『高峯全集』, 成均館大學校 大東文化研究所, 1976年.

『愚伏集』(『韓國文集叢刊』 卷68), 民族文化推進會 影印本.

『月沙集』(『韓國文集叢刊』 卷70), 民族文化推進會 影印本.

『潛冶集』(『韓國文集叢刊』 卷80), 民族文化推進會 影印本.

『南溪朴世采文集』, 民族文化社 影印本.

『宋子大全』, 保景文化社 影印本, 1985年.

『省齋集』.

『小學集註增解』, 서울, 震友會影印本, 1983年.

『性理會通』.

『東國文獻備考』, 明文堂.

『東儒學案』, 中和堂 影印本.

『顯宗實錄』.

『大學』.

『孟子』.

『中庸』.

『尙書』.

『周禮』(『十三經注疏』 卷3), 藝文印書館印行, 民國 65年.

『儀禮』(『十三經注疏』 卷4), 藝文印書館印行, 民國 65年.

『禮記』(『十三經注疏』 卷5), 藝文印書館印行, 民國 65年.

『左傳』(『十三經注疏』 卷6), 藝文印書館印行, 民國 65年.

『十三經注疏』, 北京大學出版部, 1999年.

『春秋左氏傳』, 保景文化社 影印本, 1983年.

『儀禮經傳通解』.

池田末利 譯註, 『儀禮』, 東海大學出版會, 昭和 52年.

『漢書』, 景仁文化社 影印本.

『明史』, 景仁文化社 影印本.

『司馬氏書儀』.

『通典』, 新興書局影印, 1963年.

『韓昌黎先生集』(『四部叢刊正編』 卷34), 法仁文化社 影印本.

『二程全書』, 民國六十五年, 臺灣中華書局.

『二程遺書』.

『二程外書』.

『二程全書索引』, 中和堂 影印本.

『家禮』.

『性理大全』, 서울, 曺龍承 影印本, 1978年.

『朱子語類』, 宋 黎靖德編輯. 日本 : 中文出版社, 1984年.

『朱子語類』, 宋 黎靖德編輯. 北京 : 中華書局出版, 1986年.

『朱文公文集』(『四部叢刊正編』 卷52), 法仁文化社 影印本.

『朱子大全』, 曺龍承 影印本, 서울, 1977年.

『資治通鑑綱目』, 保景文化社 影印本.

金安國, 『性理大全書節要』.

2. 단행본

『大明律直解』, 保景文化社 影印本, 1986年.

『범주로 보는 주자학』, 이형성 역, 예문서원, 1997년.

『丘氏儀節』.

『繪圖 文公家禮』, 上海 : 中原書局出版, 民國 18年.

『中文大辭典』, 中國文化大學印行, 華岡出版有限公司, 民國 68年.

『沙溪思想研究』, 沙溪愼獨齋兩先生紀念事業會編, 1991年.

『韓國文化史大系』 Ⅳ(風俗·藝術史), 高麗大學校 民族文化研究所,
　　　　　1978年.

『韓國文化史大系』 Ⅵ(宗敎·哲學史), 高麗大學校 民族文化研究所,
　　　　　1978年.

『한국사』 第13卷, 국사편찬위원회 發行.

姜萬吉, 『分斷時代의 歷史認識』, 創作과 批評社.

경상대학교 남명학연구소 역, 『남명집』, 한길사, 2001年.

慶尙北道·嶺南大學校, 『慶北禮樂誌』, 慶尙北道, 1989年.

고교형 저, 이형성 역, 『다카하시 도루의 조선유학사』, 예문서원, 2001年.

권정안 역, 『通書解』, 청계, 2000年.

김낙진, 『의리의 윤리와 한국의 유교문화』, 집문당, 2004年.

金斗憲, 『韓國家族制度研究』, 서울대出版部, 1986年.

金忠烈, 『노자강의』, 예문서원, 2004年.

______, 『유가윤리강의』, 예문서원, 1994年.

______, 『中國思想散稿』, 梵學圖書.

______, 『中國哲學散稿』, 梵學圖書.

______, 『한국유학사』, 예문서원, 1998年.

金忠烈 譯解, 『資治通鑑』, 三省出版社, 1987年.

勞思光, 『中國哲學史』.

陶希聖, 『中國政治思想史』, 臺北 : 食貨出版社印行, 民國 61年.

杜維明, 『人性與自我修養』, 北京 : 中國平和出版社, 1988年.

牟宗三,『心體與性體』, 臺北 : 正中書局印行, 民國 74年.

毛佩琦 張自成 著,『中國明政代治史』, 人民出版社, 1994年.

蒙培元,『理學的演變』, 福州 : 福建人民出版社, 1984年.

文史知識 編輯部 編,『儒佛道與傳統文化』, 中華書局, 1990年.

民族과 思想 研究會,『四端七情論』, 서광사, 1992年.

方克立,『中國哲學史上的知行觀』, 北京 : 人民出版社, 1982年.

柏楊 著, 김영수 역,『중국사』, 창해, 2005年.

范壽康著 洪瑀欽譯,『朱子와 그 哲學』, 嶺南大學校 出版部, 1988年.

徐復觀,『兩漢思想史』, 臺北 : 學生書局印行, 民國 74年.

소강절 저, 노영균 역,『황극경세서』, 대원기획출판, 2002年.

蕭公權,『中國政治思想史』, 臺北 : 華岡出版有限公司, 民國 66年.

孫叔平,『中國哲學史稿』, 上海 : 上海人民出版社, 1981年.

宋錫球,『栗谷의 哲學思想研究』, 螢雪出版社, 1987年.

시사영어사,『한국의 선비문화』, 1982年.

沈善洪 王風賢,『中國倫理學說史』, 浙江省 : 浙江人民出版社, 1985年.

楊家駱 主編,『宋元學案』, 臺北 : 世界書局, 民國 72年.

吳乃恭,『儒家思想研究』, 長春市 : 東北師範大學出版社, 1988年.

韋政通,『中國思想史』. 臺北 : 大林出版社, 民國 72年.

劉明鍾,『宋明理學』, 螢雪出版社, 1989年.

______,『退溪와 栗谷의 哲學』, 東亞大學校出判部, 1987年.

______,『韓國思想史』, 以文出版社, 1983年.

______,『韓國儒學研究』, 以文出版社, 1988年.

______,『韓國의 陽明學』, 同和出判公社, 1983年.

______,『韓國의 원시신앙』, 東亞大學校出判部, 1987年.

柳正東,『東洋哲學의 基礎的 研究』, 成均館大學校 出版部, 1986年.

______,『韓國儒學의 再照明』, 玄潭 柳正東先生紀念事業會, 1985年.

劉澤華,『先秦政治思想史』, 天津 : 南開大學出版社, 1984年.

윤국일,『경국대전 연구』, 여강출판사.

尹南漢, 『朝鮮時代의 陽明學 研究』, 集文堂, 1986年.

李範稷, 『韓國中世禮思想研究』, 一潮閣, 1991年.

李成茂·鄭萬祚 外著, 『朝鮮後期 黨爭의 綜合的 檢討』, 韓國精神文化
　　　　研究院, 1992年.

李耘虛 譯解, 『楞嚴經』, 東國譯經院, 2000年.

林繼愈 主編, 『中國哲學發展史』(秦漢), 北京 ： 人民出版社, 1985年.

張豈之 主編, 『中國儒學思想史』, 西安 ： 陝西人民出版社, 1990年.

張岱年, 『중국철학대강』, 까치, 1998年.

張立文, 『朱熹思想研究』, 北京 ： 中國社會科學出版社, 1981年.

張哲秀, 『韓國傳統社會의 冠婚喪祭』, 韓國精神文化研究院, 1984年.

錢穆, 『朱子新學案』, 臺北 ： 三民書局, 民國 60年.

정용환 역, 『뚜웨이밍의 유학강의』, 청계, 1999年.

趙吉惠 主編, 『中國儒學史』, 中州古籍出版社, 1991年.

朱贈庭 主編, 『中國傳統倫理思想史』, 上海 ： 華東師範大學出版部,
　　　　1986年.

중국철학연구회 편저, 『동양의 인간이해』, 형설출판사, 1992年.

중국철학회, 『중국철학의 이단자들』, 예문서원, 2000年.

진래 저, 안재호 역, 『송명성리학』, 예문서원, 1997年.

진래 저, 이상성 외 역, 『주희의 哲學』, 예문서원, 2002年.

진립부 저, 정인재 역, 『중국철학의 인간학적 이해』, 민지사, 1986年.

陳瑛 外, 『中國倫理思想史』, 貴州人民出版社, 1985年.

진영첩 저, 표정훈 역, 『주자강의』, 푸른역사, 2001年.

陳正夫·何植靖, 『朱熹評傳』, 南昌 ： 江西人民出版社, 1984年.

蔡仁厚撰述, 『宋明理學』, 臺北 ： 學生書局印行, 民國 72年.

崔根德, 『韓國儒學思想研究』, 철학과 현실사, 1992年.

馮炳奎 等著, 『宋明理學研究論集』, 臺北 ： 黎明文化事業公司, 民國 72年.

馮友蘭, 『中國哲學史』.

玄相允, 『朝鮮儒學史』, 民衆書館, 1971年.

候外廬 外 主編, 『宋明理學史』.

Fung Yu-Lan, (Translated by Derk Bodde). History of Chinese Philosophy.

___________, (Edited by Derk Bodde). A short History OF Chinese Philosophy.

The Rise of Neo-Confucianism in Korea. Columbia University Press. 1985

Wing-tsit Chan, A source book in chinese philosophy, Princeton University Press. 1963.

___________, CHU HIS AND NEO-CONFUCIANISM. University of Hawaii Press. 1988.

Carsun Chang. Development of Neo- Confucian Thought. Bookman Associates. New York. 1962.

3. 일반논문

姜周鎭, 「禮訟과 禮論政治思想」 『寒國思想大系』 3, 成均館大學校 大東文化研究所, 1984.

金恒洙, 「寒岡 鄭逑의 學問과 歷代紀年」 『韓國學報』 第45輯, 1986年.

南懷瑾, 「宋明理學與禪宗」(馮炳奎等 著, 『宋明理學研究論集』), 臺北 : 黎明文化事業公司, 1983年.

盧仁淑, 「文公家禮研究」 『儒敎思想研究』 第一輯, 儒敎學會, 1986年.

裵相賢, 「龜峯 宋翼弼의 禮學思想」 『東岳漢文學論輯』 第2輯, 1985年.

范文瀾, 「中國經學史的演變」 『中國哲學』 第一輯, 三聯書店.

徐首生, 「寒岡 鄭逑의 禮學」 『韓國의 哲學』 13, 1985年.

安炳周, 「圃隱殉節과 朝鮮朝政治理念定立」 『圃隱思想研究論叢』 第一輯, 圃隱思想研究院, 1992年.

安秉禧, 「大明律直解 解題」 『大明律直解』, 保景文化社 影印本, 1986年.

柳正東, 「禮論의 諸學派와 그 論爭」 『韓國哲學研究』 中卷, 1978年.

李相殷, 「退溪의 「格物物格說辯疑」 譯解」 『退溪學報』 第3輯, 退溪學研究院, 1974年.

李成茂,「17世紀의 禮論과 黨爭」『朝鮮後期 黨爭의 綜合的 檢討』, 한국정신문화연구원, 1992年.

李乙浩,「禮槪念의 變遷過程」『大東文化硏究』 第4輯, 1967年.

張世浩,「金長生의 格物致知說」『哲學論叢』第7輯, 嶺南哲學會, 1991年.

______,「金長生의 四端七情說」『中天金忠烈先生華甲記念論文集』, 1992年.

______,「金長生의 修己論」『釜山産業大學校論文集』第9輯, 1988年(「沙溪思想硏究」 1991年).

______,「金長生의 禮學에 있어서의「正統」問題」『哲學硏究』第十輯, 高麗大哲學會, 1985.

______,「金長生의 理氣心性說」『哲學論叢』第8輯, 嶺南哲學會, 1992年.

______,「金長生의 人間觀」『慶星大學校 論文集』, 1998년.

______,「金長生의 人物性論」『人性物性論』, 한길사 1994年.

______,「東洋의 理想的 人間觀」『南冥學硏究』 第16輯, 慶尙大學校 南冥學硏究所. 2003年.

______,「沙溪 金長生의 典禮問題」『文化傳統論集』第3集, 慶星大學校鄕土文化硏究所. 1995年.

鄭仁在,「尹白湖의 禮論과 倫理思想」『現代社會와 倫理』, 韓國精神文化硏究院, 1982年.

池斗煥,「朝鮮初期 朱子家禮의 理解過程」『韓國史論』第8輯, 1982年.

韓㳓劤,「朝鮮王朝初期에 있어서의 儒敎理念의 實踐과 信仰, 宗敎」『韓國史論』3.

黃元九,「소위 己亥服制問題에 대하여」『延世論叢』第2輯, 1963年.

______,「朱子家禮의 形成過程」『人文科學』第5輯, 1981年.

4. 학위논문

裵相賢, 『朝鮮朝 畿湖學派의 禮學思想에 關한 研究』, 高麗大學校 大學院 博士學位論文, 1991年.

柳鐸一, 「嶺南地方의 典籍文化研究」, 東亞大學校 大學院 碩士學位論文, 1970年.

李範稷, 『朝鮮初期의 五禮研究』, 서울大學校 大學院 博士學位論文, 1988年.

張世浩, 『沙溪 金長生 禮說의 研究』, 高麗大學校 博士學位論文, 1992年.

＿＿＿, 「金長生의 禮說에 대한 研究」, 高麗大學校 碩士學位論文, 1979年.

Abstract

This dissertation deals with Kim Chang-Saeng(金長生)'s lihsueh(禮學) and zhengtong(正統). This will examine emphatically what man should do in order to uplift santong(三統), as it is called, 'chiatong(家統)' · 'wangtong(王統)' and 'daotong(道統)'.

In order words, the uplifting of santong is zhengsantong(正三統), which is to uplifting wangtong, the requirement of the period.

Kim Chang-Saeng(金長生) explains the objective and theoretical basis of zhengtong(正統) in terms of lichi(理氣). His theroy of lichi(理氣) emphasizes absolutely on li(理), above all. This li(理) is divided into so-i-jan(所以然) and so-tang-jan(所當然). So-tang-jan(所當然) is the objective ethics man should pursue after, which becomes the standards of moral behaviour. This li(理) is inherent in man, so the absolute discipline through recognition is emphasized. In other words, as the absolute standards of ethics exist objectively and are innate in man, its recognition appears to be possible. This absolute li(理) may be applied to his si-duan(四端) or daoxin(道心). Unlike Yul-Gok(栗谷), Kim Chang-Saeng set up the absolute goal of moral behaviour siduan(四端) and daoxin(道心).

Kim Chang-Saeng also reached an conclusion that in order to practice moral standards man should undergo an absolute discipline, above all. He offers jing(敬) and shentu(愼獨) as the ways of practicing li(禮).

The discipline requires man's effort to achieve zhengtong(正統). So the absoluteness of li(理) becomes the standard of zhengtong(正統). Li(理), of course, inherent in man, corresponds to the objectified li(禮).

This objectified li(禮) is connected with zhengtong(正統) on the basis of mingfen(名分). This is closely related to chichia(齊家), zhiguo(治國), pingtianxia(平天下) which confucianism pursues after. Therefore, santong (三統) in relation to chia(家), guo(國), tianxia(天下) was divided into chiatong(家統), wangtong(王統), daotong(道統). The essence of Kim Chang-Saeng's theroy of li(禮) is to uplift santong(三統). Accordingly, Kim Chang-Saeng offered his opinion on Nation's dianli(典禮) at the time of King InJo(仁祖), and proved the legitimacy of his opinion by various kinds of evidence. This derives from his perception of li(禮) in order to uplift wang-tong(王統).

These claims of Kim Chang-Saeng's may help solve the issues of li-song(禮訟) which broke out later.

찾아보기

ㅈ

장 세 호(張世浩)

대구광역시 출생
고려대학교 문과대학 철학과(문학사) 및 동대학원 졸업(문학석사, 철학박사)
고려대학교 문과대학 철학과 조교역임
고려대학교, 경원대학교, 강원대학교, 경희대학교 강사 역임
경성대학교 전임강사, 조교수, 부교수 역임
현 경성대학교 교수 재직 중

□ 論 著

「金長生 禮說의 研究」,「畿湖學派의 道統意識」,「尤菴 宋時烈의 禮訟觀」,

「葛庵 李玄逸의 禮學思想」,「東洋의 人間觀」,「儒家의 人間觀」,

『東洋의 人間理解』(共著),『四端七情論』(共著),『自治通鑑』(共譯)

沙溪 金長生의 禮學思想　　　　　정가 : 17,000원

2006년 3월 31일　초판 발행
2007년 9월 10일　재판 발행

저　　자 : 장 세 호
회　　장 : 한 상 하
발 행 인 : 한 정 희
발 행 처 : 경인문화사
　　　　　서울특별시 마포구 마포동 324—3
　　　　　전화 : 718—4831~2, 팩스 : 703—9711
　　　　　E-mail : kyunginp@chollian.net
등록번호 : 제10—18호(1973. 11. 8)

ⓒ 2006, Chang, Se-Ho. Kyung-in Co, Printed in Korea
ISBN : 89-499-0387-3 94150
* 파본 및 훼손된 책은 교환해 드립니다.